数字出版产品设计与开发

SHUZI CHUBAN CHANPIN
SHEJI YU KAIFA

袁萱 著

知识产权出版社
全国百佳图书出版单位
—北京—

图书在版编目(CIP)数据

数字出版产品设计与开发 / 袁萱著. —— 北京：知识产权出版社，2024.11
ISBN 978-7-5130-7952-5

Ⅰ.①数… Ⅱ.①袁… Ⅲ.①电子出版物—研究 Ⅳ.①G255.75

中国版本图书馆 CIP 数据核字(2021)第 277467 号

内容提要：

本书在分析数字出版背景及产业前景的基础上，结合实例讲解了 SWF 交互技术和 DPS 交互技术的应用，并提供了实践案例，将数字媒体技术融合到设计实践中，辅助编创者实现设计思维。

本书可作为数字出版产品设计相关专业教材。

责任编辑：阴海燕　　　　　　　　　　　　　责任印制：孙婷婷

数字出版产品设计与开发

袁 萱 著

出版发行：知识产权出版社有限责任公司		网　址：http://www.ipph.cn	
电　话：010-82004826		http://www.laichushu.com	
社　址：北京市海淀区气象路 50 号院		邮　编：100081	
责编电话：010-82000860 转 8693		责编邮箱：laichushu@cnipr.com	
发行电话：010-82000860 转 8101		发行传真：010-82000893	
印　刷：北京中献拓方科技发展有限公司		经　销：新华书店、各大网上书店及相关专业书店	
开　本：720mm×1000mm 1/16		印　张：20.25	
版　次：2024 年 11 月第 1 版		印　次：2024 年 11 月第 1 次印刷	
字　数：360 千字		定　价：88.00 元	

ISBN 978-7-5130-7952-5

出版权专有　侵权必究

如有印装质量问题，本社负责调换。

前　言

　　数字技术的创新和变化为数字出版物的改进创造了有利的环境,使内容多平台流动成为可能。不断发展的数字技术旨在使电子书越来越好,从而丰富阅读体验。如果说互联网PC时代内容在加快向电子书等数字媒介转移,那么在移动互联网时代"电子书"已经不再局限于书的形态,可以理解为承载在数字媒介上的信息的集合体,或者称为数字出版产品更为适合。数字出版产品摆脱了物理形式束缚,因此它使读者摆脱了阅读渠道、阅读媒介、阅读方式的束缚。本书探讨了随着用户获得信息方式和阅读方式的变化,数字出版物如何适应这一变化,并增强阅读体验的问题。

　　如果你正在寻找有关如何设计开发数字出版物的路径,那么本书会成为你的实践向导。本书是理论与实践相结合的专业教材,主要介绍较为成熟的数字出版产品创编思维与设计方法,综合运用数字媒体艺术理论及相关技术,核心内容围绕数字出版产品创意与选题策划、数字出版物的内容创建、内容管理、创作编辑、基本形式、设计方法、编辑修正与完善。

　　本书内容分为五个部分展开:"融合魔法"新格局、设计之前、SWF交互技术应用、DPS交互技术应用、实践案例五大板块。多采用实例的方式讲解,并且将技术巧妙地融合到设计实践中,辅助编创者设计思维的实现。

　　本教材目的和任务,是在学习数字媒体技术和数字媒体编辑等课程的基础上,学习者需要将各种理论和技术融会贯通于数字出版实践中。通过教材学习力图使学生达到以下目标。

　　1. 了解基础理论和现状:使学生了解数字出版物的发展现状和分类,消除其对数字出版产业的隔膜,使其对数字出版物的存在方式及传播特征有较为清晰的把握。

　　2. 掌握数字出版物创编的基本技能:使学生掌握数字出版物创编的基本方法,并结合实际自己编创电子图书、电子期刊等数字出版物,锻炼对数字内容的编辑处理能力,提高学以致用的水平,造就高素质应用型专业人才。

3．数字出版物内容集成管理和应用：使学生掌握数字出版物内容集成及版权保护的相关知识，对数字出版物流通、管理等方面存在的问题有较好的前瞻性方案措施。

本书写作始于2015年，其间因思路调整，历经多次重大修改。成书的过程中也结合历年本科课程"数字出版物创编"、研究生课程"数字出版产品设计与开发"教学思考与成果多次修改，希望能以一个较为完整、完善的面貌呈现数字出版产品设计与开发的教学思路和知识框架。特别感谢在本书完成过程中各位专家、学者、编辑以及知识产权出版社给予的帮助。

本书以实践为主线，注重理论指导下的实践创新，因此注重学习后的成果体现，特此规划第五章，内容选自学生优秀作品、毕业设计。这也是教学成果展现。在此特别感谢北京印刷学院2016级数字出版专业张译丹、丰廷玉，2014级数字出版专业彭雨晴、李雅琪四位同学对成书的贡献。这一部分对于学生读者来说可以作为学习效果参照。

数字出版在高速发展的今天依然不断革新变化，成书之时着重介绍目前行业主流和有较大认可度的技术形式，当然也保守地纳入了一些较新的内容，必然也存在一定的滞后性。这些不足有待于今后修订改版中扩充。由于篇幅有限，本书难以面面俱到地覆盖所有方面，存在诸多不足，也欢迎批评指正与交流。

目　　录

第一章　"融合魔法"新范式……1
第一节　当前数字出版发展与冲击……1
第二节　数字出版产品——媒体汇聚+云端出版……26
第三节　数字出版产品创意与策划……40
第四节　设计之前……76

第二章　SWF交互技术……82
第一节　SWF交互技术简介……82
第二节　SWF交互技术应用……85

第三章　DPS交互技术……145
第一节　DPS交互技术简介……145
第二节　DPS交互技术应用……146
第三节　设计案例……220

第四章　交互电子书案例……257
案例一　《故宫名画那些事》……257
案例二　《画棠记》之《岁时俗韵》……271
案例三　《画棠记》之《世说新语》……286
案例四　《神灵的殿堂——山西古寺观建筑》……303

第一章 "融合魔法"新范式

第一节 当前数字出版发展与冲击

一、数字媒体环境变化

媒体变革始终伴随着技术变革,从传统媒体到多媒体、新媒体,媒体的内涵和外延都发生着巨变。媒体产品不管是内容开发、组织构架还是发布渠道、传播形式都不再局限于传统的方式和生产流程。当我们在手机上或者在平板电脑上打开一本书,打开的可能是一个基于传统阅读习惯的PDF电子书,甚至我们可以大胆地延展书的概念,可能是打开了充满娱乐情景的虚拟场景,也可能是知名电影知识产权转化的应用程序(App)。以传统媒介的内容产品——图书为例,不难发现,在当前丰富多元的数字媒体技术助推下,传统的图书被基于不同角度开发后,转型为新媒体形态的数字内容产品。媒体融合联通了各种媒体平台,催生了很多新兴的关系,把不同技术、平台、受众聚合在一起,与此同时也促使我们关注新型的内容产品。在2018年最新一期的《时代》周刊中,我们看到增强现实(AR)阅读效果应用,用户可以借助移动设备把页面变成立体有趣的AR影像,图像跃然纸上,生动逼真。《时代》周刊IME Immersive应用程序推出"Inside the Amazon: The Dying Forest"的AR体验,带用户畅游正在消失的亚马逊雨林。《时代》周刊专门派出了制作团队深入亚马逊雨林,利用无人机扫描正在被砍伐的森林和偏远地区创建环境的3D影像,每一个人都能在虚拟的亚马逊雨林深处以"目击者"的视角看见正在发生的危机,亲身体会气候危机、森林火灾对于"地球之肺"的蚕食。

2018年1月5日的《时代》周刊拓展了杂志的AR功能:读者可以通过扫描杂志封面看到一段动画,它以比尔·盖茨的声音讲述了埃塞俄比亚男孩默罕默德·纳西尔的故事。此后的期刊中关于冬奥会报道部分增加了AR效果,使用户可以多角度观看运动员的三维形态和运动轨迹。AR逼真的三维内容呈现,给观众带来了真实的体验,特别是在速度较快的运动项目(花样滑冰、短道速滑、滑雪等),可以清晰完整地呈现出运动技术难点。AR期刊的另一个知名案例NUSHU,是一个面向学生的新闻杂志,内容包括教育性文章、连环漫画、时事新闻,都尝试与AR结合,借助AR动画角色向儿童读者抛出与文章相关的问题,将教育课程与国际新闻结合,引导孩子独立思考,培养批判性思维。在这种数字出版物中,技术不是一种纯技术呈现,而是与内容融合,内容中描述的世界能够以三维虚拟的形式全方位呈现在读者用户眼前。世界著名时尚杂志 *Elle* 与增强现实公司 HuffPost RYOT 联合进行AR试验:2016年《好莱坞女星》特刊中,对8名女星的采访,利用RYOT Lab和Verizon的AR/VR/360平台Envrnmt对视频进行编辑形成素材,用户在打开读物的同时只需要运用Elle Now应用,并将摄像头对准这8个人物的图片故事,这些内容就会活灵活现地在眼前展现,让读者仿佛置身采访现场一般。虚拟现实(VR)可以让人们沉浸在数字生成的虚拟世界中,而AR则更注重对现实的数字化扩展增强,实现更震撼的现实增强体验。

《朗读者》节目针对读者用户开发了《朗读者AR》客户端,扫描书中的图片就可以瞬间获得内容的活动影像,"魔法图书"正在从"哈利·波特"电影场景中走到现实世界中。

英国儿童图书《科学跑出来》3D实景互动书,以AR方式呈现恐龙、深海怪兽、太空、龙卷风等多个主题,在手机上上演了一场虚拟之旅。用户可以控制恐龙行走、吼叫、觅食,还可以和机器人怪兽拍照。《科学跑出来》覆盖古生物、地球科学、自然现象、太阳系等多学科知识并通过VR的融合碰撞出新的火花,增强现实3D动画(AR技术),让浩瀚自然近若咫尺,让用户切身体会沙尘暴、海啸、地震、龙卷风等自然现象。用户可以尝试在智能设备上通过3D动画体验360°视觉效果,并可通过放大、缩小、转动、拖拽、移动等来观察事物的不同部分。

国内首部VR旅行类图书《奇遇》,将视频和图书嫁接,读者扫描二维码可以看到爱奇艺VR视频,全景式沉浸体验10段奇遇故事,既有机会置身冰岛北部绚烂的极光中,也可以在北欧大西洋海岸的公路旁潜水,还可以徜徉欧洲小镇上的特色集市,大大提高了阅读中的互动体验。"魔法报纸"也正在从梦想变成现实,2018年"AR'上'两会,报纸'动'起来"这一组新闻标题成为人们热议的话题。媒体融合的节奏深刻影响着传统媒体的形态,2018年河南报纸运用AR扫描技术报道热点新闻(见图1-1)。从传统媒体的转型到互联网时代的变革,新技术、新媒体不断纵深地变革着内容组织方式,我们可以将全媒体形态内容聚合到一个阅读工具和平台上。

新媒体不断融合,数字媒体从早期的数字化阶段逐渐进入媒体融合的阶段,媒体形态不再以自身的特点单独呈现,而是不断交织共融,在这一时期不同媒体形态的优势和特征相互集成，融合呈现出更加综合性的面貌。例如，MORRIS App 包含数字视频、交互情景、数字化图片文字、动画、数字音频、数字界面，我们可以认为这是一本书，也可以是集成多媒体元素的互动情境，甚至可以认为这是一个体验式的游戏。图书不是单一形式的产品，而是一个信息体系结构，可以是印刷品或数字产品，也可以以视频或音频格式呈现。

除此之外，图书可以完全从视觉图像构建，不包含任何书面文字。一些理论家认为，这些宽泛的定义，可能有助于揭示核心的本质和书本身的价值。数字出版作为一种存储和传递一系列超链接的单词、图像和相关声音效果的方法，在一定程度上塑造了数字叙事本身。用户通过点击屏幕上的特定区域浏览这个故事，通过与不同媒介素材的相互作用，这个故事被介绍给了观众。书不仅具有叙事性和交互性，也可以包含一系列媒体元素，数字出版物设计者敏锐地意识到交互式数字环境下故事叙事更注重视觉听觉多方面跨媒体运作方式。与此同时，平板电脑在多功能设备中提供"视觉和听觉维度"，用于阅读、浏览、娱乐的这些硬件对数字图书的设计产生了促进和推动。电子书设计者可以在他们的作品中加入更多的声音和视频组合，数字书籍现在可以包含书面文字、图像、动画、视频、音乐、音效、录制音频旁白、超链接材料、语言或词典等功能，以及交互性水平。随着这些发展，在数字出版物设计中多媒体功能和交互功能成为越来越重要的因素。

互动体验成为新时期数字媒体产品的主要特征，互动带来了不同介质的信息转化的可能，同时也促进了信息交流和传播。内容传播方和接收方在互动过程中建立的交互行为，这也成为一种特殊信息产生形式。社交媒体中的交互行为不仅促进信息在传播过程中的再生、演变，还带来了衍生信息的二次传播。简单的社交互动在数字媒体渐进发展中，不仅包含原有信息内容的互动，也包含传播过程中的互动、衍生内容的二次传播中的互动。互动亦是聚合内容的社交行为，例如

图1-1 《河南日报》AR广告

健身App聚合健身方面的内容资源,通过课程资源吸引用户点击选项,由此产生初步的互动行为,即用户根据自己的健身需求自主选择符合个人需求的课程。这一过程实现了用户在界面上与内容资源的良好互动。而这里提到互动既是在App界面上的互动行为体验,也是围绕这一内容资源产生的粉丝社交互动,例如在该类App中除了课程以外还会设置"发现""关注""训练记录"等板块,这些板块的内容基于源课程内容的拓展,以此衍生的内容可以进而产生粉丝互动和社交互动。

二、数字出版产品发展趋势

数字出版产品集合数字媒体技术发展新时期的特征,将融合与互动融入出版领域的内容生产中,在移动化的内容出版移动服务、大数据应用、网络媒体等方面呈现出迅猛向上的发展态势。

(一)移动化的内容出版

1. 自媒体崛起

随着微博、微客、微信、贴吧、论坛、网络社区等自媒体平台的崛起,媒体属性更加平民化、私人化、普泛化、自主化。在自媒体生态环境下,普通用户提供并分享着他们之间的资讯内容和新闻动态。用户既是内容传播者也是内容接受者,他们发布自己亲眼所见所闻的事件或者自己构建的信息。这一过程中,各种不同的个体声音交织着主流媒体的意见从而产生多个角度的阐释与理解,传统媒体其主流的地位在逐渐被削弱。用户开始进入多个渠道、多个声音、多个解答、多个认知的状态,每一个用户都在个体角色中获得多方的资讯,习惯于对已获得的信息内容进行比较、参与、选择、反馈、传播。传统媒体是"点到面"的单向传播,而自媒体注重"点到点"的对等双向传播。在自媒体环境下,内容的接受、积累、生产、共享、反馈、传播使用户更倾向个体表达并且积极地进行互动参与。因此自媒体生态圈也使出版商或者大型媒体机构不再垄断媒体内容生产,让传统媒体以外的人和群体可能成为媒体产品开发者和运营者。在自媒体成为传播渠道后,个体或者小团体成为内容创造者、生产者、传播者以及接受者。每个人的话语权都能够在这样开放互动的生态环境下得以展现,传播交流趋于无壁垒、有渠道、联系通畅的态势。美国学者亨利·詹金斯认为,公众的参与在未来的几年会创造出新型的艺术表现形式,"中国青年正在形成自己的表达模式,同时也在借鉴世界其他国家消费者生产的媒体。

与其他国家一样,这一进程将极大地改变中国的传播运行方式。"[1]

2. 个体竞争与粉丝经济发展

"主流媒体正在不断吸纳参与性的实践方式,希望能够借此加强粉丝的参与和互动。所以,那些曾经被认为是替代性的文化活动正在逐渐进入媒体行业精英的主流逻辑。"[2]从技术层面来看,自媒体环境下的媒体是零门槛传播方式,任何用户都可以成为传播者。自媒体平台扩张个人的媒体权利,每个人都有可能将自己的关注、所看、所想、所思汇集成为一定主题性的媒体资源"产品",并且可以保留自己的个性,凸显去权威化、去经典化、自由构筑的内容。例如"日常琐碎""时下所想""突发奇想""随行札记""互动讨论""点赞吐槽""八卦娱乐"都可以成为不同的主题,可能在互动过程中与其他用户形成语言或者思想碰撞,产生衍生内容,并且进而形成二次传播互动。人人可以是内容传播者,可以生产、发布、选择信息,这意味着建立在个体思考基础上的去权威化内容崛起。自媒体环境下,每一个人既是作者,也可以是出版人、营销者。人人都可以建立自己的内容圈(对特定话题有浓厚兴趣的人群),从而形成话题圈、粉丝圈(构架粉丝和被关注者关系),而媒体产品的品牌价值在于粉丝用户和品牌所建立起的稳定持久的情感联系。自媒体运营者之间既是竞争的关系,也同样是传播者与受众的关系,彼此在自媒体环境下相互竞争、相互影响、相互关联。

(二)移动服务

1. 移动服务与移动阅读兴起

数字出版产业是出版与IT等产业在数字技术影响下相互渗透、相互交叉而逐步形成的。出版与IT的融合并不仅仅是技术上或业务上的融合,在实际运营中是产品形式、生产理念、业务模式、业务流程、盈利模式甚至产业特性的融合。其融合不仅能解决传统出版企业的技术难题与数字化问题,而且能解决IT企业优质内容匮乏的现状,帮助二者实现资源互补,逐渐降低二者存在的领域壁垒和市场壁垒,进而模糊产业边界。由此可知,出版与IT的融合是数字出版产业发展的出路,是其唯一正确的选择。

---

[1] 詹金斯.融合文化:新媒体和旧媒体的冲突地带[M].杜永明,译.北京:商务印书馆,2012:002。
[2] 詹金斯,伊藤瑞子,博伊德.参与的胜利:网络时代的参与文化[M].高芳芳,译.杭州:浙江大学出版社,2017:22.

对出版业来说，随着数字媒体环境的变化，数字出版领域发生了剧烈的变化。亚马逊等网络零售商重新掌控电子书定价权，电子书销售收入到达转折点，非书企业进入电子书市场。电子书作为常规的数字出版产品必将产生新的变化。为了进一步在大众用户中普及数字阅读，满足更多读者对电子图书阅读的需求，自2008年起推出多款电纸书，方便携带，功能强大。更多用户会因为希望获得理想的阅读体验而购置移动设备，同时越来越多的出版商将为这些移动设备用户开发相应的内容。但基于阅读载体数字出版产品受到设备、格式、平台等壁垒的局限（不同的阅读设备、不同的格式载体、不同的发布平台），使用户很难跨平台接收内容，一定程度上把数字出版产品划定在一个小众的接收范围，影响了内容的传播，也影响了数字出版产品的生命周期。而传统意义上的读者已经逐步转化为移动时代的用户，用户期待的不仅是内容，还有内容传播方式以及如何来体验这些内容产品。手机阅读已经成为移动互联网用户使用频率较高的应用之一，每天阅读一次以上的用户占比达到45%。移动阅读的前景呈上升趋势，据NextGen报告，2008—2013年，全球电子阅读器市场保持124%的年复合增长率。早在2010年全球电子书市场规模达到930万台，中国市场的成长被认为是最大的热点。《中国电子图书发展趋势报告》显示在电子阅读各类终端中，移动阅读终端占比持续上升。DisplaySearch报告称中国拥有巨大的人口规模和乐观的消费市场前景。伴随着4G技术高速发展，5G也进入试点普及阶段，数字出版中的移动出版在数字出版产业呈现出快速发展的态势，用户倾向于通过各种便携移动终端接收信息，智能手机如影随形、平板电脑、电纸书成为更加主流的终端设备。

2. 信息呈碎片化传播

移动时代，移动终端设备更加便携，用户可以随时随地通过手机或者平板电脑，利用碎片化的时间接受信息资讯。移动出版需要改善读者阅读体验，并且把阅读体验放在重要位置，需要使内容更加趋于个性化、碎片化以契合移动时代用户需求。除了需求个性定制、评论分享和互动交流外，在移动出版内容生产方需要针对不同方向、不同角度、不同层级的内容分门别类规划，进而进行碎片化的处理和拆分，以满足用户个性化需求。要根据用户的阅读时间、使用率、互动偏好生产对应的内容片段。例如，微信公众号碎片化的内容设置，每日推送内容短小，适应用户在工作休息的间隙阅读。《全球移动媒体消费调查》显示，消费者每日平均花费7.3小时在移动设备上。第一是电脑，使用时间约140分钟，占32%；第二是移动设备平板或者手机，使用时间117分钟，占27%；第三是收音机，使用时间49分钟，占11%；

第四是书籍杂志,33分钟占8%。针对用户滑手机的状态调查显示,95%的用户在家使用移动设备,75%的用户在路上使用移动设备,76%的用户在公共场合也会使用移动设备。

3. 社交互动与个性传播共存

毋庸置疑,社交成为移动化互联网特征之一。交流互动与分享可以有效地提高传播效率,也使用户再造源内容、进而传播成为可能。一方面社交互动大大扩展了源内容的信息量,提供了内容再生、衍生、嫁接、转换的可能性;另一方面可以根据虚拟社交圈转播、分享喜欢的信息、评论的信息进行基于社交关系的筛选,从而实现内容的个性化、精分化。

微信、微博等新兴社交媒体的出现,改变了人与人之间交流互动的方式,同时也对出版产业的发展产生了很大影响。2017年底微信公众号已经超过1000万个,其中活跃账号350万个,出现了一些拥有大量订阅用户的公众号大号,如"罗辑思维""一条""果壳"等。以个性化需求为中心,我们需要了解不同的用户需求,打造定制化个性产品,基于大数据分析,满足个性化需求成为可能。

个性化阅读成为数字阅读的基本功能,除了版面个性定制、笔记分享和互动交流外,显著的探索是在内容上针对不同门类进行碎片化的处理和拆分,以满足用户个性化、差异化需求。用户需要有发声的渠道来表达自己的感受和意见,并且在表达的过程中获得更多的信息,获得个体的存在感,因此社交成为移动互联网发展的趋势之一。交流互动与分享可以有效地提高阅读效率。一方面可以根据用户主动订阅的信息,浏览兴趣的相似信息,收藏内容相关的信息,评论、分享的相关信息,地域相关的信息等信息资源进行基于用户行为的筛选和推送;另一方面可以根据好友转发、分享喜欢的信息,好友发布的信息和好友的重点关注进行基于好友关系的筛选,从而实现内容的个性化、精分化。社交分享的过程既是一种内容的推广(扩大影响力的方式),也是个性内容的强化重组和再传播。另外社群营销促进作者与粉丝的互动,使之逐渐形成价值认同,建立起相对固定的兴趣、观点、问题的社群,并且利用社群进行营销。在社群中,成员具有相近乃至相同的价值观,社群规模越大,社交越活跃,营销效果越明显。

(三)大数据应用

互联网大数据可以根据用户主动订阅的信息,浏览兴趣的相似信息,收藏内容相关的信息,评论、分享的相关信息,地域相关的信息等信息资源进行基于用户行为的筛选和分析,根据数据归类分析,这些都影响着数字出版内容的采集、编辑整理、内容集成平台的建设、传播渠道的搭建、阅读终端的创新、资源的存储和阅读体验。通过大数据分析,内容生产者能够更好地了解用户行为、阅读习惯,从而制定更加符合个性需求的内容,可以更为及时地跟踪用户动态、更新信息库。追踪每一个人用户的使用行为可以给产品更新完善带来可能,而基于大数据提供的精准信息,使"服务每一个人"成为可能。

1. 资讯更新及时

当今媒体的开放性,口袋信息库不仅是个性化的,也要具备实时更新的特点。大数据给内容更新提供精准的依据,给内容生产者提供更强的决策力、洞察力和发现力和优化流程的能力。数据分析发现、预测目标用户的需求趋势,识别追踪需求变化方向,可以适时调整内容,进而更新内容,增加用户关注度。大数据将媒体服务由难以量化的考评转化为精准的统计分析,由结果模糊难以预测转化为部分结果可以清晰量化,给资讯及时更新、精准更新提供实现的可能。

2. 传播内容即服务内容

大数据让传播方式、传播渠道、传播效果更精确、更细分。移动时代的大数据应用,服务产生内容、内容包含服务,使数字出版产品更趋于服务性、传播性、实用性、互动性。我们讲,需求与内容相结合,这里的内容不再是传统意义上的信息咨询。例如地图App,提供地理信息内容,同时也是一种根据个性需求定制的具有功能性的服务产品。在移动互联网时代,随着科技的发展内容生产逐步与功能服务融合为一体,人们已经不满足于单单通过视觉方式去获取内容,通过一些新颖有趣的方式去展示才会获得更多的关注和良好的用户体验。比如,我们以前逛家居市场都会习惯在入门报刊书架上取一本新产品画册,帮助我们更好地了解近期的家居新品资讯。如果只是把这本产品画册的内容做成电子期刊来阅读,更像是把打印产品的内容转化成数字版本然后生搬硬套在一个软件中,这样的用户体验是基于原有纸质文本的基础上,因此很难给用户新的感官体验。宜家家居首次允许用户使用智能手机把虚拟家具投射到他们的客厅里、卧室里、阳台上,用户可以足不出户看到家具在家里的摆放情况和风格搭配情形,增强现实与虚拟之间的体验,进而提升购物体验。在使用时,用户首先在地板上即放置家具的地方摆放上宜家的产品目录,以此为追踪,然后打开手机上的应用,就会看到想要的家具出现在家里的景象。在上述过程,我们不难发现所谓的聚合内容,不再是传统思维中对内容的组织编辑加工,内容的表达需要依托功能,提升用户体验,进而将内容变成与功能黏合度很高的服务。

3. 可视化阅读大发展

自20世纪80年代数据图形学诞生以来,抽象信息的视觉化手段一直被人们用于解释内在模式规律。信息可视化的含义是试图通过人类的视觉能力帮助自身理解抽象内容。信息可视化使用户可以直接与信息进行交互。抽象的信息内容通过图像化的方式加强用户的认知和理解,加速内容传播速度,提升用户体验。例如,财务应用软件对财务数据进行分析形成可视化的图表,一目了然便于理解;信息可视化趋势,应用在运动记录的应用软件上,将大量定位数据转化为可识别的地图标识。信息可视化使用户更方便了解数值信息,也会对数值代表的图形含义产生基本的认识,并且通过图形图像方面的技术与方法在短时间内帮助用户接受信息和分析数据。信息可视化改变了传统阅读模式,同时也改变了数字出版产品形态。如今数字出版产品一方面要适应网络媒体的信息海量汇聚,另一方面还需要应对用户喜欢速读、浅阅读的现实,这决定了产品内容需要以用户行为和用户体验为向导。在碎片化的阅读环境里,越来越多的受众接受内容的时间大大缩短,碎片化阅读导致人们缺少深入思考的时间、浅阅读盛行,那么将信息可视化,把抽象内容以更加直观的方式呈现,才能让用户在短时间内接受。

可视化包括数据可视化、信息图形化、知识可视化、科学可视化以及视觉设计方面的所有发展。表格、图形、文本、静态图像、动态数据,我们都可以将其归类,让我们能够洞察其核心和规律,发现其间的关系。目前信息可视化已被大量应用,如用户界面、数字图书馆、财务数据分析、市场研究、数字地图等,可以将信息充分适当地组织整理,创建更加直观的方式来传达抽象的内容。视觉化的内容呈现与交互的传播方式使用户能够目睹、探索,进而有效理解大量的信息。信息爆炸的时代,信息可视化的到来让我们从阅读时代进入简洁直观的读图时代,这样巨大的变化,使数字出版产品设计和开发必须思考如何在这样的背景变化下让信息可视化与产品内容传播结合,并且如何把信息有效地传递给受众,力图实现受众迅速吸收、消化信息。

(四)网络、数据与媒体

1. 媒体融合发展

媒体融合将不同媒体形态融合在一起,呈现出一切媒介及相关要素的结合与汇聚,它将多样化传播通道中的信息内容有效地结合起来。不论是报纸、电视节目、广播节目、互联网服务还是移动应用,各种媒体形态资源共享,进而衍生出多样的内容产品。这种资源共享、集中处理、多渠道分众化传播的作业模式越来越呈现出优势互补、相互融合的态势,而汇集媒体融合特征的产品能够弥补单一媒体内容相对封闭的缺陷。

2. 数据的汇聚与分流

用户每天都会面临海量的数据。上微信、刷微博、看网页,在短时间内获取接受信息并且分析理解意义已经成为现代人的一种生活方式。一方面,面对扑面而来的各种纷繁的内容,用户没有足够的时间应对接受,因此在这种形势下设计开发数字出版产品更加注重汇聚与分流才能够满足用户需求。另一方面,新媒体技术打破了不同内容信息技术之间的壁垒,让不同媒介的内容聚合成为可能。在数字出版领域,数字出版产品更加趋于成为一个汇聚海量信息的内容枢纽,既包含进入主题内容"入口"的功能,又包含实现功能的"出口"。"入口"实现着信息汇聚、分类、过滤的作用,"出口"则实现对信息的互动、分流、传播的作用。

3. 内容为王

"内容为王"是传媒业界最为人熟知的从业理念之一。维亚康姆公司(Viacom)总裁雷石东提出:"传媒企业的基石必须而且绝对必须是内容,内容就是一切!"以独特内容留住用户才是数字出版产品建立良好口碑的基础。如今应用类数字出版物汇集了多元化的数字媒体表现形式,纷繁的呈现形式已经不再是打动用户的关键因素。新颖有趣的形式是获取关注的有效途径,美观具有友好度的界面是留住用户的充分非必要条件,而对用户而言具有价值的是内容,只有优质的内容才能够把用户聚合起来。独具特色的内容可以增加用户的辨识度,同时可以强化用户的黏合度,使其能够被持续关注。设计和开发者需要让用户在其产品和服务中找到自己想要的内容,并且能够以契合的形式展现出来。

(五)聚合与分发

"聚合"与"分发",针对的是数字出版产品的生产方。所谓"聚合"是大量数字内容有效整合、汇聚、管理,进行内容的开发。所谓"分发"是向众多需求各异、爱好各异的用户适时、及时地智能分发、分销内容。大数据给海量数字出版产品的生产和投放提供精准的数据参考。聚合与分发也是出版单位与内容运营企业、技术服务企业对接的重要节点,是数字出版产业向纵深发展的具体表现,一端是大量数字内容有效整合、汇聚、管理,一端是面向大量需求各异、爱好各异的用户适时、智能分发、分销内容,数字出版产品是海量数字内容的枢纽;是出版单位与内容运营企业、技术服务企业对接众多移动端用户的重要节点。我们看到的可能是一本电子书、App、资源数据库、在线体验平台、H5产品秀推广应用,但这些不同形态的产品无疑都担负着内容深度聚合和适时分发的功能。阅读习惯在变化,阅读体验也在不断演进向前发展,可能几年前数字化的儿童绘本还让你觉得新颖,那么现在没有人还愿意停留在原地面对仅仅从纸质形态转化而来的陈旧形式,可以参与、可以互动的多媒体游戏体验模式显然更加能吸引儿童用户的注意力。对于产品设计者而言,面对这样的趋势需要考虑用何种模式来呈现聚合与分发。

(六)App数字出版浪潮

1. 个人定制

苹果公司将Web内容分化成一个个App,然后让用户为之付费,这实际上意味着苹果公司从根本上创造了一个和Web互联网完全不同的商业模式。信息模式,定制、个性、差异化、高度聚合,所有的信息都是为某个人定制的。App就迎合了这种信息模式。

2. App内容集散与分享

人们疲于在纷繁的信息中检索自己需要的内容,此时用户的注意力已经从海量信息的网页上转移到一个个内容精准细分的App上。打开一个独立的App,用户可以找到这一主题内容下的信息,而这一主题下的内容也根据用户的不同需求做了归类划分,便于用户更加快速地直接找到自己所需。如扇贝英语是语言学习App,它面向学习英语的人群,对于学习的不同层次,可以选择切换不同的级别,例如高中、托福、雅思、四级、六级等。对于学习的不同方面,又有扇贝听力、扇贝词汇、扇贝阅读、扇贝写作等。用户在这里学习的同时可以根据学习的心得与其他用户交流分享感受,在社交互动中探索学习和交友的乐趣。甚至有些App直接明确定位某一类小范围的目标人群,例如托福小站,主要针对备考托福的学生,内容完全围绕如何备考、如何规划时间制订计划、如何强化针对考试的题型,这就使该产品看起来更具有专业性和针对性,用户能够更加快速地解决需求,比起以往的网站论坛等数字出版物,用户不需要花费时间在海量信息中检索和筛选。有人会有疑问,这些是否看起来像是传统出版物的数字化?答案是否定的,因为其特点是内容聚合、分类精准,但是另一大鲜明特点则是互动、社交与分享。App数字出版产品的社交与分享功能,让用户感受到的是可以沟通互动的"活的"出版物产品,App交互式出版物强化了互动形式,给用户更多社交的空间,并且使用户在某一内容圈中形成聚合的话题,相互分享、交流。App主题资源聚合功能拓展了出版物内容的深度,这种深度一方面促进了铁杆粉丝数量增加并加速聚合,另一方面促进了粉丝之间的社交联系、个性化意见分享,而这两方面同时也在相互促进。

三、数字出版从业者的角色转变

(一)要具备数字媒体技术应用能力

进入大众传播时代,传播内容和方式受到技术的深刻影响,科技进步不仅作为一种技术手段影响传播媒介,也成为促进传播方式改变的动力。数字出版从流程到产品都有别于传统的出版发行,因此从业者不再是传统意义上的编辑、出版、发行,需要具备对新媒体内容组织加工的能力,因此需要熟悉数字媒体环境下的技术平台和实现方式,这包括了解CSS、JAVA、HTML5等语言、Edge Animation语言与图形结合交互制作平台。开发者需要熟悉数字素材属性、能够运用数字制作技术加工内容。网络移动端媒介的崛起,要求编辑需要了解当下的技术语言以及网络投放环境。编程语言与出版物编创集成结合越来越紧密,对于数字出版产品开发者而言,计算机编程语言是产品开发的常规工具。

数字出版产品正在从以内容为中心转变到以用户为中心,信息由单向传播方式转向多元互动传播,传播介质从纸媒转变为数字媒体,因此基于用户为中心的可用性要求从业人员注重人机交互以及在交互行为中的用户体验。移动互联网时代的数字出版物更加注重内容的互动传播,着重加强以互动的方式表达内容。从纸面到界面,信息的载体落实在数字界面上,用户界面设计和用户体验成为产品设计的重点。数字出版编创人员需要具备数字互动产品设计能力,具备用户界面设计,以及用户体验方面的专业知识,进而更好地了解产品应用场景、用户心理、用户体验、用户习惯、用户行为,最终为用户带来更加舒适的视觉享受,拉近人与产品的距离。产品说到底是为人服务的,以有效传达内容和表现内容为目的。

交互是新媒体的重要特点,设计者需要构建产品的互动思维,选择互动方式。数字出版产品自身具备媒体属性,设计互动形式不仅仅是增加参与行为,同时也是解除用户原来被动接受的抵触心理。新媒体时代的热点话题无疑是很好的营销手段,而数字出版产品内容本身就是话题,可以从不同的角度开发内容的话题性,例如作者是一个话题,交互行为也是一个话题。这些话题可以挖掘、再造,需要在产品设计时介入考虑,在产品没有面世前就已经在设计营销话题。

随着社交媒体、数字媒体、跨媒体、移动媒体、网络媒体的崛起,运用媒体扩大知名度、进行品牌推广的媒体营销能力也成为数字出版从业者需要具备的基本技能。我们了解新媒体发展变化,并运用新媒体优势推广产品可以拓展受众,并且扩展品牌知名度。例如,搜索引擎营销、微博营销、论坛营销、微信营销等出版机构已经意识到微博、微信等新媒体能够对内容销售产生重要影响,在数字出版产品设计中贴合新媒体的设计规则和设计规律,并在新媒体渠道拓展产品的知名度和影响力。如微信是熟人之间的朋友圈,基本是具有共同属性的人,而微博是公共信息平台,大众都有兴趣就可能得到广泛的关注。因此设计开发人员需要分析考虑数字出版产品的卖点是什么,产品中有哪些内容适合大众传播,从这些点中再细细发掘是否可以继续扩展开来,进而增强数字出版产品的传播效应。

(二)要具备创新能力

1. 内容、美感与创意

优秀的产品离不开优质的内容,而设计的美感和创意是提升内容有效传播的重要手段。当前的用户满足于新媒体带来的海量纷繁信息,也疲于接收杂乱又碎片化的内容,因此只有内容却缺乏美感、创意的产品是很难获得用户关注和长久驻留的,这就要求产品开发者不仅仅要具有内容开发的能力,同时要能够将内容以更加具有视觉美感的形式展现出来,使用户赏心悦目、怡情悦性,如产品界面的视觉设计就要既美观又功能兼具,这是用户接触数字产品的先期体验。

产品开发者如果具备良好的美感认知,可以合理地将美学规律应用于产品内容的视觉化上,使用一些设计原则和方法,一方面可以去吸引用户关注他们需要的信息,另一方面经过优化的美感元素也可以引导用户按照设计者的规划路径展开阅读。如在界面设计中为了使主题更鲜明,能够让用户快速获得核心内容,可以使用对比的方式形成视觉中心,突出大小、明暗、质感、色彩的对比,有意识地引导用户下一步的参与行为。这样基于美感的信息设计不仅能够使内容清晰分明,同时可以提高产品的使用效率,提升用户在这一过程中的审美体验。美感可以增加与用户之间的情感沟通,产品开发者遵循美学原则能够综合提高交互体验,促进内容有效传播。

产品开发者不仅需要具备美学思维,同时应该具备一定的创意思维能力,因为在新媒体时代美感表达和内容传播是提升产品价值的有效途径,而创意则是从根本上决定了产品的属性和生命周期。内容是数字出版产品的基本构成单元,如果只是以常规的、司空见惯的方式进行内容设计不免落入俗套,而且难以获得用户的关注。试想一下,如果仅仅是按照原有内容开发成漂亮的数字版本,然后进行网际传播,那么这样创意不足的数字出版产品价值就会大打折扣,产品的生命周期也一定是很有限的。

内容、美感和创意三者相互关联,内容是核心,美感促进内容传播,而创意则体现了产品的属性和价值。产品开发者不仅需要具有内容聚合、编辑、构成的基本能力,还应注重自身审美能力与表现能力,更重要的是要具备求变、革新、创新产品价值的创意能力。

2. 叙事与互动表达

叙事在文学、电影、符号学等领域是一个重要的概念,可以理解为如何讲故事,如何以故事的形式进行内容表达。在具备叙事性的出版物中,叙事可以成为设计互动行为的"点",即用互动方式对内容进行描述。很多传统的出版物本身就具有很强的叙事元素,如小说、连环画、故事会等。将传统出版物中的叙事元素与新媒体互动方式相结合可以提升数字出版产品的互动表达。

例如,一些儿童故事绘本将其中的叙事场景划分出来,建立场景单元,把场景中的叙事元素视觉化,并且增加互动行为设计。如故事中叙述主人公在弹钢琴,可以将这一内容设计为用户可以参与的情景,让用户在界面中体验弹钢琴,体会叙事元素对故事的情境与氛围。基于电影知识产权开发的App读本《神奇飞书》,讲的是主人公莫里斯与书之间的故事。在一个平静的小镇,矗立在街区中心的小旅馆里,头戴礼帽的莫里斯正坐在阳台上阅读。突然,晴朗的天空被滚滚乌云遮蔽,飓风来袭,狂风大作,房屋窗棂剧烈晃动,连书上的文字也随风飘散,莫里斯随同旅馆一同飞向空中……展开一段神奇的故事。该内容开发成读本类App,设计开发者着重在"晃动""狂风大作""龙卷风"等推动故事情节走向的叙事点上设置互动方式,增添交互体验。在莫里斯坐在阳台上看书的场景里增加大风袭来的透明箭头提示,当用户按着箭头指示方向滑动屏幕,则会体验到大风吹走了莫里斯和书,如图1-2所示的龙卷风互动场景。而这一叙事点也带动了下一个场景故事的发生,用户在这互动中既参与了故事的推进,也体验了情节与内容。

The winds blew and blew…

图1-2 《神奇飞书》龙卷风互动场景

　　数字出版产品的互动属性要求从业者应该具备多元的设计思维,从内容深入挖掘角度审视如何设计互动方式,进而引导用户的互动行为,并且与产品产生很好的黏合度,实现沉浸式阅读。具有叙事元素的内容本身具有天然"层层深入"的叙事优势,而这些叙事"情节点"可以吸引用户进入"下一步"情节,还可以让用户忘记自己置身局外的事实,让其按照开发者设定的方式和路线"走进来""动起来",成为叙事互动过程中的一个参与者,并且更加沉浸其中。优秀的数字出版产品仅仅调动新媒体形式是不够的,结合内容应用形式才可能有的放矢地将内容以最佳、最吸引人的途径传达出去。我们常常可以看到一些交互炫目的数字出版产品,但是却很难沉浸其中,很难留有深刻印象。究其原因不是技术问题,而在于设计开发者思维停留于直观表现的层面,没有将新媒体视听交互与内容开发相匹配,导致形式炫目而流于表象——内容、交互"两张皮"。

3. 互联网产品思维

　　互联网思维的核心观点之一:用户至上。以人为中心,把用户放在核心位置,才可能吸引更多的用户。互联网时代信息传播越来越对称,市场趋于合理的细分,产品开发必然需要遵循对称信息,遵循用户具体需求,精准定位,这样才可能匹配消费者的真实需求。定制化、个性化消费趋势使得用户越来越注重产品是否能够契合自己的需求。大数据可以给产品开发者更多消费者行为、消费需求数据,据此产品开发人员能够精准定位需求,并将需求转化到产品设计中,开发出适应细分市场的"定制"产品。大数据中的数据运营与分析可以提供用户真实的数据使用信息,反馈的数据信息能及时有效地为产品更新提供帮助。对于数字出版产品,生产者与消费者都具有双重属性,这意味着生产者与消费者并不是分别置于产品生产与使用两端的独立部分,生产者可以通过大数据获得更多的消费者反馈信息,继而更好地完善升级产品功能和产品体验。消费者也一定程度上参与到产品的生产过程中。消费者的行为以及体验数据成为提升产品的重要数据,这给生产者更多可能性直面需求进而为用户量身打造产品。在生产者和消费者的互动数据中,数字产品在升级和完善中能够保持一个较长的生命周期。

体验为王,注重细节体验。数字产品究其根本是用内容服务用户的,而这个服务的过程体现着人机交互、人际交互、内容交互,这些交互的过程会产生不同的体验。过程体感、感官体验的优劣影响着内容的有效传播,也影响着产品的生命周期,这需要设计者在环节、流程、传播方式上做好每一个细节体验,获得较好的反馈,进而不断完善产品。互联网思维带来的产品观应该是:从用户中来的需求,转化为产品功能和价值,通过产品体验满足用户的需求。

简约思维。互联网时代海量信息充斥在每一个界面中,用户停留的时间越来越短,页面与页面之间切换得越来越快,因此想要获得用户更多的关注和驻留,就必须简约直接地切入重点。越简约的内容越容易在有限的时间里快速传播,在产品设计方面需要不断做减法,秉承简约即美、即有效的原则。在外观上简洁易识别,在界面上重在简化信息,在功能操作上简化流程。例如苹果公司打造的iBooks客户端,标志为一个翻开的书,橘黄色背景,白色书籍图形色块,简洁明了易于识别,这使用户在一瞥的瞬间足以记住这个图标。根据iBooks界面上一个简洁的书架环境,用户会根据经验判断使用方式和实际情景中从书架上选择书籍是一样的,因此就会依照知识迁移方式在书架上直接点击所选的书籍来进行阅读。简约的设计使用户在最短的时间明白如何开展交互,如何进行下一步的参与。在数字产品的简约思维指导下,我们需要从用户角度去审视如何使用、如何参与。用户直面的是产品而不是设计开发者,站在用户角度我们不得不考虑如何让用户在没有帮助的情况下使用并参与体验。简约思维有助于我们在产品流程、功能、交互行为上做减法,简约而不简单,易上手,易参与,减少复杂部分以便于增加产品的亲和力。

4. 作品、产品与商品

作品是作者、艺术家个性化的思考和表达,它旨在围绕个人的审美品位和观念进行内容的组织、构架、设计。相比于作品,产品是去个性化的,它能够适应市场,并被大众审美接受,能够成为消费品并满足一定的细分市场的需求。具有价值和使用价值的作品或产品,我们都称为商品。作品具备价值但不一定具备使用价值,是个性化的产物;而商品同时具有价值和实用价值,是大众消费的产物。在当前数字媒体环境下,数字媒体创作平台集成了策划、设计、开发、制作、发布等全流程环节,这给作品、产品、商品相互转化带来了可能。对于精准细分市场,作品可以成为小众人群的个性化商品,产品也可以根据消费者需求进行个性化的打造,商品既可以是作品也可以是产品,既具备价值也具备使用价值,而三者之间的边界越来越模糊,产品可以来源于个性化作品的二次开发。作品同样也可以转化为商品满足特定人群的需求产生价值和使用价值。即使是学生的个性化作品,也可以运用自媒体进行宣传推广,成为某一类受众群体喜欢的主题产品。例如学生毕业设计《中国剪纸》,学生从自身兴趣出发,内容主题上从发现剪纸——非物质文化遗产的角度展现传统艺术制作工艺和中国民间艺术之美,形式上以数字多媒体互动的电子书为作品形式。如图1-3电子书《中国剪纸》欢迎界面,图1-4电子书《中国剪纸》目录界面。选题并没有针对某一类受众按商业路线定制内容,而是依照作者喜好和关注点设计主题、互动形式、视觉风格,而这种自我表达并没有影响其成为商品、大批量生产的产品的可能性。该作品只是学生个人表达,但作为数字形态作品它也更容易转化为批量复制的产品而广泛传播。作品在数字平台上发布,可以使其使用价值更加便利地转化为市场价值,进而成为商品,满足喜爱传统非物质文化遗产受众需求。

在数字媒体时代,产品开发者必须具备基本数字编辑工作能力、核心数字出版编辑能力、网络技术应用、电子商务、社群经营、数字出版产品销售能力,才能更好地适应专业要求。

图1-3 电子书《中国剪纸》欢迎界面

图1-4 电子书《中国剪纸》目录界面

四、数字出版解决方案

(一)软件类

1. Adobe InDesign

排版软件,桌面出版(DTP)的应用程序,主要用于各种印刷品的排版编辑。它的数字出版功能可以做出发布于不同平台的电子书。将QuarkXPress和Corel Ventura(著名的Corel公司的一款排版软件)等高度结构化程序方式与较自然化的PageMaker方式相结合,为杂志、书籍、广告等灵活多变、复杂的设计工作提供了一系列更完善的排版功能。为印刷出版创建精良的页面布局,包含视频和声音的交互式PDF文档;或引人入胜的SWF文档,文档包含的交互性、动画、声音和视频可以在Adobe、Flash、Player运行中回放。InDesign作为PageMaker的继承者,定位于高端用户,已经成为报纸杂志和其他出版环境中的重要软件。

2. Adobe Digital Publishing Suite(DPS)

Adobe Digital Publishing Suite是Adobe公司出品的数字出版解决方案,将多媒体内容发布为移动设备上可用App封装的格式,是Adobe推出的一个完整的App发布服务,目前支持的终端包括iOS,Android,WinPhone和PC(网页方式)。它可以用来在平板设备上创建和发布应用程序的工具和托管服务,移动设备观看者可以按照杂志的形式接触交互式内容。DPS实际上是在InDesign排版功能基础上对其数字媒体互动的部分进行的扩展,需要配合InDesign cs 5.5以上的版本。使用InDesign cs设计印刷出版物的设计师可以将其原有面向纸媒的静态内容升级改造成富媒体动态交互内容,使用户产生多元媒介的阅读体验。DPS支持iOS、Android当前主流平台,一次制作全平台发布。DPS是一个端到端的解决方案,提供内容创建、制作排版、出版分发、收入回报、分析报告等全部出版流程,并且能够针对读者的反馈及时做出调整。

3. QuarkXPress

QuarkXPress是一种版面设计软件,是被很多出版商使用的先进的主流设计产品。它精确的排版、版面设计和彩色管理工具提供从构思到输出等设计的每一个环节的命令和控制,作为一个完全集成的出版软件包,QuarkXPress是为印刷和电子传递而设计的单一内容的开创性应用软件。一直以来投放的重点不是中国国内,因此简体中文MAC版升级慢,PC版本更是少见。

4. 方正飞腾(FIT)

全流程数字出版解决方案,包括数字版式技术(如 CEBX)、数字化出版技术、多种出版格式转换生成技术、数字版权保护技术(IRM)、字库技术及数字资产管理系统技术(DAM)。方正数字出版解决方案以出版资源管理为核心、内容应用为目标,对出版社各种出版资源进行加工存储,实现一次加工、多渠道应用发布。方案既涵盖传统业务,又对传统业务流程进行再造,满足数字出版时代,出版社为读者大规模提供个性化数字产品服务的要求。数字出版整体解决方案主要由四个平台构成。

(1)内容制作平台。包括内容创建(采集和编审)、版式制作两部分。在该环节即考虑内容的结构化管理、标引和分类管理,为资源管理平台提供内容资源,而非仅为出纸书进行内容创作和版式制作。这里的版式也不只是指适合于出纸书的版式,而是泛指内容呈现和发布的各种版式。相关产品包括:协同编辑类有图书协同编辑系统、工具书编辑编纂系统、文采四溢期刊采编系统;内容版式制作包括:飞腾创艺书刊版、书版排版系统、可视化 XML 编辑器、交互式数理化编辑排版系统。

(2)资源加工平台。主要是对出版社现有的图书、视音频等资源进行采集、加工。资源包括历史资源及目前正在出版的资源。历史资源的加工,包括资源的格式转换、标注标引,以及章节、知识条目拆分等深度加工。不同出版资源、不同应用方式,对资源加工的深度与流程要求各不相同。需要根据具体情况进行选择,但只有对内容资源进行深度加工,形成"细粒度"的"碎片化"数字内容,并在资源管理平台中分类进行管理,在应用发布环节,才能够根据读者(用户)的需求,提供个性化的数据服务。资源采集与加工工具有:图书资源收集打包工具、电子文档格式转换工具、经典资源标引标注系统、视音频采集加工系统、电子菲林加工系统。

(3)内容资源管理平台。将采集加工后的资源分类入库,实现对出版社资源的存储管理。利用相关产品制作工具,结合后端产品发布渠道,制作生成不同形态的产品。该环节是出版单位对外进行多渠道内容发布、为读者提供个性化服务的数据来源。相关产品:智汇内容资源管理系统、题苑题库管理系统。

(4)多渠道发布服务平台。将内容资源管理平台的数据通过网络出版、移动出版、按需出版等多渠道、多产品形态的方式,为读者提供数字内容服务。基于内容资源的应用,大致可分为内网应用、外网应用。内网应用包括:传统印刷(CTP、再版)、数码印刷(按需出版)、资源保存、样书展示、工具书自动化排版、编辑对内容的再利用、视音频的检索浏览、图片的检索浏览等。外网应用主要包括以下几类:基于传统出版版式的数字内容发布、基于数据库的数字内容发布、提供专业知识的互联网数字产品、移动出版、按需印刷等。相关产品有：方正翔宇网站发布系统、方正天骄音视频发布系统、工具书在线发布平台、维基（WIKI）百科发布平台、网上书店销售管理系统、数据库自动化排版系统、光盘出版系统、电子菲林应用及管理系统、方正印捷数码印刷管理系统、全流程数字出版平台的建设。利用互联网或移动平台，还实现了作者、编辑部、读者之间的互动，使内容制作、产品生成更有针对性，真正体现数字出版大规模满足读者个性化阅读需求的特点。

5. PageMaker

PageMaker是由创立桌面出版概念的公司之一Aldus于1985年推出，后来在升级至5.0版本时，被Adobe公司收购。PageMaker提供了一套完整的工具，用来产生专业、高品质的出版刊物。它的稳定性、高品质及多变化的功能特别受到使用者的赞赏。PageMaker在界面上及使用上就如同Adobe Photoshop、Adobe Illustrator及其他Adobe的产品一样，让用户可以更容易地运用Adobe的产品。PageMaker操作简便但功能全面，借助丰富的模板、图形及直观的设计工具，用户可以迅速入门。作为最早的桌面排版软件PageMaker长处就在于能处理大段长篇的文字及字符，并且可以处理多个页面，能进行页面编页码及页面合订。

6. Aquafadas（拓鱼）

自2007年以来，Aquafadas数字出版系统在欧洲北美及日本出版界有一定的用户。Aquafadas的解决方案适合出版社设计出版交互性丰富的儿童绘本等图书，在专业设计的平台上，可以直接设计丰富有趣的交互内容和游戏。作为数字内容的一站式发布平台．其七个组件可以将原有的PDF、JPEG、TIFF、PNG格式内容一站式发布到移动终端和PC设备上，其创建的数字内容支持EPUB、Ave、Web-Reader等标准，一次设计，跨平台发布。

（二）HTML5网站平台类

HTML5的产品适合于短小、碎片化内容，如企业宣传、产品介绍、内容营销、会议组织。H5使用树状方式管理资源，页面作为众多资源中的树状分支。该类数字出版形式与社交媒体贯通，让用户通过自身的社交媒体账号就能进行传播。

1. ReadyMag

在线数字出版制作平台是一个可以方便地发布设计的在线杂志和图书故事数字出版网站，特点在于简化印刷品设计制作流程。

2. VXPLO互动大师

这是HTML5编辑工具,互联网上出现的第一款基于云计算方式的交互式网页设计工具,也是一个互动作品分享平台。VXPLO互动大师给用户提供在线创作互动媒体作品的平台,并且在线发布分享。作为零代码工具,用户能够实时在线编辑,无须下载。用户在线创作自己的互动作品,如网页、微信应用、WEB App、在线广告、交互视频等等,并且可以直接一键分享到微信朋友圈中。在功能上包括:网页快速编辑、网页互动、快速传播等。

3. MAKA

这是国内首家HTML5数字营销创作及创意平台,它提供可视化编辑平台和模板编辑功能,即使不会设计、不懂代码,也可以选定模板修改来完成一个H5的微场景内容,通过电脑网页在线制作一键生成链接,打造一种浸入式体验和结构化模块的移动端浏览器卡片式交互。相比于其他HTML5平台MAKA打造一个基于在线编辑低门槛的平台。

4. Epub360

这是在线使用的交互内容设计平台,无须编程,可在线设计交互式电子杂志、品牌展示、产品指南、培训课件、交互童书、微网页等互动内容,一次创作,可同时发布到iOS、安卓、桌面及微信。Epub360使用页面布局,主要提供基于页面翻页交互,它提供的组件基本都是模块类型的,诸如相册、计时等,相当于把不同类型的HTML5网页模板源码拆散成不同的模块,再分别组合成不同的套件,因此拓展性较小,适合初级用户。

5. 易企秀

针对移动互联网营销的手机网页DIY制作工具,用户可以编辑手机网页分享到社交网络,通过报名表单收集潜在客户或其他反馈信息。用户通过易企秀制作基于HTML5的手机幻灯片页面。易企秀提供统计功能,让用户随时了解传播效果,明确营销重点、优化营销策略。提供免费平台,用户零门槛就可以使用易企秀进行移动自营销,从而持续积累用户。易企秀适用的地方包括:企业宣传、产品介绍、活动促销、预约报名、会议组织、收集反馈、微信增粉、网站导流等。

(三)数据库类

1. 斯普林格(Springer)

德国斯普林格(Springer-Verlag)是世界上著名的科技出版集团,通过Springer-

Link系统提供其学术期刊及电子图书的在线服务,该数据库包括了各类期刊、丛书、图书、参考工具书以及回溯文档。这些期刊和图书分为13个学科:建筑和设计;行为科学;生物医学和生命科学;商业和经济;化学和材料科学;计算机科学;地球和环境科学;工程学;人文、社科和法律;数学和统计学;医学;物理和天文学;计算机职业技术与专业计算机应用。读者通过SpringerLink平台可以访问、下载1997年至今的1375种斯普林格电子期刊全文;还可以通过SpringerLink平台访问、下载2008—2010版权年斯普林格出版的约11027种英文电子书。SpringerLink的服务范围涵盖各个研究领域,提供超过1900种同行评议的学术期刊,以及不断扩展的电子参考工具书、电子图书、实验室指南、在线回溯数据库以及更多内容。自推出以来,SpringerLink已是全球最大的在线学术资源平台。凭借弹性的订阅模式、可靠的网络基础以及便捷的管理系统,SpringerLink已成为各家图书馆最受欢迎的产品。通过SpringerLink的IP网关,读者可以快速地获取重要的在线研究资料。SpringerLink更提供多种远端登录方式,包括通过IP认证、Athens或Shibboleth等认证方式。斯普林格内容解决方案是针对企业客户所提供的服务,通过各类资源为研究人员和读者提供多项服务和信息,提供的内容包括:电子期刊、电子图书数据库、电子参考工具书、电子丛书、在线回溯数据库、实验室指南。

2. 爱思唯尔(Elsevier)

爱思唯尔是一家荷兰的国际化多媒体出版集团,主要为科学家、研究人员、学生、医学以及信息处理的专业人士提供信息产品和革新性工具。爱思唯尔已从一家小小的致力于传播经典学术的荷兰书店发展为一个向全球科技和医学学术群体提供超过20000本的刊物和图书的国际化多媒体出版集团。爱思唯尔出版2500余种期刊,包括《柳叶刀》《四面体》《细胞》,以及39000多种电子书籍以及诸多经典参考书如《格雷氏解剖学》等。每年共有350000篇论文发表在爱思唯尔公司出版的期刊中,可以提供信息分析解决方案和数字化工具,如ScienceDirect、Scopus、SciVal、ClinicalKey和Sherpath等。爱思唯尔提供了不同的开放获取与订阅模式组合。

3. Wiley

Wiley数据库,1807年创立于美国,是全球历史最悠久、最知名的学术出版商之一,享有世界第一大独立的学术图书出版商和第三大学术期刊出版商的美誉,推出了新一代在线资源平台"Wiley Online Library"取代已使用多年、并获得极大成功与美誉的"Wiley InterScience"。同时,所有的内容和许可都已转移至新的平台,确保为用户和订阅者提供无缝集成访问权限。作为全球最大、最全面的经同行评审的科学、技术、医学和学术研究的在线多学科资源平台之一,"Wiley Online Library"覆盖了生命科学、健康科学、自然科学、社会科学与人文科学等全面的学科领域。它收录了来自1500余种期刊、10000多本在线图书以及数百种多卷册的参考工具书、丛书系列、手册和辞典、实验室指南和数据库的400多万篇文章,并提供在线阅读。该在线资源平台具有整洁、易于使用的界面,提供直观的网页导航,提高了内容的可发现性,增强了各项功能和个性化设置、接收通讯的选择。提供内容包括:在线图书、期刊、在线参考工具书、数据库、实验室指南、跨学科评论等。

五、数字出版产品商业模式

数字出版产业目前已经形成完整的上下游结构,由著作权人—内容提供商—技术提供商—服务提供商—平台运营商—网络运营商—硬件生产商—渠道商—用户等环节组成。

1. 渠道型

以亚马逊的盈利模式为代表。亚马逊汇集了美国各个出版集团的图书资源,内容平台加终端的盈利模式,既卖终端也卖内容,通过销售Kindle,销售更多的电子书,提供给客户的价值是低价,即客户可以以较低的价格获得更多的内容。它拥有一个完整的网络销售渠道,包括高效的配送体系、支付体系与具有网络消费习惯的受众群,这是决定亚马逊商业模式的关键因素。亚马逊拥有渠道优势,获得出版商合作的主动权,可以获得大量的内容资源,同时也靠渠道使Kindle能被更多的读者接受。

2. 营销带动型

包括美国巴诺书店的电子书业务、中国新华文轩的九月网、新华传媒的数字出版内容运营平台。

3. 多要素融合带动型

以苹果公司为代表,有企鹅出版集团等五大出版集团为其提供内容,许多知名期刊、报纸也纷纷通过苹果应用商店销售。其快速整合内容资源奠定了基础,内容资源的整合又助推了iPad、iPhone等硬件产品,使App store生态模式得以扩张。

4. 技术带动型

以谷歌公司为代表,一方面其拥有全球一流的搜索技术,集聚了大量内容资源,非常便捷地为客户服务,确保商业模式正常运营;另一方面非常注重与出版商的合作,谷歌在与出版商的合作中,只提取10%的分成。谷歌建构了一个具有上千万册资源的数字图书馆,提供图书与杂志收费下载,客户可以便捷地搜索到大量内容资源。

5. 终端带动型

以中国电信的天翼阅读基地、中国联通的沃书城、中国移动浙江阅读基地为代表,盈利模式是通过付费下载内容或者包月付费实现盈利。在内容资源方面有中国出版集团、中信出版社、浙江联合出版集团等传统出版机构以及盛大文学、中文在线等网站共数百家内容提供商为其提供内容,其内容平台藏书已超过20万册。中国移动手机阅读基地在技术方面,已打造了一个能支持最多600万人同时在线阅读、容量达100万册图书的综合性阅读平台,以及一条涵盖手机WAP、手机客户端、电子书、平板电脑、互联网门户在内的完整产品线,针对不同的阅读群体,设计了不同的主题书包进行包月销售。浙江移动阅读基地的特点在于其背靠中国移动庞大的无线运营网络及可随身携带的手机终端和完备的手机阅读支付体系。

6. 内容资源带动型

内容资源主导的数据库的商业模式运营的关键在于其拥有大量有价值的内容资源。爱思唯尔、Wiley、斯普林格,中国的同方知网、万方数据网、龙源期刊网、阿帕比等能为客户提供科研信息服务,能够方便地检索到数据和科研成果。盈利模式是以B2B的模式把科技成果以数据库形式销售给科研机构与教学单位。

7. 资本运作带动型

以盛大文学为代表,拥有起点中文网等文学网站及一些传统图书资源,并建造云图书馆以便集聚更多的内容资源,盈利模式是销售电子书与付费阅读网络小说。

8. 创新运营模式

围绕数字出版内容、流通平台+版权管理、阅读载体,以数字出版内容开发为核心,实现选题策划、开发设计、制作测试、发布流通等环节都在数字平台上一站式完成。发布平台既实现聚合与分发,同时也兼具版权管理的功能,使得版权管理可以"去加密"而实现较好的阅读体验。阅读载体不再受制于设备的制约和格式限制,将以一种跨平台格式在多种不同的系统环境、设备上得以展示出来。例如,Epub3作为一种现行跨平台的格式已经初步实现多平台的阅读,目前其交互性、兼容性、富媒体化的特点使其可以适应多种类型出版物的开发要求。

第二节　数字出版产品——媒体汇聚+云端出版

数字出版物是将文字、图片、声音、影像等数字信息内容聚合在一起，形成具有一定主题方向的数字化的出版物产品。这些数字化内容通过动画、交互等多媒体辅助功能表现出来。

数字出版物主要有以下几种类型。

（1）离线出版物：CD、VCD、DVD等。

（2）网络出版物：电子杂志、个人主页、BBS、BLOG、Wiki等。

（3）按需出版：出版单位出版图书完全依据市场需求，出版单位与作者签订供稿合同，作者需要支付一笔一次性的费用，然后按20%的版税、依据实际图书销售状况付给作者稿费。而读者通过网站选择想要买的书，付费后，按需出版商就会印刷、装订、出版后寄给读者。

（4）电子书：网页形式和专用电子书形式。

一、数字出版物类型

1. 有声书

有声书也称为有声读物，是一种根据不同的声音表情和录音格式所录制出来形成有声的"读本"，常见的有声书格式有录音带、CD、MP3等。有声书将文字通过语言表达出来，然后配合后期制作合成一部具有丰富情感色彩和背景音乐的有声音的产品。有声书是传统书的一种衍生品，可以用朗读、广播剧，或是专题报道的形式来呈现。优点是节省时间、携带方便，不影响视力，符合快速获取信息的要求，阅读起来不受时间和空间的束缚，满足人们对便携性、伴随性产品的需求。我国有声书进入大众消费领域，内容多集中在外语教材、少儿益智类故事、文艺小说、评书等学习和娱乐方向上。

随着互联网技术发展，拓宽了有声书的发布渠道，同时也吸引了更多有声书的爱好者，越来越多的人喜欢以听书的方式获得信息，实际上这也意味着一种新的阅读方式。生活在信息过剩的时代，有声书不仅仅是传统纸质书的有声版，不少出版商认为"它是产品再创造的过程，可以扩大受众，把内容传递到非图书读者的手中"。近年来，有声书成为数字出版领域的又一个新星。有声书阅读相较其他数字出版物有三大优势：方便的使用方式，让听众的眼睛和双手得到解脱；以听书的方式帮助读者阅读，既丰富了阅读的表现形式，又契合了信息时代碎片化阅读的需求;精准的配音服务,最大限度地激发读者的阅读兴趣。

2. 电子报纸

电子报纸也称为数字报,通过数字化的文字、图形、图像素材将新闻内容以数字媒体的形态聚合在一起,读者通过电脑、手机等设备阅读访问。优点是更新快,时效性更高,它可以提供比纸质报纸更为丰富多元的内容。电子报纸具有固定的出版周期和栏目结构,需要运用设备阅读,并且依靠互联网发行。1981年美国《哥伦布电讯报》推出最初的电子报纸。读者家中装有与计算机中心连接的计算机终端,计算机可同时提供多种报纸内容。电子报纸基于数字化信息载体,在排版、印刷、投送上完全实现了数字化,可以满足用户对不同数字报纸的需求。电子报纸既可以在线阅读也可以离线阅读,管理系统可以实现管理、统计、调查已发布的数字报纸。

3. 电子期刊

电子期刊又称为网络期刊、互动期刊,其具有多种输出格式以适应不同消费者的需求。它融入数字图像、文字、声音、视频、动画、游戏等内容,并将其结合起来呈现给读者,其互动性突出。起初的电子期刊将文件保存于SWF格式,未来的电子期刊将会直接通过浏览器跨平台阅读。电子期刊在数字媒体技术发展助力下,集成多种媒介表达形式,呈现出多形态、重交互、富媒体的特征,人们可以尝试多种媒体体验电子杂志的内容远远超过自身主题的信息量,各种链接、交互出口使用户可以从杂志内部扩展到其他媒介平台,这让其成为一个相关知识和信息跨平台的集合体。用户可以通过其中的一张图片、一个标题、一段视频、一个图标跳转到相关的内容了解更多的信息。例如读者可以点击超链接进入相关的文章、图片、书目/索引数据库等。

电子杂志通常以如下两种方式发行。一种是由印刷版杂志发行商自行发行。这种发行商通常是较大的或发展较快的发行商。它们直接通过互联网发行其杂志的电子版。发行商对电子杂志从内容到版面都具有完全的控制权。另一种是通过中介服务机构,或称代理商发行。更多的发行商选择这种省心省力的发行方式。提供这种服务的代理商将许多来自不同发行商的刊物整合到统一的界面和检索系统中。它们往往在电子版面的设计,技术的更新和应用上有着很大的主动性和优势。用户通常也直接向代理商申请订阅并获得电子杂志的使用权。

4. 电子图书

电子图书又称电子书e-book,是指以数字方式将图、文、声、像等信息存储在磁、光、电介质上,通过计算机或类似设备使用,并可复制发行的大众传播体。它与传统图书有很多相同特点,有一定信息量、按照阅读习惯编排的信息集合体。电子书必须通过电子计算机设备读取并通过屏幕显示出来;具备图文声像结合的优点;可检索;可复制;有更高的性价比;有更大的信息含量;有更多样的发行渠道。电子书包含富媒体文件,可以容纳更多的信息量,集合多媒体元素丰富了信息载体。

基于阅读器进行阅读,类似印刷书籍一样的操作,读者可以做笔记、反复阅读,优点是便携不占空间,便于传播。电子书的主要格式有 PDF、EXE、CHM、UMD、PDG、JAR、PDB、TXT、BRM 等等,很多流行移动设备都是支持其阅读格式的。手机终端常见的电子书格式为 UMD、JAR、TXT 这三种。从阅读方式看,分为单机版电子图书和网络版电子图书。

5. App 电子书

基于移动互联网技术,面向平板电脑和智能手机系统上的应用程序,通常专指手机上的 Application 应用,简称 App,或称为移动客户端。随着智能手机和 iPad 等移动终端设备的普及,人们逐渐习惯了使用 App 客户端阅读信息,在这样的背景下以客户端形式呈现出来的出版物我们称之为 App 电子书。

App 电子书不仅具有电子书的特点,还包含移动客户端注重功能、交互、用户体验的优势,它更加贴合人们碎片化阅读习惯。

二、常用的数字出版物文件格式

1. EXE

不需要安装专门的阅读器,下载后就可以直接打开。单击目录可以直接打开所需的内容,而 PDF 需要一页一页翻。

2. TXT

TXT 是 PC 常用的一种文本格式的电子书,主要储存文本信息,这类格式可以在传统的 PC 上,也可以在智能手机、MP4 等设备上阅读。这种类型的电子书容量大,文件所占空间小,还可以保存成音频格式文件。它的优势是体积小、存储方便,是大部分设备的通用格式,无须安装专门的阅读器,对设备运行环境没有特别要求。缺点:只能支持纯文字,不支持图形、图像、音频、视频等多媒体内容,内容缺乏表现性,此格式的电子书在一些阅读平台上会出现乱码。TXT 格式有四种编码:ANSI、Unicode、Unicode big endian、UTF-8。

3. HTML

超文本标记语言 HTML(Hyper Text Markup Language),这种格式页面里可以包含图片、链接、音乐、程序等非文本元素。HTML格式电子书可以在网页浏览器中阅读内容，其优点为简易性、可扩展性、通用性。网页格式，可用网页浏览器直接打开。

4. PDF

PDF（Portable Document Format）是ADOBE公司开发的电子读物文件格式，是目前使用最普及的电子书格式，它可以真实地反映出原文档中的格式、字体、版式和图片，并能确保文档打印出来的效果不失真。一般是用Foxit PDF Editor来制作的，一种是文字版的，另一种更直接将纸质书籍文字全版扫描或者转码成为PDF电子书。PDF文件不管是在Windows、Unix还是在苹果公司的Mac OS操作系统中都是通用的，这使它成为在网络上进行电子文档发行和数字化信息传播的理想格式。PDF格式文件跨平台性已成为数字化信息的一个工业标准，对普通读者而言，用PDF电子书保留了纸版书的质感和阅读效果，可以较为真实地还原阅读纸质书的过程，给读者提供了一种植根于传统阅读的体验。由于PDF文件可以不依赖操作系统的语言和字体及显示设备，阅读起来很方便。这些优点使读者能很快适应电子阅读与网上阅读。优势：直观，有章节目录，美观度一般，功能一般，安装PDF阅读器可以用手机阅览。

5. SWF

SWF文件通常也被称为Flash文件，广泛用于创建吸引人的应用程序，它们包含丰富的视频、声音、图形和动画。SWF可以用Adobe Flash Player打开，浏览器必须安装Adobe Flash Player插件。

6. EPUB

EPUB（Electronic Publication）是一个自由的开放标准，这是一种可以"自动重新编排"的格式形式，也就是文字内容可以根据阅读设备的显示方式（如屏幕大小、横屏竖屏），以当前最适于阅读的方式显示。EPub档案内部使用了XHTML或DTBook（一种由DAISY Consortium提出的XML标准）来展现文字，并以zip压缩格式来包裹档案内容。EPub格式中包含了数位版权管理（DRM）相关功能可供选用。阅读软件：EPUB-阅读器（iOS）、Adobe Digital Editions、FBReader、SumatraPDF，基于XML格式的电子书或其他数字出版物，是数字出版业商业和标准协会（International Digital Publishing Forum, IDPF）制定的标准。几乎所有阅读软件都支持EPUB。除国外的苹果应用商店和安卓市场外，国内比较知名的像机客网电子书应用商店、掌上书苑等，提供非常专业、数量庞大的EPUB电子书。

7. NLC

NLC格式是中国国家图书馆的电子图书格式。它把扫描的图书图像以JBIG标准压缩（无损压缩）为很小的NLC文件。NLC文件是JBIG格式的一种变种。

8. CAJ

Chinese academic journal，简称CAJ，是清华同方公司的文件格式，中国期刊网提供这种文件格式的期刊全文下载，可以使用CAJ Viewer在本机阅读和打印通过"全文数据库"获得的CAJ文件。它兼容CNKI格式和PDF格式文档，可不需下载直接在线阅读原文，也可以阅读下载后的CNKI系列文献全文，并且它的打印效果与原版的效果一致。

9. CEB

CEB即Chinese eBook，是完全高保真的中文电子书的格式。由北京方正阿帕比技术有限公司开发的全新的电子图书阅读工具——方正Apabi Reader使用的格式。它能够保留原文件的字符、字体、版式和色彩的所有信息，由于在文档转换过程中采用了"高保真"技术，从而可以使CEB格式的电子书最大限度地保持原来的样式。

10. LIT文件格式

这种格式是美国微软公司开发的软件Microsoft Reader的一种专有的文件格式。该文档格式是HTML的一个变体，同时，也支持OEB文档格式。

11. UMD

该格式需要在手机上安装相关的软件。不过现在的很多java手机下载阅读软件后也可以看。

12. JAR

文件格式以流行的ZIP文件格式为基础。与ZIP文件不同的是，JAR文件不仅用于压缩和发布，而且还用于部署和封装库、组件和插件程序，并可被像编译器和JVM这样的工具直接使用。

13. Mobi和Azw

这两种格式主要依靠Amazon内容提供商和Kindle阅读器，基于DRM版权保护，属于Amazon私有格式。该MOBI格式是亚马逊的电子书专利文件中的旧名称格式。目前它被称为AZW3。Kindle阅读器和应用程序可以读取AZW3文件。Azw相对来说更新，可以理解为Mobi的升级版。Mobi文件大部分是来自两种途径：Epub、Pdf或者Txt转换成的Mobi。

三、数字出版物载体

1. 光盘

早期离线单机版的数字出版物常常选择记录在光盘上。光盘是利用激光原理进行读、写的设备，是迅速发展的一种辅助存储器，可以存放各种文字、声音、图形、图像和动画等多媒体数字信息。有代表性的产品如英语教材、儿童益智读物等。

2. MP3

有声读物常常选择这种记录载体。

3. PC

适用于基于电脑阅读的单机下载版数字出版产品。

4. 掌上电脑

这是一种介于笔记本电脑和掌上电脑之间的产品，它在许多方面和我们的台式机相像。比如它同样有 CPU、存储器、显示芯片以及操作系统等。

5. 智能手机

其是指像个人电脑一样，具有独立的操作系统，独立的运行空间，可以由用户自行安装软件、游戏、导航等第三方服务商提供的程序，它是集通话、短信、网络接入、影视娱乐为一体的综合性个人手持终端设备。

6. 电子书阅读器

亚马逊推出电子书阅读器 Kindle，掀起了全球电子书阅读热潮。中国主要的电子书产品有汉王电纸书、盛大 Bambook 电子书。电子书阅读器与手机、PDA、笔记本电脑、PSP、MP3 等相比，有专业阅读与非专业阅读之分。电子书阅读器有自己的阅读格式，可以分章节、加书签，另外，在电池续航时间，阅读界面阅读的舒适性、方便性和可持久性方面也占明显优势。

7. 平板电脑

平板电脑也叫便携式电脑（Tablet Personal Computer，简称 Tablet PC、Flat Pc、Tablet、Slates），是一种小型、方便携带的个人电脑，以触摸屏作为基本的输入设备。

四、常见的数字出版物发布平台及运营类型

常见的数字出版物发布平台概况如下。

1. 苹果应用程序商店（App Store）

App Store 是 iTunes Store 中的一部分，是 iPhone、iPod Touch、iPad 以及 Mac 的服

务软件。用户可以购买收费项目和免费项目,让该应用程序直接下载到 iPhone 或 iPod touch、iPad、Mac 上。其中包含游戏、日历、翻译程式、图库,以及许多实用的软件。App 类的出版物集中在这个平台,阅读型 App 电子书和其他功能性 App 一样放置在 App store 上进行发布。Apple Books 原称 iBooks 是 App Store 上的一个阅读平台,iOS 专用,支持 EPUB 和 PDF 格式。

2. 谷歌应用程序商店(Google play)

Google play 的前称为 Android Market,是一个由谷歌(Google)为安卓(Android)设备开发的在线应用程序商店。提供适用于 Android 和 iOS 的移动应用程序。Google play book 是其中一部分。购买图书的账号可以立即线上阅读或利用云端同步功能显示到装有"Play 图书"应用程序的设备上,支持观看图书及下载至设备以离线播放,其特点是跨平台,支持 EPUB 和 PDF。支持设备:网页浏览器;安卓手机及平板电脑;苹果的 iPhone 和 iPad;电子书阅读器与其他设备。例如,Sony eReader 或 Barnes & Noble Nook。Google play book 还提供购买杂志服务。

3. 亚马逊(Amazon)

亚马逊推出 Kindle 电子书阅读器 33 个月后,其电子书的销售量也正式超过了实体书。这也给出版商带来一个发布数字化书籍、杂志、报纸的平台,其特点是跨平台,支持 AZW 和 PDF。

还有当当等综合网站平台,以及掌阅、大佳网专属电子书平台等不再一一细述。

数字出版平台的运营方式主要有互联网分销和无线分销两种。

互联网分销渠道一般包括:门户网站、综合文献库、电子图书网站、搜索引擎、电子邮件和 RSS 订阅。

无线分销渠道一般包括:手机 WAP 网站、手机客户端、数字阅读平台和数字内容商城。

五、数字出版产品案例

（一）Apple Books 电子书《地球上的生命》(*Life on Earth*)

Apple Books 是面向 iPad/iPhone 来创建交互式多媒体出版物,基于 OSX 应用程序,可以按照模板进行,也可以按照开发者自己的方式进行创建、修改。iBooks Author 包括多功能撰写和排版工具,还提供了可随时使用的 Widget,用于添加影片、测验题、图像画廊以及其他交互媒体。设计者可以随时查看图书在完成后的外观,还可以随时在 iPad/iPhone 上预览图书。

　　基于 iBooks Author 设计开发的电子书产品 Life on Earth,是一套制作精美的生物学互动式教科书,该系列利用丰富的媒体功能,激发读者对地球生物的想象。该电子书受到普利策奖获奖作家和博物学家爱德华·O. 威尔逊(Edward O. Wilson)的启发,并由世界知名的教育家和艺术家组成的团队共同创立,这种全面基于标准的课程讲述了地球上的生活故事,使学生能够深刻地了解入门生物学。全书一共分为七个单元,每个单元单独下载,详细地讲解了从生态系统到细胞的各个层次的生物学知识。书中许许多多的图片、视频、交互式动画使原本枯燥的知识变得生动易懂,它以多媒体视角、丰富的多点触控体验帮助用户(读者)了解内在生物结构,形象化地理解晦涩的概念,以有趣的互动方式了解科学原理。用户(读者)可以在虚拟细胞中探索,还可以跟随虚拟直升机游历非洲自然美景。Life on Earth 每个单元内容都包含引人入胜的交互功能,例如在第三部分探索 DNA 的结构以及 DNA 指导细胞活动的过程。而这些难懂又专业的知识在交互视频、图册、多触控交互图像等形式下变得更加视觉化、更加易懂,无论你是否对生物感兴趣,这套书都可以充分启发你的好奇心,让你在此过程中获得生动的视听信息(见图 1-5)。

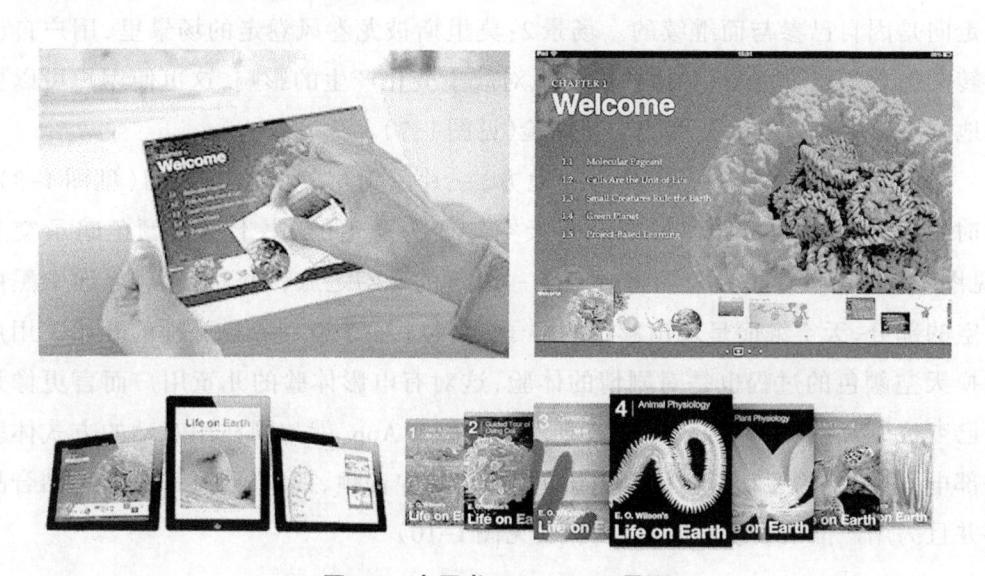

图 1-5　电子书 Life on Earth 界面

（二）App 电子书《神奇飞书》(*The Fantastic Flying Books of Mr Morris Lessmore*)

以单独 App 形式呈现的数字图书,逐步脱离了将原始图书移植到屏幕、模拟书架的固定设计思维。这样也使阅读体验转化成用户体验,用户逐步从传统的阅读体验中脱离出来,建立新的阅读习惯。*The Fantastic Flying Books of Mr. Morris Lessmore* 是皮克斯动画设计师 William Joyce 针对儿童睡前时间的互动需求设计的一个儿童 App,既像电子书又像互动电影。精致的人像设计、丰富的互动,甚至进入后根本无须查看交互说明,剧情会直接把你带入使用。这个电子书基于对获奖动画电影的知识产权开发,将原有电影段落进行划分,开发成有生动交互的叙事体验,模糊了图书与动画电影之间的界限。我们可以认为它是一本魔法书,一部可翻阅的动画片,也可以是一个互动场景游戏。一个阳光明媚的午后,莫里斯头戴礼帽坐在阳台上悠闲地翻着书,突然飓风来袭狂风大作,书上的文字也随风飞走,甚至书、人、房屋都被大风卷入空中(见图 1-6)。而这些推动电影叙事发展的情节点分别被设计成为可以让读者参与的互动环节,例如场景 1:当大风来袭画面出现交互提示,用户滑动莫里斯周边区域,该场景出现大量的书被大风卷走的动画。这样生动的表达,使儿童用户可以主动参与到该产品的叙事环节中,甚至会以为这个故事的发展走向是因自己参与而继续的。场景 2:莫里斯被龙卷风卷走的场景里,用户自己旋转图像参与这个情节,并体验龙卷风对故事变化产生的影响,这也使用户可以更好地沉浸其中产生身临其境的交互体验(见图 1-7)。

场景 3:主人公落在一片荒芜的地方,一片了无生气的黑白画面(见图 1-8)。这时熟悉剧情的用户知道情节点是天空转变为彩色的,书上局部颜色暗示交互(见图 1-9),意味着主人公即将进入下一段落的奇幻之旅,用户会触碰界面中黑白天空的部分,天空继而呈现出彩色的样子,预示下一个奇妙彩色旅程的开始。用户更换天空颜色的过程也是对剧情的体验,这对有电影体验的儿童用户而言更像是自己变成了编剧,引导着故事的叙事发展。翻开 App,就如同在用互动的方式体验一部电影,用户的互动行为推动电影的走向,其中音频、视频、动画都紧紧地结合故事并且为用户推动故事发展提供线索(见图 1-10)。

第一章 "融合魔法"新范式

Morris Lessmore loved words. He loved stories. He loved books.
His life was a book of his own writing, one orderly page after another.
He would open it every morning and write of his joys and sorrows,
of all that he knew and everything that he hoped.

图 1-6 狂风大作互动场景

The winds blew and blew...

图 1-7 莫里斯被龙卷风卷走的场景

…till everying Morris knew was scattered

图1-8　莫里斯落在一片荒芜的地方

图1-9　书上局部颜色暗示交互

图1-10　色彩互动体验引导情节发展

(三)App电子书《我们的选择》(*Our Choice*)

这个数字产品总共19页,包含着2007年诺贝尔和平奖得主、前美国副总统艾伯特·戈尔(Al Gore)的伴读,整本书里穿插了大量的视频、音频以及图表解读。内容的表达借助视频演示、交互动画、动态图解等触感交互已经不是什么新鲜的事情,把手指放在该产品某个功能按钮之间滑动,就会随之显示全美各州的风车使用情况数据表、一张太阳能发电模型图片。在风力发电的部分,用户甚至还能时不时对着书里的发电模型吹气,以带动风车运动发电,并感受电流生产、传输、应用的过程(见图1-11)。

创作这本魔术般数字图书的团队来自数字媒体出版商Push Pop Press,而它的创始人Mike Matas曾经为苹果公司设计过iPhone、iPad的 Maps、Photo的电量显示以及Mac OSX的用户界面。基于App形态的*Our Choice*,抛开了传统纸质书本的概念,更摆脱了大多数电子书固有的设计思路。*Our Choice*整本书没有像大多数电子书那样的模拟真实翻页的效果,没有书本的边框,没有传统的选项按钮,而是延续了触控时代更加简单直接的拖拽、滑动和缩放等交互行为,它去掉了人们对于"书"固有的版面印象,将图片、视频、交互式信息图和文字信息重新组合在一起,形成有机结合的互动体。设计者注重带给用户不同于书的阅读体验,让用户能感受到设计所带给它的生命力,让阅读变成丰富而具有互动的体验,在其中运用体感传感器、触碰式屏幕、麦克风、图形交互技术。它的特点:一个突破性的多点触摸界面、视觉导航的内容表、250个全屏幕图像、探索在互动地图上照片的位置、原始的交互式信息图形和动画、原始音频评论、交互式三维书的封面等。

图1-11　*Our Choice*电子书体感带动风车发电互动体验

本产品的出版方Push Pop Press让作者、出版商、和艺术家们不需要任何程序语言的技能,只要约20分钟的时间就能够将书籍转换成在iPad或iPhone上的互动电子书。用户第一次接触*Our Choice*时,这个没有电子书阅读体验(如翻页、版面、线性阅读等)的数字产品会让你重新思考一个问题:"我们应该怎么'读书'?"*Our Choice*使人们能够看到借助文字阅读而想象出的画面,将这些内容用各种数字媒体形式生动立体地传达出来。

(四)"魔码AR"(more code)

还记得电影《哈利·波特》中会动的照片吗?我们发现动态照片依然是原来照片的内容,但是动态呈现创意方式带给观众的则是更加具有魔幻色彩的感官刺激和情感体验。"魔码AR"(more code)是华西都市报推出的一款辅助阅读工具,在内容表达上增加虚拟现实的元素并与用户产生互动。亮点是当用户扫描报纸上的一些特定图片时（带有More标记），手机可以直接弹出该新闻所对应的视频报道，比方说球赛视频、现场报道。与传统的报纸相比，more code将原有报纸的内容与新媒体虚拟现实技术相结合，让用户在举起智能手机的时候就能够同时看到报纸内容中提到的视频，并参与这一互动视频，在信息接收中体验虚拟内容与现实内容的结合。这款产品的创意点在于内容的AR展现与立体传播，more code使用AR技术使传统报纸呈现出立体的信息，让用户可以自主参与体验，由此产生从原内容基础上开发出的新价值：读者变成移动端的客户，纸板内容可以在新媒介上产生更多精彩的内容和服务。增强现实（Augmented Reality，AR），把真实的环境和虚拟的信息叠加在同一空间中、进行同时呈现，more code通过这种技术，让现实中的读者也变成了移动媒体中的用户，人们可以同时将真实的报纸内容和虚拟的信息尽收眼底。虚实结合之间，体验者将获取"身临其境"的逼真感受。报纸上的广告不再是平面化的信息，也可以通过扫码形成立体的图像，如平面汽车广告变成立体的汽车全景影像，文字性的赛事点评扫码后成为客户端的互动视频，报纸上新闻事件变成手机上的影像新闻解读。报纸变成了"移动媒体"，打破了报纸内容的有限性、展示形式单一和阅读方式陈旧，内容可以以多种灵活的媒介形式来呈现（见图1-12）。

图1-12 "魔码AR"more code扫码体验

（五）喜马拉雅有声书平台

喜马拉雅有声书平台是一款集电台和社交为一体的电台应用，打造声音内容的数字平台，其收录了音乐、财经资讯、新闻、相声、有声小说等十余类电台节目，并且给用户提供平台来创建自己的电台。喜马拉雅FM拥有中国最大的原创声音分享平台,基于声音媒介的伴随性,人们获取信息更加舒适和方便,这也决定了基于声音媒介的数字出版物有着良好的受众群体。

优秀的数字出版产品,获得广泛关注及商业上的成功,其在用户体验、创新感官、精准定位、互动反馈等方面尝试不同程度的创新。用户体验,数字出版产品不仅仅是多内容的设计与开发,它是以内容为核心旨在改善和提高用户体验,以用户为中心,强调易用性和可用性,最重要的是让产品有用,增强参与性强调互动体验和交互特性。创新感官:感官体验是用户体验中最直接的感受,带给用户视听等多媒介的体验。这种体验是否具有创新性、是否能打动用户?在人们第一次阅读时候就会给予明确的定位——是否继续阅读下去,强调心理认知度。优秀的数字出版产品置身于用户应用环境的变化,一方面基于内容价值,另一方面能够设计有的放矢契合内容本身的感官体验。定位清晰:成功的数字出版物显著特点就是有清晰的定位,针对用户群体的阅读习惯、交互行为、内容聚焦等进行分析。根据用户需求策划开发个性化产品。

第三节　数字出版产品创意与策划

一、数字出版产品创意思维

在传统出版向数字内容转变的初级阶段,开发者选择对传统出版物内容进行较为简单的数字化,设计思维是静止的,单向的,实现方式只是将内容直接转为数字化版本或数字化衍生品(如纸质图书的数字化——形成扫描转换后的PDF版本)。从无到有的数字出版产品策划与开发不会拘泥于传统出版物思维,而是非线性的、交互的,立体的,基于数字媒体的表现方式和技术特点。也正因如此,设计数字出版产品时更注重多媒体、立体化思维表达。

(1)非线性思维。数字技术对图、文、声、像等媒体信息进行非线性组织、编辑、连接,以便用户可以实现非线性阅读和信息交互。在设计中,非线性思维可以表现为自选菜单——媒体存在与使用方式、多通道——媒体信息传递方式、网络状——媒体的内容组织结构、即时检索和导航——媒体信息管理方式、超链接——媒体信息链接和显示方式、信息提示——媒体演示控制方式等。

(2)自选菜单——媒体内容存在与组织方式。作品是以菜单方式表示各媒体的存在和结构组织,用户根据自己的需要自选菜单进行阅读和浏览,呈现数字媒介下的人机交互优势。信息内容可以分割成若干个相对独立的片段,重新划分层级排列组合,而排列组合的自主权交到用户手里。自选菜单如同将一个导航地图呈现给用户,用户可以在这个地图上寻找自己感兴趣的部分,自行决定如何到达目的地以及获取哪些内容,这在一定程度上给用户带来了极大的自主选择空间。对设计者而言,将内容进行排列组合需要谙熟内容之间的关系,对此关系进行层级排列,形成"导航""菜单""详细内容"之间的结构关系。自选菜单模式将主动权交给用户,用户根据自己需求选择路径到达目标内容,在选择路径的同时也对所需内容进行了一次个性化的组合(见图1-13)。

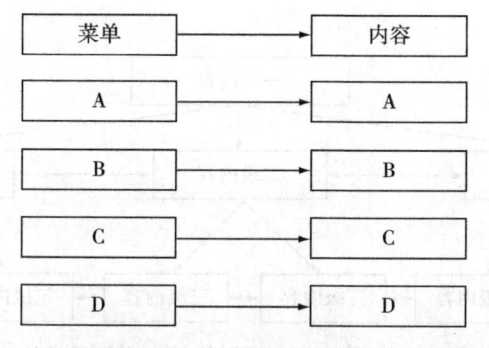

图1-13 自选菜单——媒体内容存在与组织方式

(3)多通道多路径——媒体信息传递与呈现。在一个数字出版产品中设计师可以通过多种通道传递信息。多媒体多通道(特别是文字媒体和语音媒体)都可具有相对独立承载作品的主要内容。用户可通过单媒体通道或多媒体通道方式阅览作品。数字内容可以按照多种媒介形式进行解读和表现,可以是视觉媒体(文字、图片、影像)、听觉媒体(音频)、视听两用媒体(视频、动画)等。多通道的内容设计增加了信息的维度,同时也给用户提供了不同的接受渠道和感官体验。例如,对于儿童受众,数字产品的设计针对儿童形象思维与开发的需求,超越传统思维,常常采用多通道的信息表达,带来多维度、立体的信息体验,从多个通道向儿童用户传递内容,在多通道表达中拓展孩子给予不同感官的想象和体验(见图1-14)。

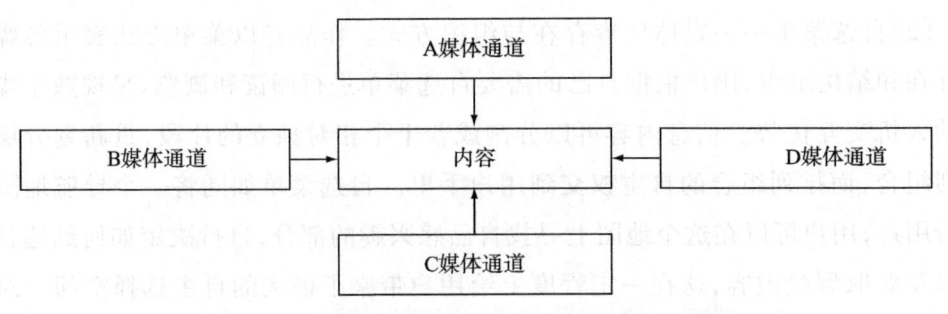

图1-14 多通道多路径——媒体信息传递与呈现

（4）网络状——媒体的内容组织结构。在多媒体作品中，内容组织结构是以各自独立的版块和层级存在的，各版块与层级之间通过交叉进行链接，构成了一个网络系统，满足了交互使用的需要（见图1-15）。

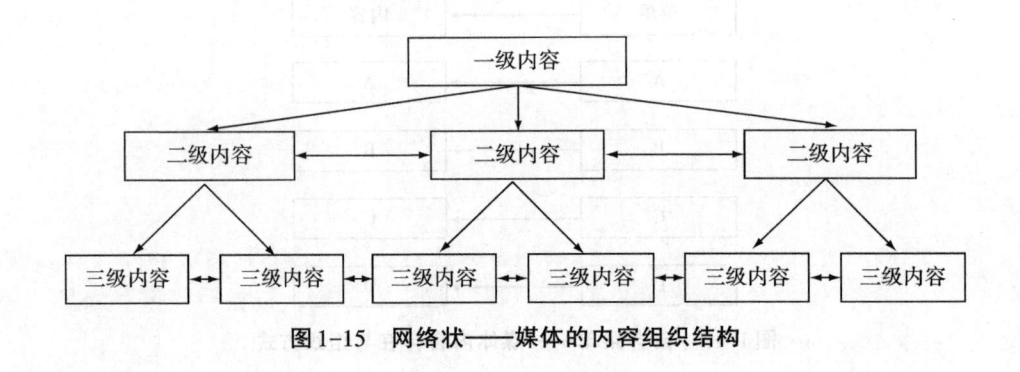

图1-15 网络状——媒体的内容组织结构

（5）即时检索和导航——媒体信息管理方式。在多媒体作品中以数字的方式记录内容信息，存储量很大，为方便用户能随时并迅速在众多的信息中查询和选择阅览，作品设置了灵活的目录检索和信息导航系统，如同书籍的目录。数字出版物不仅向读者提供信息，而且注重读者的参与。例如，教育类的电子出版物可以供读者在计算机上进行测验考试，计算机会自动分析考卷和评分。检索结果有时可以在瞬间获得。

（6）超链接——媒体信息链接和显示方式。多媒体作品具有信息多层显示功能。文中文的信息显示方式：超文本；文中图的信息显示：超媒体。超链接是独特的系统连接机制和信息显示方式。数字出版物中的文字、图片都可以设为链接入口，读者只要用鼠标点击链接入口就能够看到相关的页面。新开一个窗口新的页面中还可以有新的链接入口。基于互联网的数字出版物，所设超链接更可以将出版物的内容与互联网上的资源相关联,扩大信息源,使读者对所述主题有多维度深入的理解。

二、多媒体编辑软件选择

进行多媒体制作与编辑软件选择前,先思考以下几个问题。

(1)选题的设计方案中是否涉及多媒体功能等。

(2)拟选择的工具软件对运行的软件和硬件环境有什么要求。

(3)工具软件是否支持网络协同开发。

(4)开发者新角色:书籍设计师、预算师、内容编辑、产品开发者。

1. 数字媒体创作工具

数字出版选择什么样的创作工具,主要取决于内容,图1-16是数字出版制作格式选择。

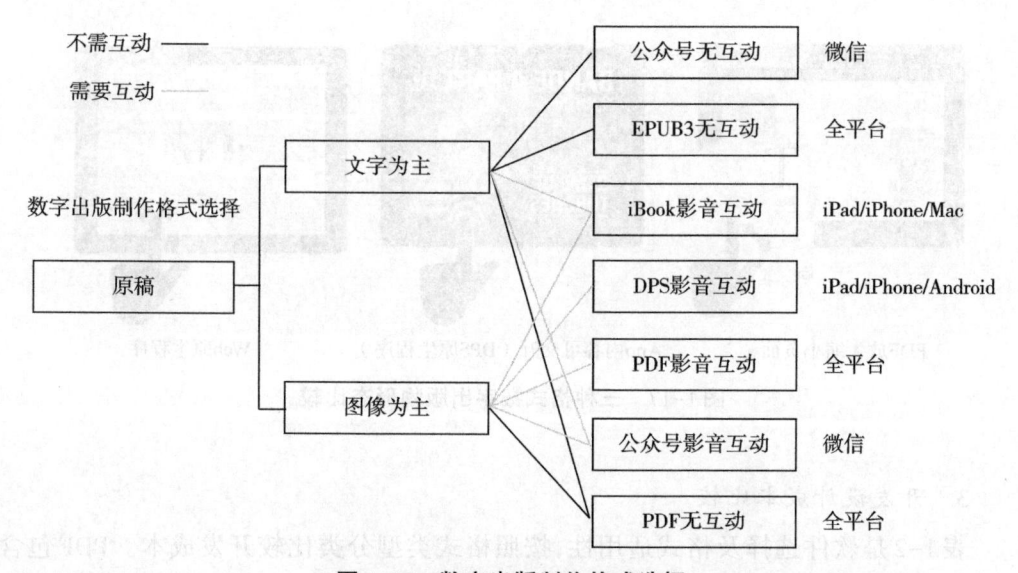

图1-16 数字出版制作格式选择

2. 软件选择及格式适用性

制作前需要根据目标数字出版物的投放平台选择适当的软件,如表1-1所示。PDF格式投放平台为台式电脑、手机、平板电脑,建议选择软件Word、InDesign。SWF格式主要投放平台为台式电脑,建议选择软件InDesign。EPUB格式主要投放平台为台式电脑、手机、平板电脑,建议选择软件InDesign、方正飞翔、Aquafadas(拓鱼）。DPS 投放平台为手机和平板电脑，最终形式为 App，建议选择软件 InDesign。原生程序投放移动端手机、平板电脑，建议选择制作方式为 HTML5、Xcode、Swift、Java 等，其中 HTML5 适用性最广。三种格式数字出版物形态比较，如图 1-17 所示。

表 1-1 软件选择及格式适用性

	PDF	SWF	EPUB	DPS	原生程序
建议选择软件	Word、InDesign	InDesign	InDesign、方正飞翔、Aquafadas 拓鱼	InDesign	HTML5、Xcode、Swift、Java 等
适用性	台式电脑、手机、平板电脑	台式电脑	台式电脑、手机、平板电脑	手机平板电脑	HTML5 适用性最广 iOS 和 Android 系统要分开做

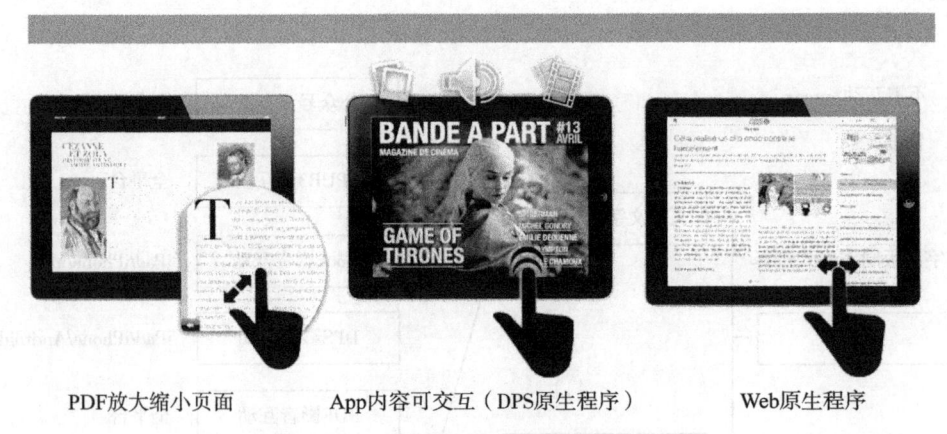

PDF 放大缩小页面　　App 内容可交互（DPS 原生程序）　　Web 原生程序

图 1-17 三种格式数字出版物形态比较

3. 开发设计成本比较

表 1-2 是软件选择及格式适用性，按照格式类型分类比较开发成本。PDF 包含文字、图片，因为没有音频视频和动画交互，制作相对简单，难度较小，周期短，制作成本低。一些软件甚至可以在不需要调整的情况下直接转换成为 PDF。SWF 包含文字、图片、音频、视频和交互动画，制作上相对复杂，需要一定周期。EPUB 分为有交互、无交互两种，周期和制作难度适中，与 SWF 的制作成本相当。DPS 有图片、音频、视频的嵌入，可以实现模拟三维效果，也可以嵌入部分的 HTML5，制作比 PDF、SWF、EPUB 难度高，周期相对较长。原生程序：由于原生应用 App 开发程序是为了在 iOS 或 Android 操作系统上使用而构建的，原生程序可以提供优化的性能，并充分

利用最新技术的优势。有图片、音频、视频嵌入，可以实现三维和增强现实等效果。但是制作周期（开发、编译、部署、迭代）较长，制作难度较大。在成本上因内容难度而定，制作费用差距较大。在前期策划时可以根据项目开发成本匹配相应周期、技术难度要求、投放平台等要素。

表1-2　不同格式开发成本比较

	PDF 小	PDF 中	PDF 大	SWF 小	SWF 中	SWF 大	EPUB 小	EPUB 中	EPUB 大	DPS 小	DPS 中	DPS 大	原生程序 小	原生程序 中	原生程序 大
周期	√				√		√				√				√
制作难度	√				√		√					√			√

三、数字出版产品编创

编创工作分为7大阶段，如图1-18所示，包括编创工作流程，选题策划、脚本编创、素材采集、媒体制作、媒体整合、产品生产、社会发行。这个过程是线性发展，依次递进的。选题策划、脚本编创决定了出版物的整体方向。在选题策划阶段首先需要分析选题依据、主要内容、研究现状、研究意义，以此为起点深入分析选题内容与品牌整体定位和受众定位是否匹配。

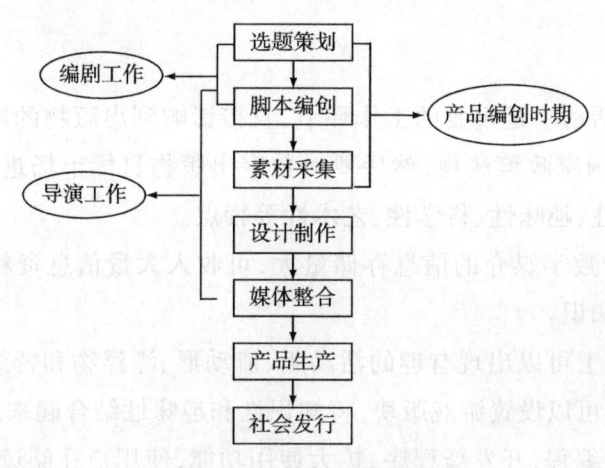

图1-18　编创工作流程

（一）选题策划

选题策划从用户体验要素设计层级上处于战略层。战略层所聚焦的是外部用户需求（user need）和内部产品目标（product objective），试图了解用户想通过这个产品得到什么,还要知道他们想达到的这些目标,将怎样满足他们所期待的其他目标。同时,开发设计者也有自己对产品的期望目标(商业价值或者文化价值等其他类型目标)(见图1-19)。

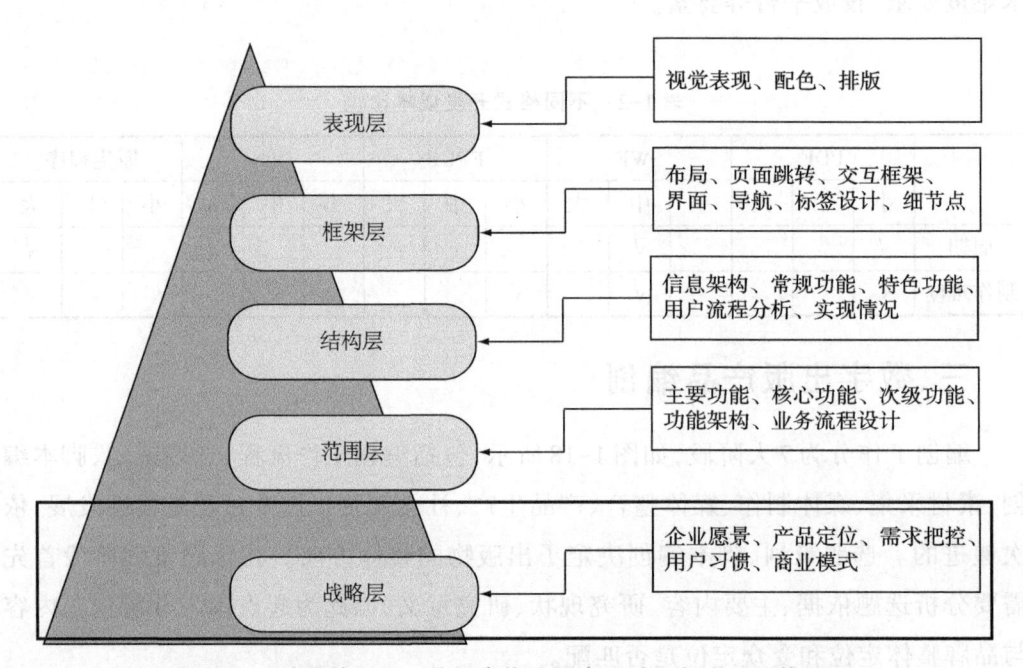

表现层 ← 视觉表现、配色、排版

框架层 ← 布局、页面跳转、交互框架、界面、导航、标签设计、细节点

结构层 ← 信息架构、常规功能、特色功能、用户流程分析、实现情况

范围层 ← 主要功能、核心功能、次级功能、功能架构、业务流程设计

战略层 ← 企业愿景、产品定位、需求把控、用户习惯、商业模式

图1-19 选题策划——从用户体验要素设计层级上处于战略层

1. 选题要求

选题在出版活动中是重要的工作环节,直接影响到出版物的质量和市场销售。选题首先要符合国家政策法规,然后要对数字出版物目标市场进行调查分析。选题需要具有知识性、趣味性、科学性、艺术性等特点。

知识性:由于数字媒介的信息存储量大,可收入大量信息资料,人们在阅读作品时可获得大量知识。

趣味性:界面上可以出现有趣的活动版、流动形、漂浮物和特效声,可引起用户的兴趣。另外,还可以设置游戏版块,将知识性和趣味性结合起来。

科学性:通过编程,开发新程序,扩大使用功能,使用户在阅读作品时感受到科技的魅力。

艺术性:独特的艺术风格和精美的画面,具备良好的审美体验。

在具体开展选题策划时要把握以下三点。

(1)选题的独特性,即要有自己独特的视角。

(2)选题的时代性,即能体现时代的精神风貌。

(3)选题的媒体性,即能充分把握多媒体的特点,运用好媒体表现形式。

数字出版物选题策划书主要包括封面、文案和结构设计图三部分。

(1)封面标题即"选题策划书",其他项目包括:作品名称、选题负责人、策划人、小组成员。

(2)文案,具体细则如表1-3所示。

表1-3 数字出版物选题策划文案内容

项目	内容及要求
选题类型	题材类型的准确定位
作品名称	体现作品主题,文字要简明、引人注意
名称解释	名称含义及命名理由
选题背景	选题的原因、理由和依据,市场及读者要求
选题意义及作用	思想和文化建设的积极意义、竞品分析、社会价值
作品对象	目标人群范畴
作品主题	内容的中心思想及主线
作品内容简介	作品所表达的主要内容
内容主体结构	构成作品内容的主要组成部分
作品创新点	作品的独特视角和创新思路表现
作品特色及优势	内容、形式、风格、媒体、功能等特征表现
媒体和功能运用	支持表现的媒体方式和功能设计规划
技术支持	采用的基本技术和新技术
预期水平	预测与评估
素材、资料	选题及作品内容的素材及资料来源
其他说明	需要补充的其他说明

(3)结构设计图。标题为"《×××》内容主体结构图",结构图中的内容需要呈现①内容各级界面;②界面标题;③界面连接方式。

案例 《神灵的殿堂——山西古寺观建筑》,以电子书的形式探索以山西古建为代表的优秀传统文化的媒体表现方式。电子书从寺观建筑入手,挖掘儒释道影响下的神灵殿堂建筑,有助于介绍山西古建筑,挖掘古建筑承载的传统文化,有助于发掘文旅资源,激发大众对于古建筑文化的关注度和兴趣度,用数字媒体的展示和传播形式对古老的文化进行新时代诠释和重塑,是将新兴媒介和传统内容相融合的一次尝试。如何借助新媒体资源让文物活起来,使它们不再被埋没于风沙下,不再隐藏于街巷间,不仅仅是一栋死的建筑,是在编创中要重点考虑的问题。

依托网络技术与新媒体,传统文化内容的展示都在尝试结合新媒体特点。比如微信公众号"深圳博物馆",可实现AR互动的"云观博"App以及央视播出的纪录片《如果国宝会说话》等。各式各样的载体和宣传让更多的人对传统文化有了更深刻的认识,借助数字平台来实现"新瓶装老酒"的华丽转身。时代性需要把传统意义上的内容与新兴媒体的发展趋势相结合,从"传统"与"创新"这两个角度来开发数字出版物,满足新时代用户对于传统文化的多方面、多层次的认识。

根据数字出版物的实际情况,题材有三种分类方法。

(1)按作品内容分类:政治、体育、文化、科技、生活、艺术、旅游等题材。

(2)按作品功能分类:政治、教材、专业、娱乐等类题材。

(3)按作品规模:重大题材、普通题材。

在选题策划中首先要确定的是目标。有了明确的目标,策划才有意义。目标确立是策划的出发点和基础。策划目标从宏观层面要考虑社会目标、市场目标、技术目标、经济目标。无论是反映传统文化还是现代文化的题材,都具有以下特点:具有时代和文化背景;突出题材的文化特点;具有丰富的文化知识内涵;具有社会人文思想教育作用。

选题策划的步骤是:第一步,需要充分论证来源依据,在依据合理、论证充分的基础上,明确圈定选题内容方向。围绕选题内容来分析研究现状和该选题的研究意义。第二步,根据选题依据、主要内容、研究现状、研究意义来匹配品牌整体定位,分析受众群体、设计结构框架(见图1-20)。

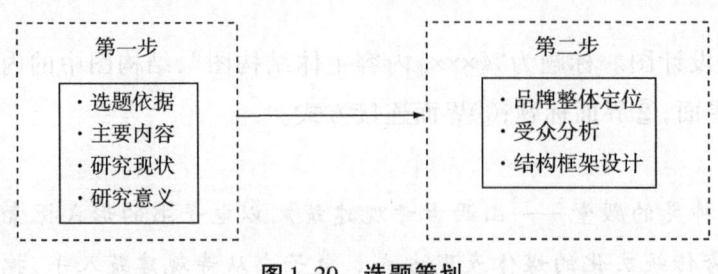

图1-20 选题策划

第一章 "融合魔法"新范式

内容方法策略取决于目标、内容创新、资源之间的平衡。目标是策略依据和关键（见图1-21）：提出问题——我们想通过这个数字出版物来实现什么目标？什么是我们认为的成功的数字出版物？内容创新——应该构建什么内容？我们有什么样的内容？用户（读者）期望从这个数字出版物中得到什么？资源——我们有多少预算？我们有什么创新才能？有多少开发时间？

选题策略 = 目标 + 内容创新 + 资源

目标	内容创新	资源
我们想通过这个数字出版物来实现什么目标？什么是我们认为的成功的数字出版物？	应该构建什么内容？我们有什么样的内容？用户（读者）期望从这个数字出版物中得到什么？	我们有多少预算？我们有什么创新才能？有多少开发时间？

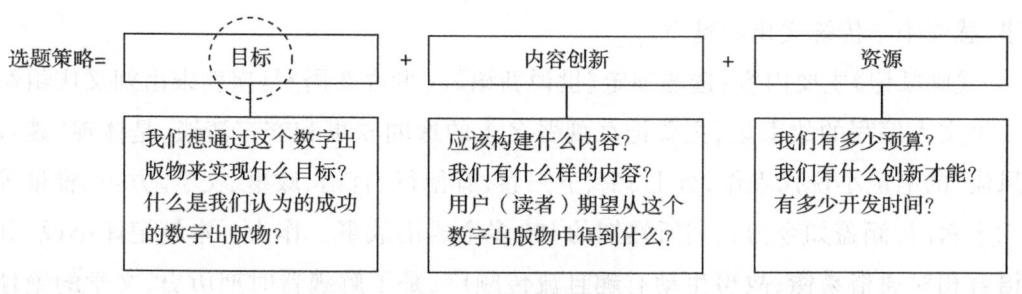

图1-21　选题策略

案例　《画棠记》（见图1-22）。

图1-22　案例《画棠记》电子书封面

《画棠记》选题依据：中国传统文化具有鲜明民族特色、历史悠久、内涵博大精深。大众媒介是一个交流平台，媒体工作者和传统文化研究者可以更加便利地引发他人的兴趣，起到横切面的普及作用。崭新的媒介形式使传统文化以崭新的形象出现在人们的视线之中，从而引发人们对"传统"的兴趣。本选题选择以App电子书为主体，以系列的方式展开，并将此系列女主命名为"谢小棠"，《画棠记》的名字也由此产生，将女主变成贯穿各个故事的线索人物，由她带领读者走进古典故事，感受中华传统文化的魅力。

《画棠记》主要内容：选题锁定《世说新语》。《世说新语》是南朝宋由刘义庆组织一批文人编写的故事集，主要记载魏晋名士的逸闻轶事和玄言清谈，是体现"魏晋风流"的笔记小说代表作，分上、中、下三卷，有德行、言语、政事、文学、方正、雅量等三十六门，涵盖如今为人们所熟知的100多个成语故事。作为一本笔记体小说，其语言相对通俗易懂，故事生动有趣且流传颇广，是了解魏晋时期历史、文学的绝佳入口。

该选题以世说新语中脍炙人口的诸多成语故事为主体，对这些成语及背后的故事进行画面演绎，主要运用原创手绘及互动、视频等手段，力求表现生动趣味，画风轻松活泼，并配合原文、译文、字词解析等元素，拓展学习深度，使读者在满足视听享受的兴趣之余，学习古文及历史知识。以双线并行的阅读方式展开，在目录中提供两个故事入口，一方面可以按照原著本身的章节顺序，节选一些接受度高且易于学习和表现的故事，将这些故事运用画面演绎出来，同时也通过点击方式调出原文和译文，对照学习。另一方面则分为流觞曲水、竹林七贤和名士风流三块，对应的是王谢两家氏族、竹林七贤和其他一些风流人物，各个人物亦可链接到正文中的相应故事（见图1-23）。

【小结练习】

策划一个数字出版物选题，按照上述策划书内容及格式完成。

2. 目标人群定位

目标人群具有相似特征，该术语是指具有某些属性的一群人，简单来说就是购买产品的人群就是目标消费者。简言之就是：做给谁看？讲给谁听？

可以对消费人群进行适当分类，将其与整个人群分开，打上个标记，形成消费者画像。该分类的目的是理解和评估这些用户的偏好和行为。一般从消费属性和消费行为两个方面来定位目标人群。

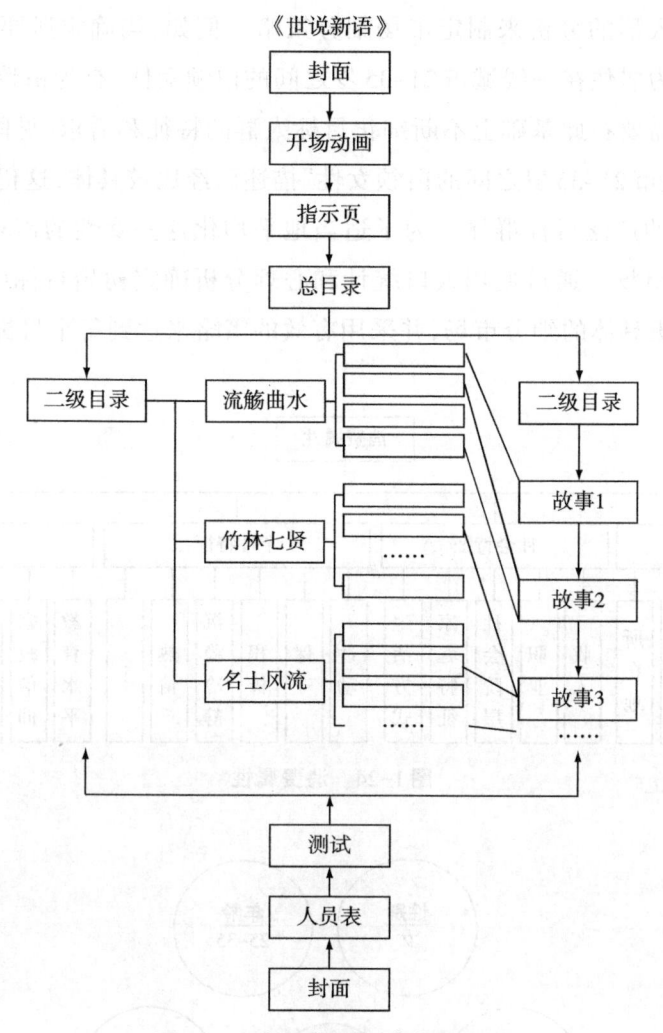

图1-23 案例《画棠记》内容规划

定位目标人群就是要从目标用户中找到共同特征，通过这些特征试图从多个角度分析目标用户的需求。可以快速缩小范围，有针对性地解决目标用户的痛点。

(1)消费属性包括：人口特征(年龄、性别、种族、国籍、所在地)；社会特征(收入、职业、社会阶层、家庭特征、生活方式)；个性特征(冲动、保守、积极、沉稳、热情、冷静等)；文化特征(教育水平、宗教信仰、民族文化、亚文化、小众文化、爱好等)(见图1-24)。

(2)消费行为包括：角色(信息提供者、购买决策者、购买执行者、决策参与者、使用者、评价者)；因素(使用时机、使用意图、使用频率、品牌黏性、用户体验等)。

通过目标人群的分析来制定市场细分策略。例如,当确定所要开发的数字出版物目标人群为居住在一线城市21~35岁之间的白领女性,有为精致生活产生的消费习惯。然后需要在此基础上不断细化目标人群的特征和需求(见图1-25)。尽管"居住在一线城市21~35岁之间的白领女性"描述已经比较具体,这仍然是一个具有非常独特需求的广泛目标群体。为了适当地平均化这些女性的需求,必须缩小目标范围来细分市场。通过使用人口统计和心理分析确定初始目标中的特定集群,这样可以建立更具体的细分市场,并采用有效的策略来达到每个目标。

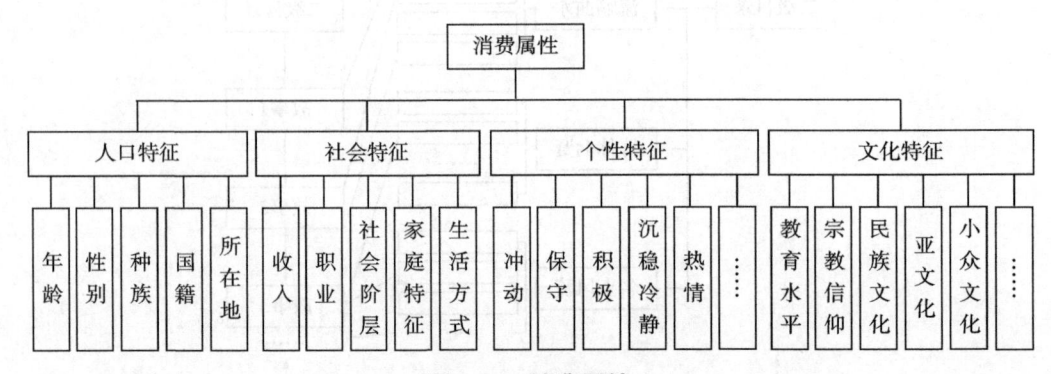

图1-24 消费属性

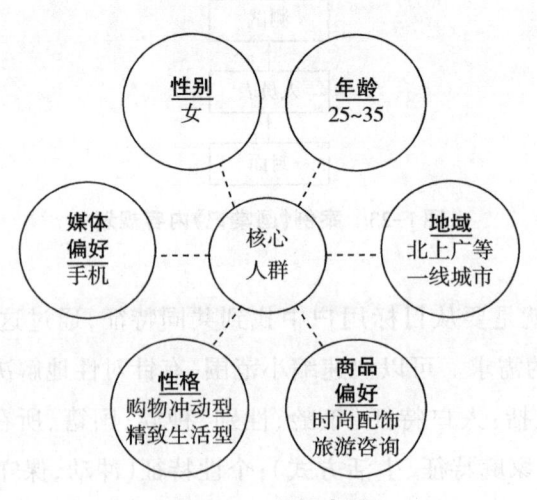

图1-25 目标人群

【小结练习】

2~3人一组,自选一款数字出版物,分析该出版物选题依据、主要内容、创新之处、品牌定位、受众等方面。

3. 竞品分析

竞品是竞争产品,即竞争对手的产品。顾名思义,竞品分析是与对竞争对手的产品进行比较分析。对竞争品牌的调查和研究,是为了看清市场发展趋势,更好地找到市场切入点和自身定位,这个过程也是验证自己产品的可行性的过程。确定竞品对象时,可以按照同行业内产品细分市场的服务重叠程度来划分竞品层级,如直接竞品(核心、重要)、间接竞品(一般)、潜在竞品,这样可以更合理地分析竞争对手(见图1-26)。

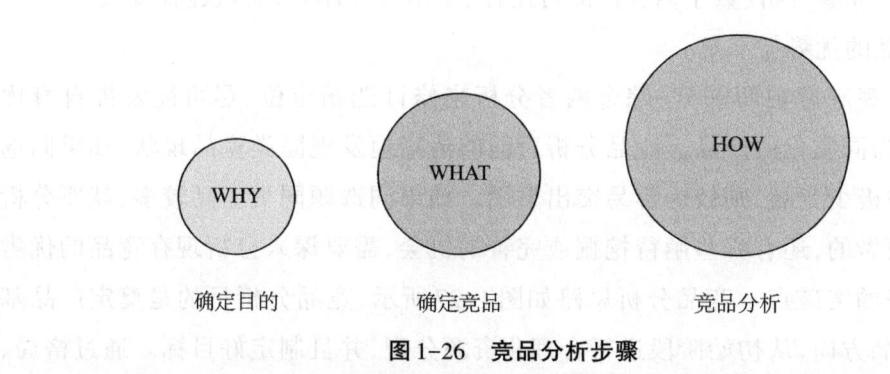

WHY　　　　WHAT　　　　HOW

确定目的　　　　确定竞品　　　　竞品分析

图1-26 竞品分析步骤

竞品分析从客观与主观两个方面展开。

客观分析:从市场相关产品中选出一些维度进行考察,得出客观结论。去掉过多的主观判断,理性分析目标市场布局、同类产品数量、销售情况、现存产品内容和功能等。

(1)比较同类数字内容产品的市场布局状况:各个竞品占据多少市场份额。市场占有率可以反映出竞品的竞争阶段和市场竞争力。在现有竞争格局下,如果市场很大需求旺盛,竞争对手不多,那么说明是个值得探索的机会。

(2)比较竞品定位情况:分析目标用户、场景、需求是怎么匹配用户需求的。例如,有哪些类型的用户,不同类型的用户(核心用户、主流用户、普通用户)分别在什么场景下会使用,产品满足了用户的哪些需求,在做调研之前一定要很清楚地知道自己的目标用户,再去进行调研。用户为什么要用?有什么好处?用户是如何用的?

(3)操作情况和用户体验:基本交互操作,导航设置,提示规范,文案风格,icon设计,配色,字体,配图等。

(4)功能界面信息流构成(视觉、布局、交互):指信息页面分级的列表图,将功能与页面结合,把不同的功能分别放在哪一个页面上。

(5)核心内容和功能比较:内容定位、详细功能点(常规功能、特色功能,实现程度如何),调研竞品核心业务逻辑。

(6)运营方式:运营内容,时间跨度,运营经过,运营项目之间是如何进行操作的,参与人数,活动的效果,品牌的策略,slogan变化,品牌形象包装的变化等。

主观分析:可以根据事实比较和个人情感偏好分析优缺点,现存产品的优势与不足。

(1)用户体验分析(数字内容产品可用性、易用性等体验,受欢迎程度);

(2)产品的优势与不足。

分为主观和客观两部分,综合两者分析来修订选题定位,尽可能发挥自身优势,避免成为同质化的产品。竞品分析后能够清晰地发现同类竞品现状,如果同选题方向存在极少竞品,则较为容易突出重围。如果同选题同类竞品较多,就要分析竞品是如何做的,还有哪些亟待挖掘或完善的机会,需要深入分析现存竞品的优劣来寻找自身的突破点。竞品分析思路如图1-27所示,竞品分析目的是奠定产品基调,确定产品方向,从初始阶段进行合理化资源分配,并且制定好目标。通过格局、定位、功能、策略等不同维度进行分析。格局是对宏观层面的市场现状、竞争态势、商业模式进行分析,定位则是剖析产品之间的发展方向和未来走势。可以根据竞品分析思路展开分析。

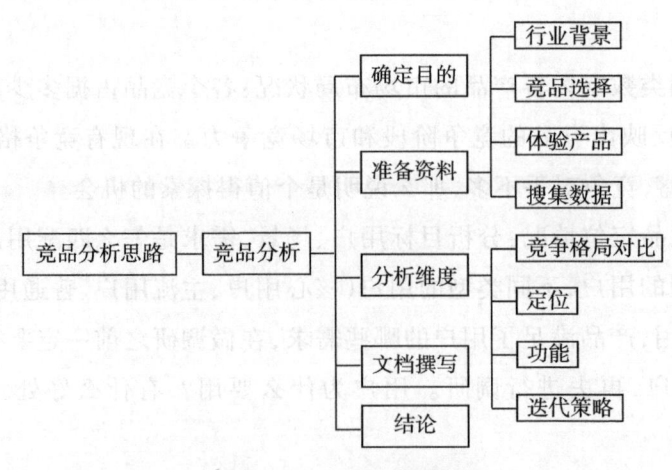

图1-27 竞品分析思路

【小结练习】

选择一款知名数字出版物进行竞品分析,请结合上面的理解,从下面这些维度进行撰写:

- 行业现状及趋势
- 竞品分析目标确定(确定分析对象、确定分析目标、确定竞品)
- 竞品定位对比分析(产品定位、目标用户对比)
- 竞品功能对比分析(核心内容与功能、用户体验)
- 竞品策略对比分析(产品策略、运营策略)
- 总结及建议

(二)脚本编创

写脚本之前必须做的事情有什么。

写下目的;

分析受众是谁;

如何解决用户需求(痛点);

分析为什么他要选择你;

希望笔者如何阅读?

……

脚本是数字出版物编创流程中的基础环节,是在开始之初通过详细的图文计划呈现主题和内容,重点是要规划内容的呈现方式。从流程角度来看,其处在编辑、设计、制作、发行、市场推广之前,是数字出版物创编的起始步骤。编辑人员需要具备并充分发挥脚本框架作用,清晰呈现结构安排。从内容把控上看,脚本能确定指导方针,避免主观发散、避免内容脱离主轴;从流程上看,有助于团队沟通和检查。

制定脚本要遵循以下原则。

(1)简洁的表述:脚本是用来指导后续工作的,描述如何实施的,应避免晦涩的语言,减少阅读壁垒。

(2)内容板块的长度:长度足够覆盖重点又能形成一个内容体系,并且适应碎片化阅读的短小体量。

(3)内容脉络:要能引发阅读欲望,需要从受众的角度设计内容脉络。

(4)脚本的特点和形式:数字出版物脚本需要根据多媒体的媒体表现形式和使用方式而进行设计编创。具有三大特点。

一是界面式结构。界面相互嵌套,页面与页面相连接,构成了完整的作品。内容形成了不同的板块并且以界面形式展示,如图1-28所示。

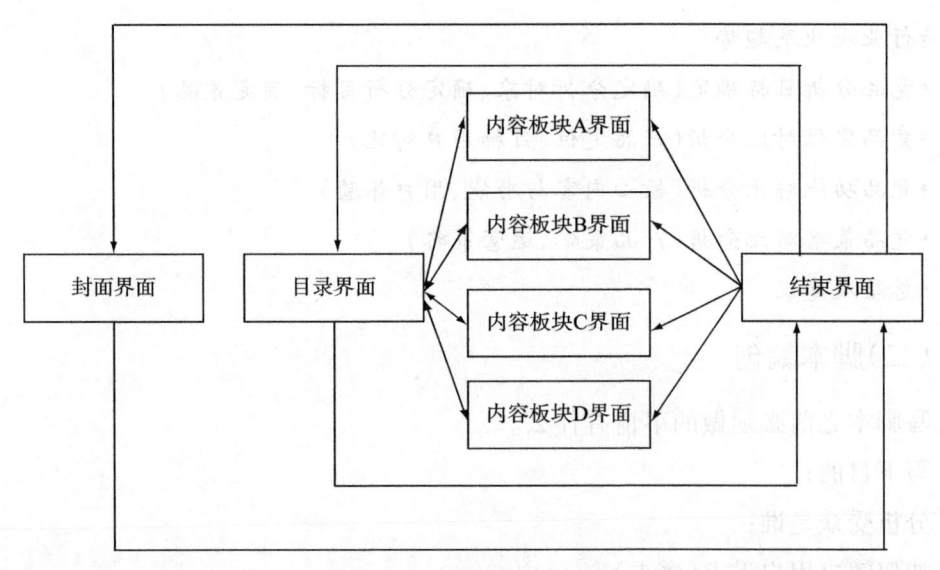

图1-28 脚本界面结构图

二是层级化内容组织。对内容层次分类,按照层级分类对内容进行系统化的组合排列(见图1-29)。

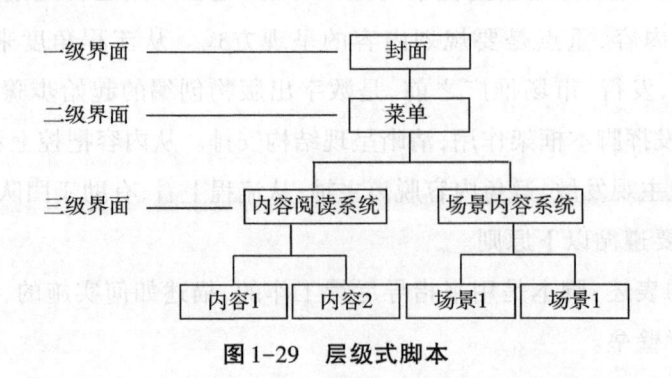

图1-29 层级式脚本

三是功能与媒体多层次组织。对内容进行功能和媒体形式上的组织,如图1-30所示。

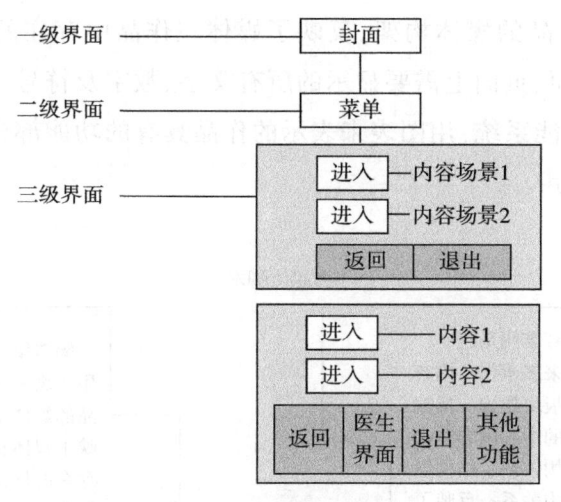

图1-30 功能式脚本

作为工作蓝图,脚本的质量和水平会直接影响作品的效果,在作品制作中要让每位合作者清楚自己要做什么,找到自己的位置,了解工作的每个细节。在团队协作中,脚本是一个项目展开的依据,要使每一个成员了解自己的工作范围、任务、内容以及步骤。在小组成员协调工作量、调整工作内容时能够具体到详细的步骤。如果是个人独立完成一个节目,要在制作工作中充当多个角色,所以需要有一个脚本作为工作指导。

脚本确定出版物内容范围、应该具有哪些功能,包括这些功能的使用场合,规划产品的模块、层次,分配各种媒体的比例,需要设计模块与层次之间、各种媒体之间的互动关系等。数字出版物的典型结构是树状的,还有一些电子出版物采用数据库结构,也称"网状结构",所以,在进行框架结构设计时要综合考虑和科学配置。

脚本创意设计是在数字出版物脚本已经形成的基础上进行的,包括美术、动画创意,音响效果设计和音乐创作等。其中的美术创意又包括界面元素、背景图片、文字版式、整体包装和宣传品的创意设计。脚本的创意设计既要考虑多媒体表现方式的特点及其局限性,也要考虑载体容量对图片、动画、声音、影视文件的数量和规格大小以及精度等的制约。从不同层次来看,脚本可以分为内容系统、媒体系统、文字系统、功能系统。

1. 脚本系统

脚本系统包括四个部分,如图1-31所示。内容系统:用图表来表示作品内容的主体板块构架,反映作品内容的结构体系、结构层次和结构关系。媒体系统:用图表框架来表示的作品的媒体构架,反映了媒体在作品中存在的形式和结构体系。文字系统:作品界面、页面上需要显示的所有文字、数字及符号、用于作品解说录音时使用的文字。功能系统:用图表来表示的作品具有的功能部分,反映了作品中的功能结构体系和作用。

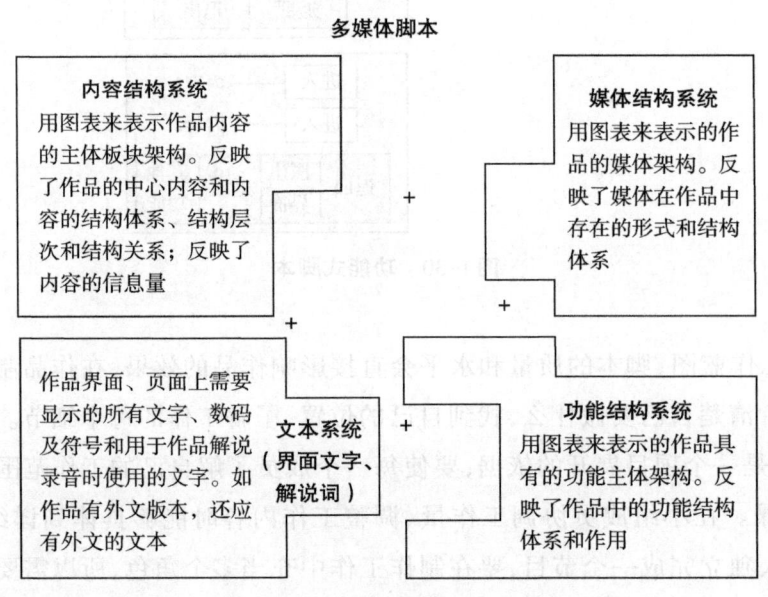

图 1-31 脚本的四个结构系统

2. 脚本编创流程

脚本编创围绕选题来进行素材收集、素材研究、脚本编创,最终形成完善的脚本,如图 1-32 所示。

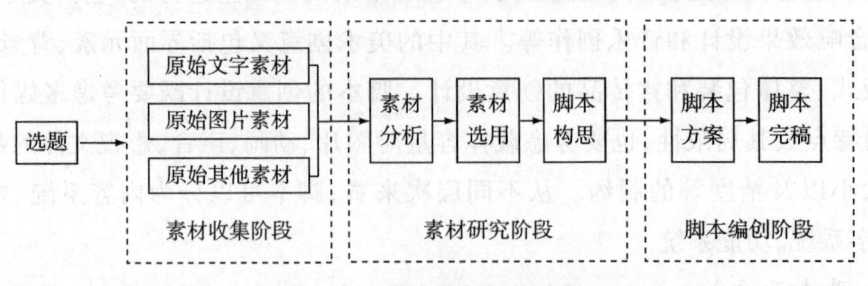

图 1-32 脚本编创工作流程

(1)素材收集阶段。脚本编创人员需要广泛收集与选题有关的资料,包括文字、图片、影像、音乐等资料,只有在占有大量资料的前提下,才能为后面的脚本构思和编创提供条件。

(2)素材研究阶段。脚本编创人员需要对素材进行认真分析和解读。一方面把有价值的素材,特别是对形成构思可能产生影响的素材提取出来作为备用。另一方面,分析素材属性、数量、内容为内容编创做好素材编辑准备工作。例如,素材中图片素材较少、视频素材较多,可以重点放在如何设计视频素材上。如文字素材较多,则需要考虑在有限的屏幕空间里设计重点文字信息和详细信息的嵌套关系,避免大段文字造成的枯燥呈现。

(3)脚本编创阶段。首先要对有价值的素材进行深入研究。在具有了基本的构思后,结合已有素材规划内容框架。脚本的制定需要反复推敲和修改,并结合小组成员意见最后确定方案。

脚本完成阶段:在后期的作品制作过程中,根据方案完成脚本的编创。

3. 脚本内容创意

(1)要突出特色和主题。脚本内容设计的核心与关键是如何强化和突出主题、中心思想。以《粤教英语》作品为例(如图1-33),这是一部小学教材,该作品抓住了两点,一是运用多媒体音频突出英语听和说教学。教材的对话中编排了各类音频,用户可以在学习中边看边听。二是突出儿童互动学习特点,设计了色彩饱和度高的交互界面,符合儿童用户的认知偏好。娱乐化互动环节突出了互动学习。由于抓住这两点特色,突出了选题的多媒体教育和互动学习,使教材上原本扁平的文本内容活了起来。

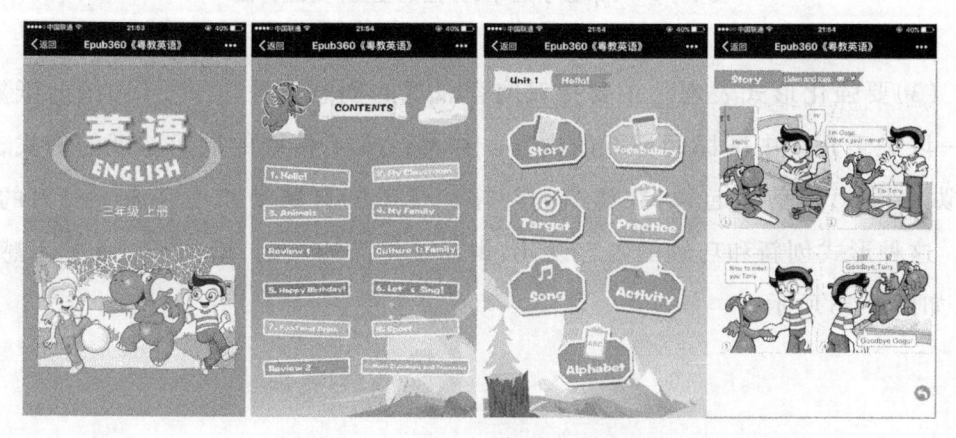

图1-33 Epub数字教材《粤教英语》

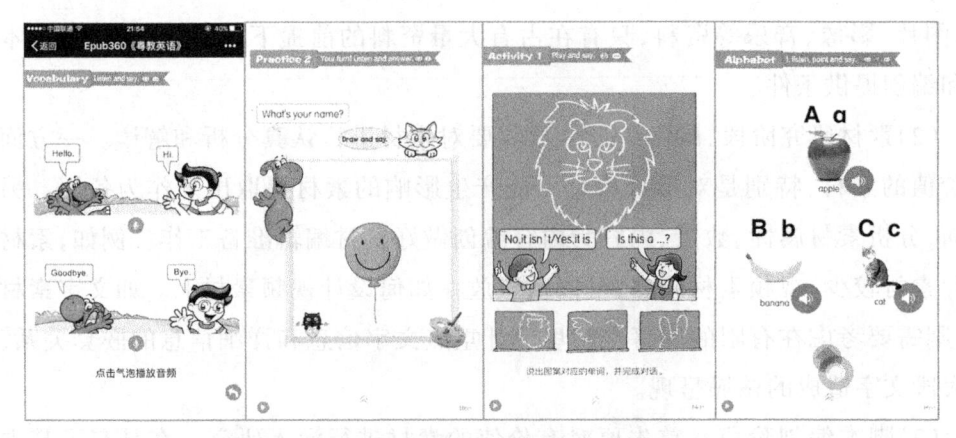

图1-33　Epub数字教材《粤教英语》（续）

（2）要丰富阅读体验。App数字绘本《劳拉的星星》是一部以《劳拉的星星》动画IP衍生的内容。该产品在展示绘本内容的同时，将角色服装"换色"游戏加进了内容，为原有纸质绘本内容增添了新的环节，是一种从内容上的拓展衍生，如图1-34所示。

图1-34　App数字绘本《劳拉的星星》交互界面

（3）要强化形式表现。主要指对内容表现的创意。在电子书《中国剪纸》中有一段关于介绍中国民间剪纸的内容。作品改变了传统的展示剪纸的形式，运用拟人手法，让剪刀起舞，在舞曲的旋律和优美的舞蹈动作中完成了剪刀的介绍。这种形式创新和巧妙的内容设计，烘托了作品的主题，增加了页面艺术感染力，如图1-35所示。

图1-35　电子书《中国剪纸》剪刀动画

4. 功能设计

脚本功能分为一般功能和特殊功能。一般功能（数字出版软件平台上基本可以实现）包括：动画、按钮、超链接、对象状态、页面过渡、计时、幻灯片、全景图、图像序列、滚动框架、放大缩小等。

特殊功能（需要外部软件配合或者专门编程开发新功能）包括：自动感应功能、帮助功能、搜索功能、体感功能、超媒体功能、视窗转移功能等。

由于不同的数字出版制作平台提供的功能选项不尽相同，功能设计需要结合选择技术平台特点。例如，Aqufadas具有拖拽功能，但是动画需要切换到Motion制作；SWF有动画功能，没有滚动框架和全景图；DPS具有全景图和图像序列功能，但是动画需要切换外部软件制作后再插入；H5具有社交应用分享功能，但是加载时间长不能放置太多内容；方正飞翔有拖拽比较功能，但是和外部软件兼容性一般。

（三）素材类型与采集

1. 素材类型

素材类型包括：听觉素材（音频-语音、乐音）；视觉素材（文本、图像、视频、三维模型）等。

2. 素材的采集方式与制作平台

素材的采集制作有以下几种途径。

（1）数码相机和摄像机拍摄（图片、图像序列、视频）；

（2）版权素材库下载（文字、图片、视频）；

（3）绘制创建图像（图片、图标）；

（4）扫描仪器扫入（文字、图片）；

（5）截屏或录制（视频、动画录制）。

素材制作平台的选择要根据素材类型不同、格式不同选择对应的媒体编辑软件。主要有以下几种。

（1）图片：Photoshop，illustrator；

（2）三维图像：3D Max，Maya；

（3）视觉效果动画：After Effects，3D Animation；

（4）版面：InDesign；

（5）文字：Text，Word；

（6）视频：Premiere Pro；

（7）音频：Audition，Cool edit；

（8）转格式：格式工厂、魔影工厂。

（四）设计与制作

1. 界面设计

（1）界面特征。数字时代的创始人Marvin Minsky在其《思维与社会》书中提出以下观点：无论是人类的思维还是人工智能的思维，都是由原本简单的元素相连接而组成，当这些元素组成一个整体时，它们就成为无限复杂的、我们称为思想和感情的东西，这些思想和感情可以转化为人类的体验。Minsky的理论在多媒体开发中的重要应用，就是多媒体和用户间的关键点：用户界面。界面是一个窗口，它是将不同的元素进行编排，并使之成为一个连贯的整体。从实质上讲，众多才艺、技能和感觉联合构成用户看到的实际内容；在观念上，用户界面反映了这些部分的总和而并非这些部分本身。

界面：即"用户界面"，是用户和机器之间传递信息的交互工具，包括用户所能看到的各种元素及其布局。界面对于数字出版物是十分重要的，它是选题风格的体现，是多媒体表演的舞台，也是互动性阅读时环境与指示内容之间相互关联的工作面板。背景图像、文字、菜单和图标等是组成界面的元素，通过它们，读者才能查询信息、实现多媒体的播放。

如果说在一个多媒体作品中，内容是全盘的基石，界面设计则用来打开用户之门。交互结构的设计就是建立"人-机""人-人"沟通的桥梁。

在交互的世界里，人与界面的交互、人与内容之间的交互，那么在数字出版物中有多少交互式部分呢？

考虑一下在一本数字出版物中用户可能遇到哪些"场景"——

封面、目录地图、信息说明、章节界面、游戏互动……

这些交互式的产品的可用性如何,有多少易用、毫不费力的?随着交互媒体的迅猛发展,人们认识到设计界面的重要性和必要性,关于界面的研究也已经从最初的某种从属地位上升为一个专门的领域。将美的原则应用于界面设计可以加强界面的审美性、增加吸引力、突出重点等。

功能性界面设计包含功能信息(操纵与控制物),同时也包括易于上手的流畅体验等。界面反映着功能与体验的协调作用。

情感性界面设计,要传递感受给用户。这种感受的信息传达存在着确定性与不确定性的统一。情感把握在于体察目标对象的感情,而不是设计者个人的情感。设计师"投入热情,不投入感情",避免个人主观臆断与自由发挥。

场景性界面需要创造设计阅读场景,加强场景沉浸性。阅读数字出版物过程是在一个又一个设计的阅读场景中转换。

界面设计是以功能性设计为基础,以场景氛围性设计为前提,以情感性设计为中心,多媒体界面最初就是在功能性的基础之上发展起来的,所以多媒体界面的审美首先要考虑其功能的要素。从功能出发来看待多媒体界面设计,我们就必须考虑,使用者如何从界面中得到功能,如何实现功能的易用性。

(2)界面元素。在具体界面设计之前,有必要认识交互界面的基本构成元素。这些元素中有的是让我们进行阅读的,有的是让我们实现交互功能的,我们把这些可以实现交互的元素称为交互界面的构成元素。在界面上如菜单、图标、按钮、窗口等,都是交互界面的构成元素。交互界面设计是一个综合的、系统的设计工程,最终完成的界面设计,呈现给人的只是二维的画面,但在其背后是由页面体系组成的,一个简单的图标就可能涉及几十个页面之间的相互链接跳转。

窗口,一般由以下几个部分组成:标题栏、菜单栏、流动条(水平、垂直)、状态栏和控制栏。

菜单,常见的菜单有条形菜单、弹出式菜单、下拉式菜单、图标式菜单等。用户对菜单的操作主要是通过点击、鼠标悬浮来实现。

图标,是常用的一种图形界面元素,具有简洁易于识别的特征。图标能帮助用户快速实现交互功能。

按钮,也称为触发器,因为按钮常常可以触发下一个页面或者下一个事件发生。常见的按钮类型有Windows风格按钮、闪烁式按钮、动画式图形按钮、热区(Hotspot)式按钮、文本按钮、图形按钮等。

对话框,是一个弹出式窗口,当课件运行时,除了各种选项和按键操作外,系统还可以在需要的时候提供一个对话框来让用户输入更加详细的信息,并通过对话框与用户进行交互。

界面设计着重于界面功能的布局,在设计界面的时候要注意以下三个基本特征。

①易操作性。以用户为中心的设计方法,要求其概念模式、显示方式具备一致性,具体是指在不同的应用系统中都具有相似的界面外观、布局、相似的交互方式以及相似的信息显示等。界面设计注重易学、易用性。

②艺术性。界面是用户在阅读数字出版物时第一接触层面,用户一方面从计算机屏幕上呈现的视觉表征中收集信息,作出反应,另一方面根据其美感——从屏幕上富有层次和美感的视觉呈现中唤起流畅、友好的沟通情绪。因此,艺术性原则运用到多媒体界面中,使界面具有美感。

③时代性。多媒体作为一种传播手段必然有它的时代性。艺术符号易与当下时代文化融合,从而具有时代性、当下性的特征。

(3)设计原则和方法。

界面设计的原则和方法:首先明确在为哪些用户设计界面。

必须了解用户内部和外部的身份——了解使用产品的人。这意味着与用户沟通,可以从目标用户常使用产品调研,研究他们如何使用界面,在交互中的核心行为是什么,从目标用户喜欢的产品界面中学习,深入挖掘并找出他们的需求。从分析数据和与用户沟通中发现有价值的信息,这将指导设计者作出决定。用户在该界面中突出关注哪些部分?他们的目标是什么?他们实现这些目标的方式是什么?

从这个角度出发就需要根据用户画像,勾勒出使用场景,分析用户习惯,从而把握界面的实用性和易用性。在这个分析过程中全面了解用户使用习惯和认知习惯,特别是了解他们想要什么。始终将设计目标与用户目标保持一致。

界面定位:

  分析页面信息优先级、核心行为的前提——

  明确用户是谁。

  明确用户来自哪里,即从什么渠道来到该界面。

内容定位:

  明确提供什么、不提供什么。

  设定期望。

交互都会产生后果:单击按钮可能意味什么?设计者可以通过设计来做提示。结合使用广泛使用的符号(例如用于删除按钮的垃圾桶,用于添加内容的加号或用于搜索的放大镜)突出显示与所需操作的按钮,使用户能够预见在单击该按钮之后将要发生的情况。

①预期错误。用户在界面上的互动有时存在误操作,有时也会发生想法变化。预期错误则是减少用户交互错误的影响。一是可以预防错误发生,二是提供修复或者离开当前位置的方法。预测错误通常比尝试事后解决错误要容易得多,这是因为它们发生在可以单击"下一步"或"提交"按钮所带来的令人满意的完成感之前。例如用户在交互中点击按钮触发下一个场景内容,但是有可能是误操作,当前的界面需要有"逃生出口",或者放弃按钮选项的功能。

②元素放置和大小。人机交互(HCI)的基本原理菲茨定律指出:获取目标的时间取决于目标的距离和大小。也就是说物体越近,或越大,将光标(或手指)放在上面的速度就越快。这一基本原理对交互和用户界面设计技术具有重要的意义:将按钮和其他"单击目标"设置的足够大,以方便查看和单击。这对于排版、菜单和其他链接列表尤为重要,因为重要得元素不突出将使用户一次又一次地点击错误的链接。需要将最常见操作的按钮放大并突出显示。

③视觉习惯与配置。每一种风格界面都会引导用户形成自己的习惯用法,也需要改进这些用法,形成新的习惯用法。数字出版物有很多习惯用法,这些习惯用法大部分是从纸质出版物中延续过来的,但是新的习惯用法也在不断地涌现。比如交互的时候,指针滑到超链接键上会改变成小手图标。

比如在任何作品中看到▶图标我们就知道是播放,⏩图标是快进,⏸图标是暂停,💾图标是存储,✖图标是关闭。

App Store 的图标标示指示意义也非常强。我们来看看 App Store 的界面,各个分区清晰可辨,就算都是不认识的文字也可大致明白每个分区的功能。

(五)媒体整合

媒体整合即信息或数据的视觉化。

界面设计的重要原则之一,即力求实现信息或数据的视觉化。因为在日常繁忙的生活中,人们难以短时间内从大量的信息中筛选有用的信息,此时信息视觉化、信息化就非常重要。通过视觉化信息导航,使用户能够从中得到更深层次的理解,更快地作出决定。图1-36所示是BBC报道界面——2020美国大选。在2020美国大选中有大量的信息和报道充斥着人们的耳目,BBC通过一个网络终端把各种数据视觉化,再提供清晰的导航给人们提供信息,使人们可以快速地获得大选变化信息,并直观地理解信息并作出决定。

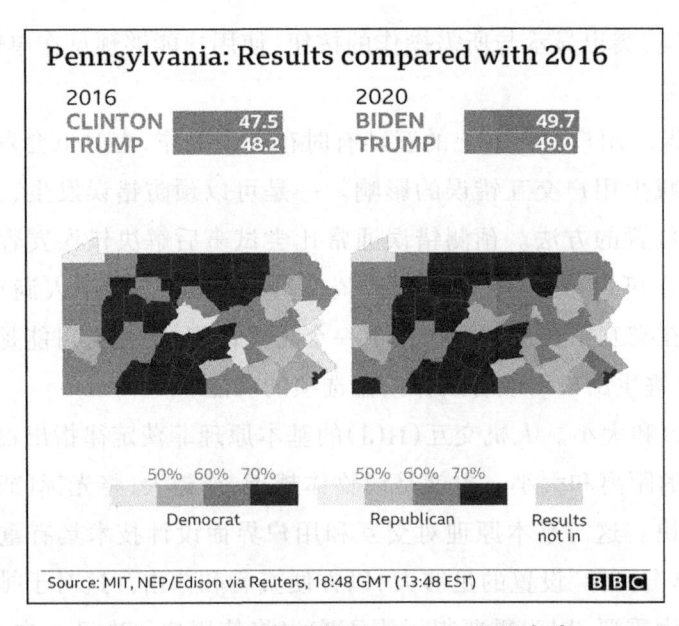

图1-36　BBC报道界面——2020美国大选

1. 认识信息视觉化

信息视觉化的过程就是构建信息层级的过程。影响视觉信息层级的元素有多种，主要包括清晰度、视觉中心等。

（1）清晰度。

用户获取信息是有顺序的，仔细观察图1-37，思考一下：你先看哪里？

图1-37　思考，你先看哪里？

通过图1-37的视觉实验,可以看到人的视觉运动路线并非难以把握,而是有迹可循的。

思考:在这个过程中获取信息的顺序是怎样的,原因是什么?

可以发现,用户获取信息的顺序,如图1-38所示。

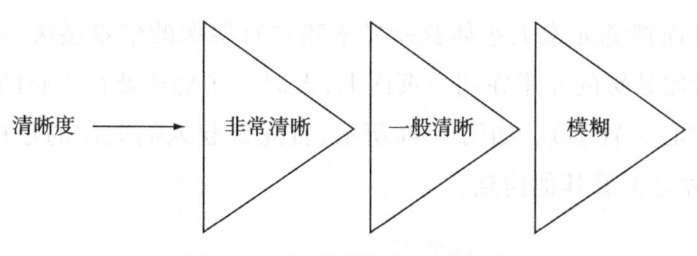

图1-38　用户获取信息的顺序

通过观察不难发现,我们捕获视觉信息有一定的前后顺序。我们首先会看第一个靠近我们视线、清晰的蒲公英,接着才会看比较模糊的区域,然后是完全不清晰的距离蒲公英较远处。这张图片应用人眼的观察事物的规律来组织内容,从而形成一定的视觉路线。从图1-39可以看到,在这个案例里用户关注内容的顺序是从清晰到模糊。信息构建通过摄影景深变化来影响用户获得信息的顺序。

图1-39　用户关注内容的顺序是从清晰到模糊

（2）视觉中心。

图1-40，你先看哪里？

显然人们的目光会集中在画面中心的图书上，旁边半透明的手指暗示着阅读从这里开始，随后用户才会关注旁边的菜单信息。这个视线移动的过程是精心规划视觉元素而形成的。图书——一级信息，左侧的菜单——二级信息。这是利用了人眼对于页面视觉元素大小体验差异来建立有层次的信息层级，从而引导视觉路线。大小对比悬殊的元素在同一页面上，人们自然会被处在中心的元素吸引（书放在了视觉中心位置上）。如图1-41所示，首先引起人们关注的是视觉中心的信息，然后他们才会去看其他信息。

图1-40　你先看哪里？ 　　　　图1-41　Mr Morris App电子书界面视觉中心

2. 建立视觉层级的作用

页面视觉内容除了最基本的满足用户审美需求，就是要将信息有效地传达给用户。我们建立信息层级可以实现信息有效传播。

（1）提高用户获取和理解信息的效率。建立良好的信息层级，能让用户在有限的时间里，快速获取和理解有用、感兴趣的信息，并产生选择。

（2）提升信息组织专业性。有意识地分析信息优先级，通过视觉表现手法可以建立信息层级，实现可引导的阅读顺序。

信息优先级要根据需要建立信息层级的图所要达到的目的进行划分，如图1-42所示。

图1-42 建立信息层级目的

各层级信息对信息的传播起着不同的作用(见图1-43):

一级信息吸引用户:用户只会在页面停留3~5秒,最能够吸引用户继续浏览的是页面的核心内容。一级信息,必须少而精,在设计上要突出展示重点。

二级信息帮助理解:有了一级信息的吸引,用户进一步了解内容,可能停留3~5分钟,这时展示二级信息即提炼的精华内容,帮助用户在尽量短的时间内理解内容,同时扩展用户的兴趣点。

三级信息详细介绍:一级信息和二级信息基本上能帮助用户获取必要的内容,用户如果继续停留更长的时间去详细了解,获取的信息量会更多。在设计上视觉层级会靠后,或通过交互方式展示、提供入口跳转。

(3)分析用户核心行为。分析用户核心行为与信息优先级有着密切的关系。不同类型用户会在不同阶段产生行为,判断这些行为最终导向是什么。用户在决定体验之前,需要通过主体信息了解是否适合自己、最终是帮助用户判断是否进一步产生互动,信息优先级设计要形成用户核心行为导向,如图1-43、图1-44所示。

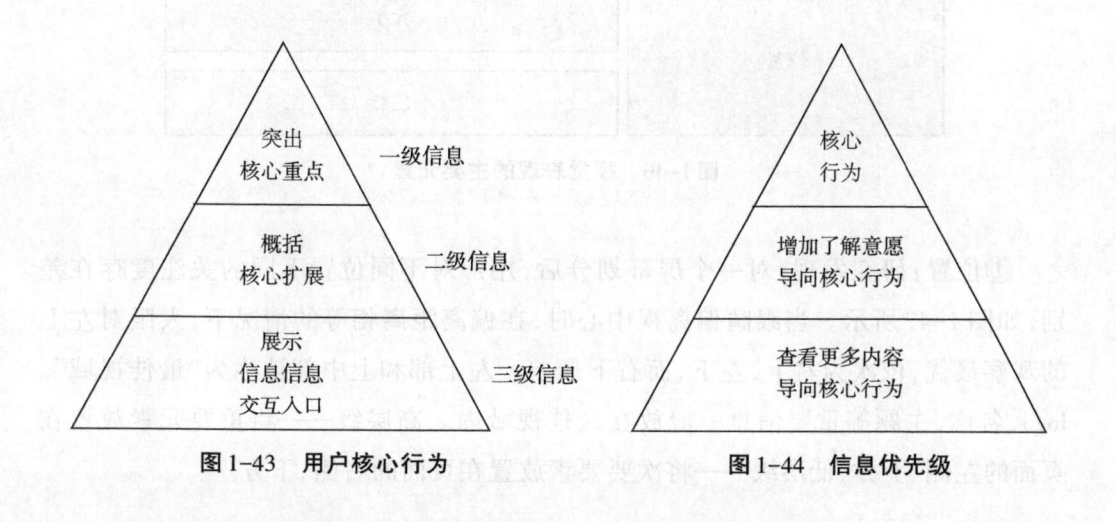

图1-43 用户核心行为　　　　图1-44 信息优先级

交互界面中信息优先级和用户行为优先级体现在横向内容组织上,同时也包含在纵向内容组织上,如图1-45所示。

图1-45　Flixster App信息优先级和用户行为优先级呈现

(4)建立信息层级的视觉方法。人眼观看事物时,总会遵循一些特定的规律,在设计中遵循这些规律,能帮助用户更容易、更快捷地看到或理解眼前的事物。视觉表现手法主要有以下几种元素,实际设计中为了让效果拉开主次:位置、距离、大小、内容形式、色彩等,如图1-46所示。

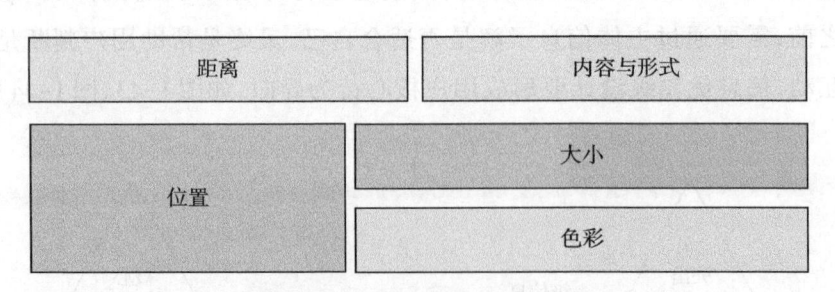

图1-46　视觉表现的主要元素

①位置:研究发现,对一个屏幕划分后,用户对不同位置不同的关注度存在差别,如图1-47所示。当眼睛偏离视中心时,在偏离距离相等的情况下,人眼对左上的观察最优,依次为右上,左下,而右下最差。左上部和上中部被称为"最佳视域"。logo、名称、主题等重要信息一般放在最佳视域内。高层级——将重要元素放置在页面的左侧、上方,低层级——将次要素放置在页面的右侧、下方。

②距离：除了大小，眼睛会感受离它更近的视觉元素。虽然信息展现的媒介是个平面，但是通过视觉手段能体现出三维层次的效果。高层级——将重要元素放置在离观者视线近的区域（或二维距离靠近或三维距离靠近），低层级——将次要要素放置在页面视线较远的区域。

可通过拉远三维距离达到距离被拉远的效果，包括：淡化元素、模糊元素。以文字为例，如图1-48所示，仅降低透明度就能够更好地拉开距离。黑色字看起来更近，灰色半透明字看起来较远。

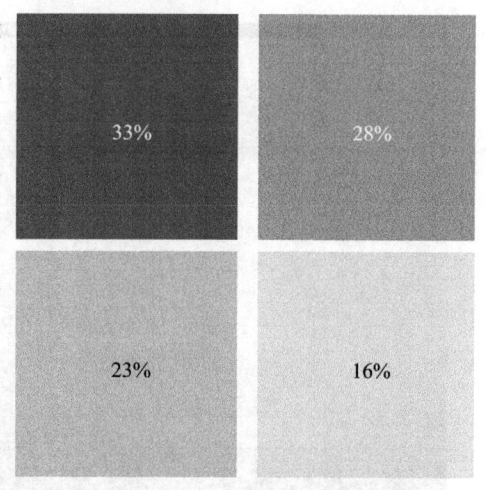

图1-47 屏幕不同区域的关注度

图1-48 淡化元素效果

模糊元素页面中的部分内容也可以起到很好的建立层级作用。以登录界面为例，背景图片都做了模糊处理，只有登录框和用户图片清晰。这样调整信息的清晰度可以拉开页面元素的信息层级，如图1-49所示。

增加投影、增加边框能够让部分元素看起来和其他信息在同一平面上有距离差异，创造出有层次、有距离的视觉感受。例如弹出框、鼠标移上后出现的浮层等。由于会压在其他信息之上，增加投影和边框能帮助用户聚焦在带投影的模块，如图1-50、图1-51所示。

图1-49　模糊元素效果

图1-50　弹窗增加边框效果
（以 Kindle 界面为例）

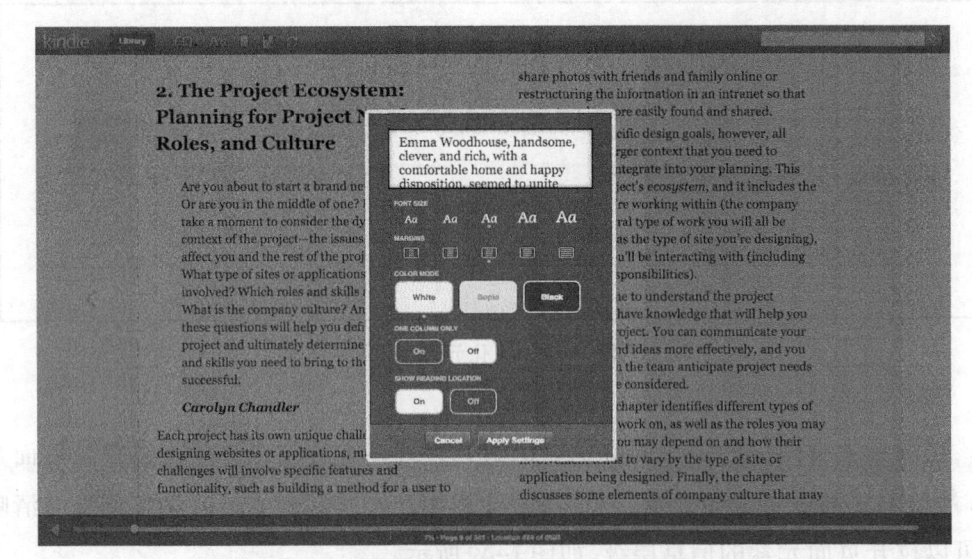

图1-51　增加投影效果（以 Kindle 界面为例）

　　当拉近三维距离，根据格式塔心理学接近性定律，距离较短或互相接近的部分容易组成整体，人眼更容易先去关注距离较近的信息，在视觉手法应用上，元素距离焦点近的，视觉层级高。如图1-52 App Store 界面，中间的 App 图标比较密集视线容易集中在中间地带。

图 1-52　图标密集的 App Store 界面

③大小：在确定了基本模块的位置后，元素大小会很直观地反映信息的重要等级。要将重要的元素放大一些，使它们表现出差距。例如，一个元素的重要性是2，那就把它的大小做成4。对比拉开差距，使用户容易先关注到一级信息而且不容易被周边干扰。一般来说1：5放大重要元素，能够起到较好地拉开信息层级的作用。高层级可将重要元素以4倍以上放大，细节放大，低层级可将次要要素缩小。以 ChinaDaily 为例，其界面的主要新闻和次要新闻的图片比例就在1：4以上，所以用户的目光不受干扰，直接聚焦在头条新闻图片上（见图1-53）。

图1-53 重要元素与次要元素

④内容与形式：内容的形式包括视频、图片、文字等，图片更能抓住用户眼球，同时还能使用户在短时间内形成形象记忆。从视觉层级上，人眼会先关注图像，后关注文字。通过图片抓取用户眼球，然后引导视线到下一个关注点，是设计上常用的方法。

符号引导——时间轴，人眼会受时间顺序的影响去浏览信息，会打破常规的浏览习惯。时间轴对信息的影响更明显，一般用户会优先根据时间顺序观看。

图1-54为内容与形式中运用视线方向的案例：中间的人物首先吸引了人的视线，为第一层级的信息，由于人眼注视方向为向下，使得用户关注的下一个目标会转向下面的文字，即第二层级的信息。

图 1-54　Mr Morris 页面上的视线引导

　　表现手法概括如下：高层级——重要元素增加方向性的引导，如巧妙运用手势、动作、画面引导线、光线对比等。也可以采用符号引导的方式，例如采用数字、字母、箭头等符号。低层级——次要要素仅用文字描述。

　　⑤色彩：颜色是影响用户对界面第一印象的重要因素，人眼对色彩的关注主要是以下两点：先暖色后冷色；反差对比。不同色相对人眼的刺激，会产生一定的反应，但是没有绝对意义的先后顺序。一般来说先看暖色后看冷色，先看反差度高，后看反差度低的内容。冷色类和暖色类色彩，是有明显的层次差别的。人眼一般会优先看上面红色块，这和人眼对不同波长的反应有关。研究发现，眼睛在同一距离观察不同波长的色彩时，波长长的暖色如红色、橙色等，在视网膜上形成内侧影像；波长短的冷色如蓝色、紫色等，则在视网膜上形成外侧影像。因此，暖色好像在前进，冷色好像在后退。

　　高层级——运用暖色表现重要元素，低层级——运用冷色表现次要要素。反差对比：高层级——运用色相、饱和度、明度等高反差表现重要元素，低层级——运用低反差表现次要要素。

　　【小节练习】
　　设计电子书目录界面。
　　要求：任选三项信息层级的视觉方法，位置、大小、内容形式、距离、色彩，构建电子书目录界面框架。

第四节　设计之前

本节内容将进入实际的设计编创环节。在这个阶段首先需要理清思路,规范文档和工作文件。脚本侧重对内容的规划和梳理,建立规范文档则侧重对制作流程的规划和梳理。

建立文档和规范工作文件是设计制作开始之前的重点工作,正确建立规范的文档能够为后续编创工作顺利展开奠定基础。在建立制作文档时,制作人员常常因为忽略这个环节,选错文档类型,导致整个项目需要推翻重来或者大面积修改调整。也会由于文件设置不够规范从而影响一个项目的团队合作。本节主要围绕如何建立文档、规范工作文件夹和规范制作中的素材文件三个部分展开,旨在阐明如何在项目制作之初建立一个专业、条理清晰的工作文档。

一、建立文档

建立文档是建立项目的基础环节。在建立文档之前,设计师需要对本次设计的数字出版产品有一个初步的定位,如产品的定位人群、呈现形式和发布渠道,以此来选择相应的类型和尺寸。根据用途,一般分为打印、web、数码发布三种类型,类型的选择意味着产品最终的发布渠道和展示方式。三种类型对应多种不同的尺寸。

打印:针对印刷发布方式,如图1-55所示。

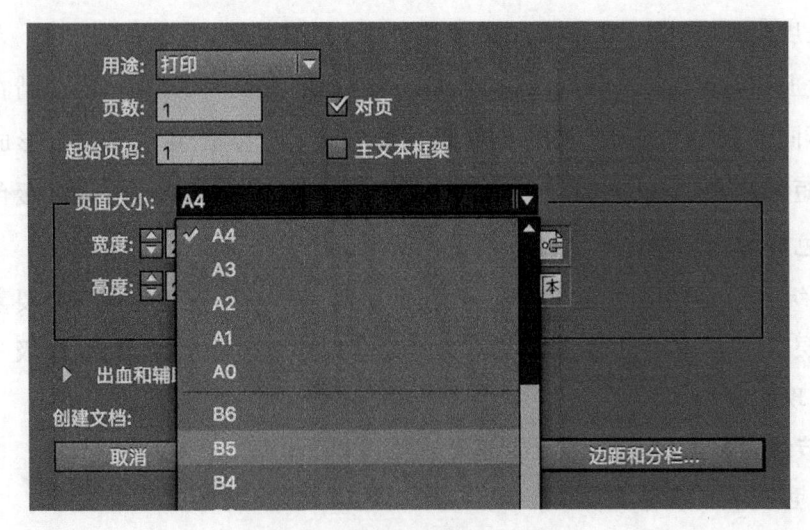

图1-55　新建文档类型(打印)

web：针对网页发布等数字媒体终端呈现的类型，如图1-56所示。

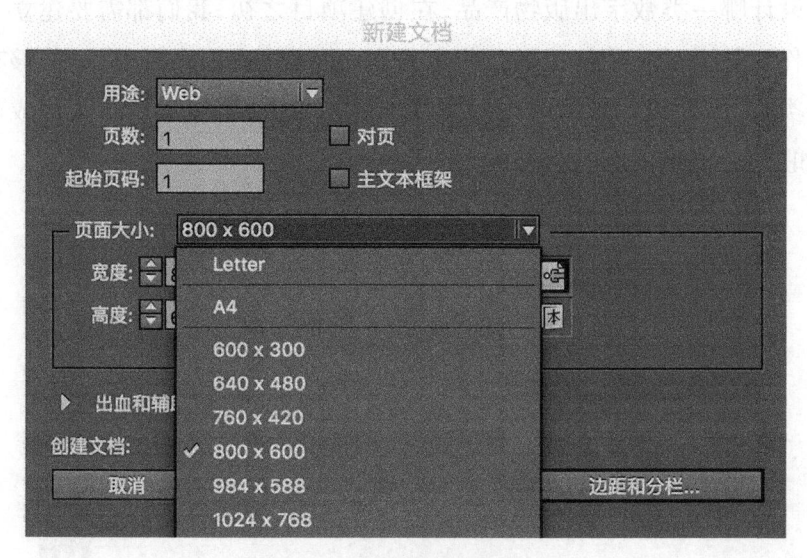

图1-56　新建文档类型（web）

数码发布：针对于手机、平板电脑、电子书等移动终端发布类型，如图1-57所示。

在数字出版产品设计与开发中我们经常使用到的是web和数码发布两种类型。根据产品目标定位和发布渠道确定选项。制作尺寸应当与预期发布终端屏幕尺寸完全一致，否则将影响实际的阅读体验。

图1-57　新建文档类型（数码发布）

二、规范工作文件夹

不论设计哪一类数字出版物产品,在创建项目之初,我们都需要建立一个条理清晰的工作文件夹。一个规范的工作文件夹,既能体现工作流程,又能够有条理地划分文件类型,方便设计者随时查阅文件和后期修改,也便于团队其他成员了解工作内容,如图1-58所示。

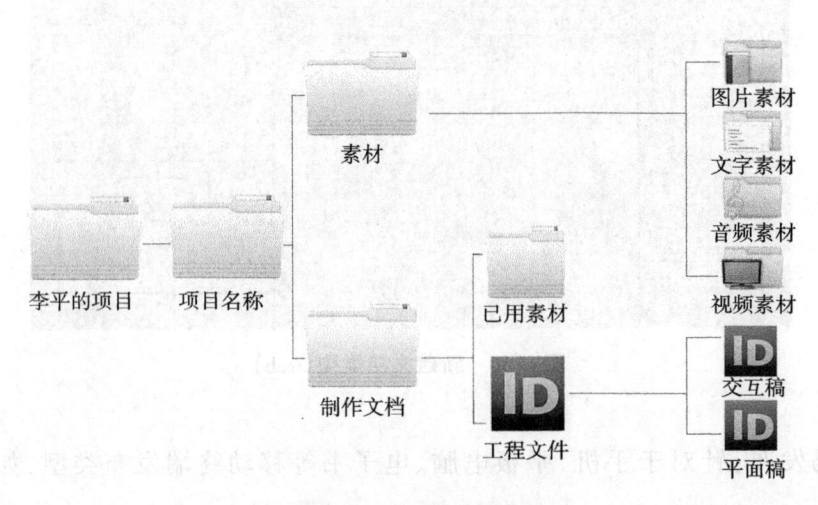

图1-58 规范文件夹

一级文件夹:("李平的项目")我们可以用项目主要负责人的名字命名,在团队工作中能够很好地识别出个人文件,便于沟通协作。

二级文件夹:以项目名称命名,其中包含两个三级文件夹。

三级文件夹:(素材/制作文档)在这个二级目录中素材和制作文档就可以把工作文件划分成两大部分,一个是素材文件,另一个是制作文档。制作文档中我们可用文档打包的方式对制作文档进行存储,这样InDesign会把工作过程中使用到的素材自动从原有素材中过滤出来形成links(素材)文件夹,同时形成该项目制作文档indd文件。

四级文件夹:所有的图片、文字、动画、视频、声音等素材文件都放置在素材文件夹下面,而设计与制作中使用的文件统一放置在制作文档中。

五级文件夹:在四级文件夹下,素材文件夹目录里可以按照素材的类型进行划分,并把收集编辑好的素材放入相应的图片素材/文字素材/音频素材/视频素材等文件夹下,文件夹目录如图1-59所示。

图1-59 总文件夹目录

从制作流程来看,这里要注意一点,从前期创意策划和素材收集之后我们需要把构思的方案以可视化的形式展现出来,这就出现了平面稿。平面稿是根据脚本以平面可视化的方式来展现前期创意。交互稿则是在此基础上进行交互设计。所以在制作环节中一般我们分为平面稿制作和交互稿制作两部分,在制作文档中应该按照平面稿和交互稿两个环节来保存制作文件,如图1-60所示。

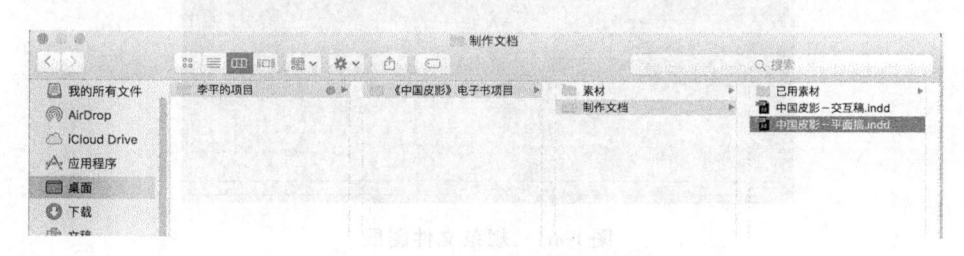

图1-60 文件夹目录(制作文档)

平面稿:初步展示前期创意,以平面方式呈现文字、图片、视频、动画等可视素材如何使用。平面稿上重点解决的问题是:如何在页面上进行构成的设计,如何从视觉呈现上初步表达构思和主旨。

交互稿:在平面稿基础上设计交互方式,将多媒体素材有机地融合在一起,以互动形式尽可能实现内容有效地、立体地传播,并且制作各种交互功能。

规范工作文档常常是被大家忽略的环节,但是在项目建立之初是非常有必要的。因为一项数字出版产品设计与开发是具有一定周期的,建立条理清晰的项目文档,便于设计与制作人员能够在不同时期打开修改文件都能够及时有效地识别文件。此外,一个项目开发必然是一个团队的工作,规范文件夹可以让团队成员清楚地了解项目进度、阶段、分工以及如何衔接团队成员的工作。

三、规范制作中的素材文件

如图1-61所示,在制作过程中,为了便于文件管理和查找,需要将素材进行分门别类地放置,在图层面板中建立不同类型的文件夹,如:文字、图片、视频、音频、其他等。

图1-61　规范文件图层

把素材放在相应的图层文件夹中,这个素材的边框就会有对应的颜色显示,如图1-62所示。图片素材放置在"图片"图层中,该图片外边框呈现出紫红色。按照这样的分类方式放置素材,使制作者能够从颜色上迅速判断出该素材的类型以及所在的图层。这也意味着如果素材在制作文档中呈现出紫红色边框,说明其所在图层是"图片"图层,属于图片素材。

图 1-62 规范制作中的素材文件

【小结练习】

1. 画出一个规范的文件夹目录,简述规范文件夹目录的作用及其在团队协作中的意义和价值。

2. 团队 A 准备设计一款针对儿童市场的 App 绘本,在建立制作文档时应该选择哪一种类型?选择该类型的原因有哪些?

3. 简述平面稿、交互稿的功能与差异。

第二章　SWF交互技术

第一节　SWF交互技术简介

一、什么是SWF数字出版物

我们先来认识一下SWF数字出版物。

SWF数字出版物文件的后缀名常常为SWF、exe,可以通过文件后缀名识别。通常有SWF网页浏览和本地浏览两种方式。网页浏览基于浏览器,只要电脑中有浏览器都可以观看内容。优点在于可以不依赖于设备,任何有浏览器的设备都可以打开SWF文件。因此通过浏览器播放,SWF能实现跨平台流畅播放,特点是交互效果丰富。本地浏览需要用flashplayer作为播放器,相比于网页浏览器阅读,本地浏览(flashplayer)在交互体验上更为稳定。

二、代表性的SWF交互技术

(一)动画

动画是SWF交互技术中的一个重要板块,SWF的动画是指动画效果,这与传统意义上的动画是不一样的。Adobe InDesign数字出版模块提供31种动画效果,每一种动画效果都可以调节参数,如持续时间、播放次数、速度、透明度等。

数字出版物中的"动画设计"不同于传统动画设计,并不追求栩栩如生的动画效果,也不讲求动画的创新性,因为在这里动画是为内容阅读服务的,并不强调形式创新。动画在页面中起到缓解阅读疲劳、强调重点内容、增加页面阅读趣味的作用。因此,数字出版中大部分动画的形式是基于固定的范式,如果有特殊要求则需要在专门的动画软件(Animation、After effects、Motion、3Dmax、Maya、Zbrush等)中制作,再将素材导入数字出版编辑平台。数字出版物内容传播是核心,因此需要结合素材内容来选择适合的动画类型。

一般来说，动画是载入页面时播放，在与按钮的协作下，动画可以成为交互设计中的一个演示环节。动画能够让原本静态的文字、图片素材产生新的动态，使阅读类的出版物更加生动。

在InDesign中，SWF交互技术设计面板都涵盖在窗口菜单里的"交互"目录下。由于软件工作区呈现的范围有限，一般是隐藏在这个菜单目录下，在制作中根据需要再调出来。主菜单"窗口"—"交互"—"动画面板"，动画面板集合了SWF交互技术里的这个软件平台内置的全部动画效果。动画面板包括动画类型选择、动画参数修改、动画状态调整等参数。设计师在这个面板里根据主题选择适合素材内容的动画效果。面板中动画类型选项大部分是设定好的形式，如飞入、飞出、弹跳、渐现等。只有路径动画是需要设计师根据内容场景、路径、运动轨迹来单独设置动画的效果。

动画设计首先要明确动画目的：强调内容；引导阅读顺序；丰富画面气氛。

（1）强调内容。认识动画之初，要明确动画的目的——突出强调内容。例如为了突出显示页面中的某一个内容，我们会对其添加动画效果来引导用户视觉路线（视线停留在哪里？及停留多久？）给素材添加动画一方面能够强调内容，另一方面突出元素的趣味性和生动性，加强内容表现力。也可以通过动画效果来梳理内容的节奏、层次，强调一些局部元素或者重点部分。

（2）引导阅读顺序。动画能够合理强化内容，并形成一种视觉提示，进而形成一定的阅读路线。例如利用动画出现的顺序，形成先后的内容层级或者节奏关系，引导用户有层次地阅读。

（3）丰富画面气氛。动画能够使原有的静态素材产生一定的运动效果，丰富画面气氛。例如星空的场景中，以"显现"动画来拉开星星出现顺序，营造星星闪烁的效果，形成具有动感的情景。

在动画选择过程中，要注意动画形式与素材内容相结合，而不是为了增加效果而盲目设置"动画"。初学者习惯于套用动画固定范式，常常选择很多动画来增加页面的动态效果，而忽略动画与素材的契合度。要结合素材本身特点来设计动画，这就要求设计师对素材足够了解，并且能够细致分析该类素材的特点，以此确定运用什么动画形式展现。例如在动画面板中"显示"看起来是最不引人注目的动画形式，简单没有新意，如果放在互动对话框或者星星素材上则既契合素材内容，又显得生动活泼。

(二)按钮

按钮顾名思义，就是触发之后会发生下一步的事件，也就是一个触发器，决定了下一步的事件是否产生，或者什么时候产生。在互动设计中，它在用户与系统之间的对话中起了主要作用。按钮扮演着选项入口的角色，给受众提供选择权，是否需要交互，什么时候参与交互，什么时候寻找出口退出。按钮给用户提供选择的机会，引导用户完成目标操作，也可以控制动画、视频、音频等素材的进入方式和进入节点。

在交互设计中，按钮的设置需要注意如下方面。

(1)易识别的外观。用户在与界面交互时，需要快速知道什么是按钮，哪些元素是可以交互的部分，因此在设计按钮时应尽可能提高按钮的易识别性。用户会根据以往操作经验和视觉符号意义来判断按钮的功能。对于移动用户，初次接触一个界面很难理解每一个交互设计背后的逻辑关系，需要指示引导，例如通过大小、形状、颜色、立体感阴影等方式启发用户是非常重要的。越容易理解，用户越容易在界面上停留更长的时间。

(2)易于发现的位置。设计师需要把按钮放在用户易于发现的位置。如果按钮和很多元素挤在一起，或者密集叠加，用户难以找到，也会降低界面的友好性。

(3)提示信息：在按钮上添加文字表示功能(例如详细信息、播放、暂停等提示信息)可以帮助用户快速理解，并且能够尽快作出是否需要进一步交互的判断。提示信息要简洁明了体现按钮功能，引导用户快速理解。

(4)突出优先级：按钮的大小也代表了操作上优先级。重要的、需要突出的按钮可以设置较大，容易引起用户的关注。比如希望用户停留在界面上的时间更长，可以把"下一页"设置得更大，"推出"设置得相对较小。

(5)具有可触性：产品投放PC端和移动端，意味着前期就需要根据终端屏幕的大小来进行设计。PC端屏幕相对较大，按钮设计大小不会有明显的影响，但是对于移动端来说屏幕较小，如果按钮设计较小就难以点击。麻省理工学院触感实验室(Touch Lab)研究发现，10mm×10mm是较好的可触摸到目标的最小尺寸。手指肚的平均直径是10mm~14mm，指尖的平均直径是8mm~10mm。10mm×10mm是一个理想的尺寸，如果超出这个尺寸过多，则会显得设计过于粗放、浪费屏幕空间；如果小于这个尺寸过多，则会难以点击，增加用户的沮丧感。

交互反馈：当用户点击按钮的过程得到一些反馈信息，则能增加用户良好体验。按钮是交互过程的触发器,鼠标点击/指尖轻触/鼠标悬浮/指尖轻触后释放的时候,增加视觉变化或者音效都有助于用户快速识别按钮的可交互性。视觉、声效或者动效的变化就是交互进程中的反馈信息,能够提示用户当前的状态。

第二节　SWF交互技术应用

SWF交互技术应用分为动画、按钮、对象状态、计时、媒体、页面过渡效果6个部分,下面分别从这几项交互技术来学习基础应用方式与扩展应用方式。

一、动画

(一)动画案例1

动画面板给定了31种类型动画效果,但并不是每一种动画都适合在所有场景中应用,这里我们讲一个最朴素不容易被关注的小动画效果——"出现"。"出现"动画效果用在契合的素材上,才会有的放矢。在这个案例中,我们将传统出版物的人物对话设计成可视化的动态场景,模拟聊天软件中的对话出现的情景,把对话内容变成"出现"动画,让对话内容交替"出现"在页面中。

(1)新建文档,模拟手机聊天App中文字聊天场景,选择用途为数码发布,页面大小为iPhone,如图2-1所示。

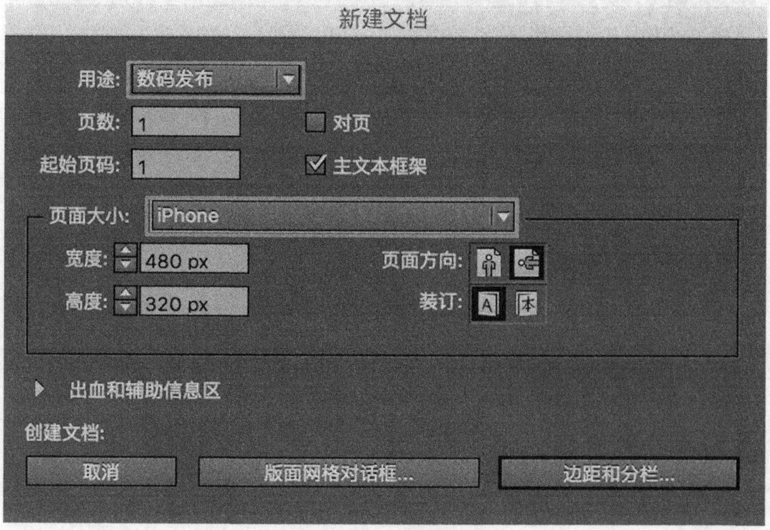

图2-1　新建文档

（2）绘制对话框图形，颜色设置为绿色，如图2-2所示。

图2-2　绘制对话框

（3）将对话框图形设置为绿色，如图2-3所示。

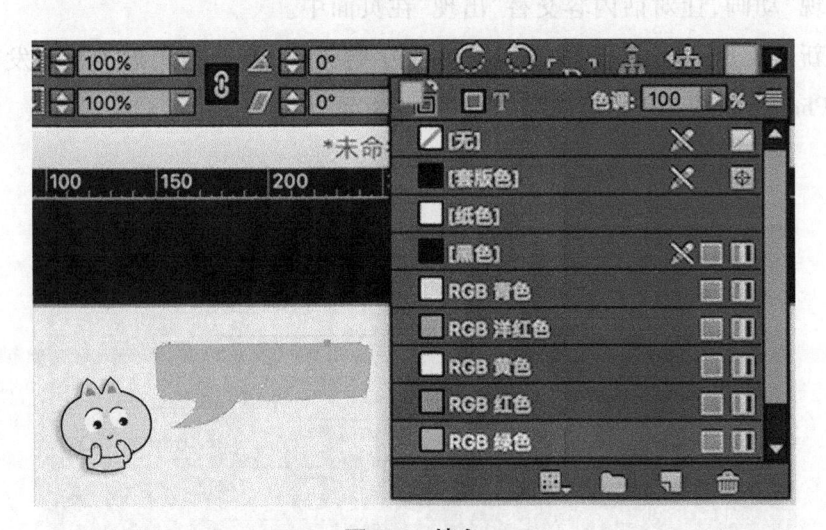

图2-3　填色

（4）在对话框上面添加文字图层，设置为黑色，如图2-4所示。

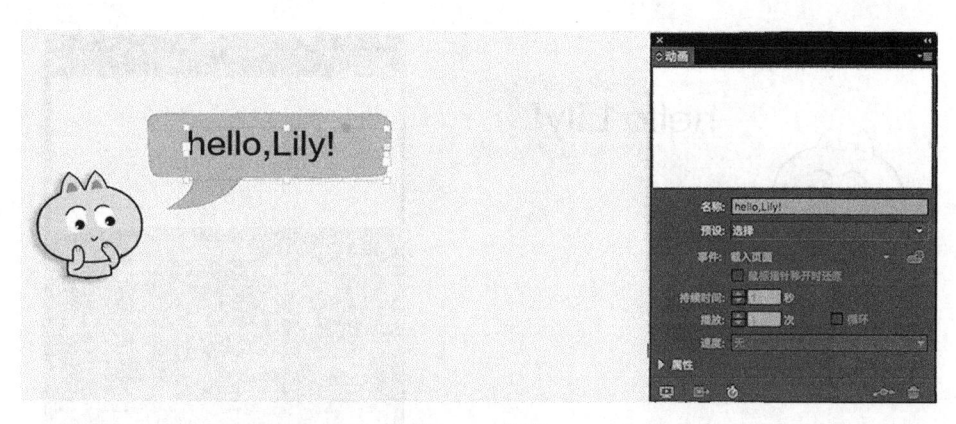

图2-4 填字

（5）对文字和对话框进行图层编组，使其两者成为一个编辑对象，便于之后进行整体动画设置，如图2-5所示。

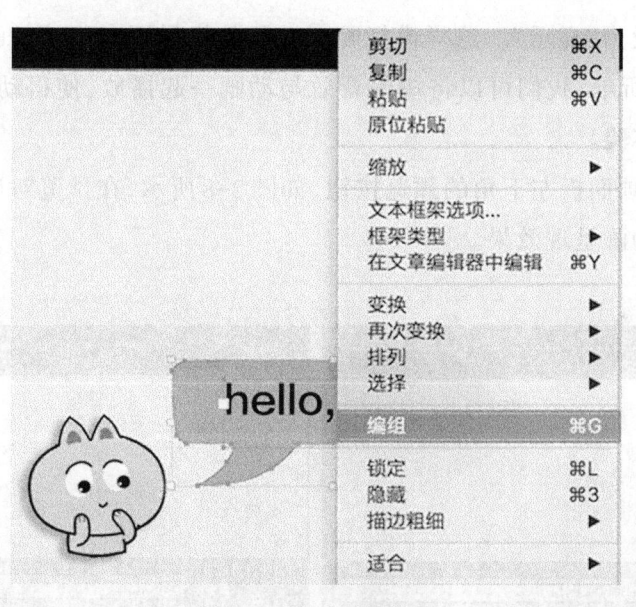

图2-5 将对话框编组

（6）在动画面板里对编组后的整体进行重命名，如图2-6所示。

图2-6 重命名

（7）在动画面板里面选择动画类型"显示"。按照两角色从上到下聊天顺序，依次设置动画预设为"显示"。这样模拟聊天动画的场景用"显示"动画更加符合素材特点，如图2-7所示，我们可以将短信音效与动画一起播放，使得动画、音效相呼应形成主题场景体验。

（8）单击动画面板左下角的预览按钮，如图2-8所示，在预览对话框（SWF预览）可以看到最终动画呈现效果。

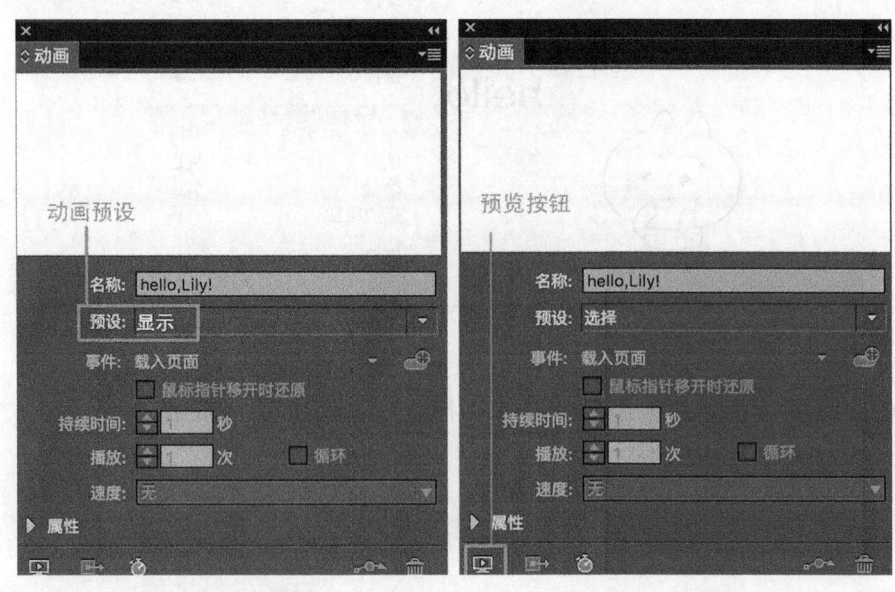

图2-7 动画预设　　　　　　图2-8 预览

"显示""渐显"动画看起来比较简单,但运用得当也能使内容炫目,关键在于如何去设计和应用。如果没有对素材进行分析,直接添加动画,呈现的结果也许就像对素材动态上的过度修饰。根据交互情景进行设计,对素材进行理性分析,然后再选择添加相契合的动画类型,这样不仅可以起到强调内容的作用,同时也使动画在素材的应用中显得有的放矢。

(二)动画案例2

动画效果中常见的有"向左侧飞入""向右侧飞入""向上飞入""向下飞入",如果不筛选素材内容而随意添加会变成类似演示的幻灯片。本案例中,我们以冰河世纪海报为素材,需要先分析素材内容再选择动画类型。两侧的冰山,分别从左右两个方向飞入画面。在动画的前后顺序上,先出现冰山,后出现松鼠,最终logo压在松鼠上,形成画面动态美感。作为本页面的压轴内容logo、松鼠,两个素材在冰山素材出现之后再进入页面。为营造logo、松鼠两个图片素材从上向下的动势,所以选择添加从上向下的弹跳动画。

(1)新建文档,如图2-9所示。

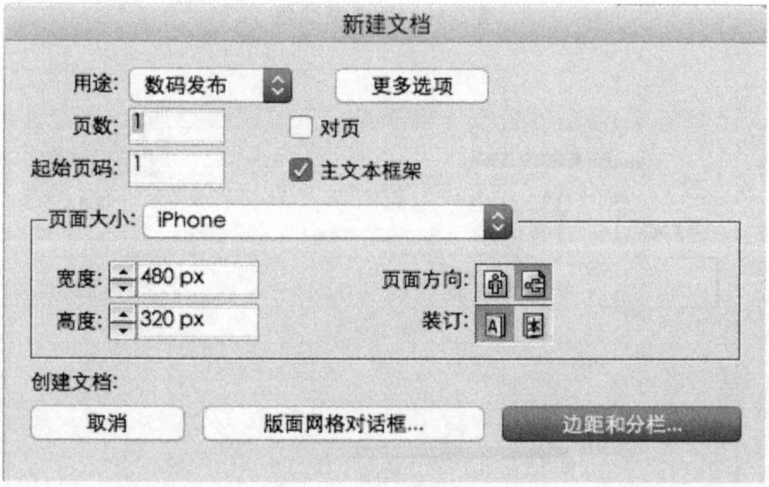

图2-9 新建文档

(2)在页面上画出一个充满页面的矩形占位框架,新建渐变色,设置为深蓝色与浅蓝色过渡,模拟天空的渐变色,衬托出冰山(见图2-10、图2-11)。

（3）置入"冰山1"素材，在动画面板中选择动画预设的类型："冰山1"素材，从右侧飞入，动画持续时间0.33秒，"冰山2"素材从左侧飞入，动画持续时间0.33秒（见图2-12）。

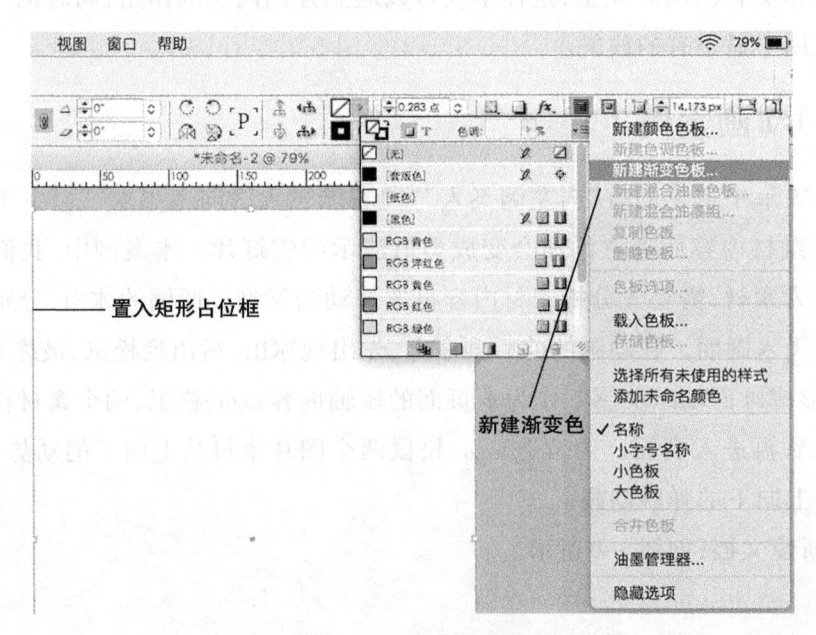

图2-10　新建渐变色

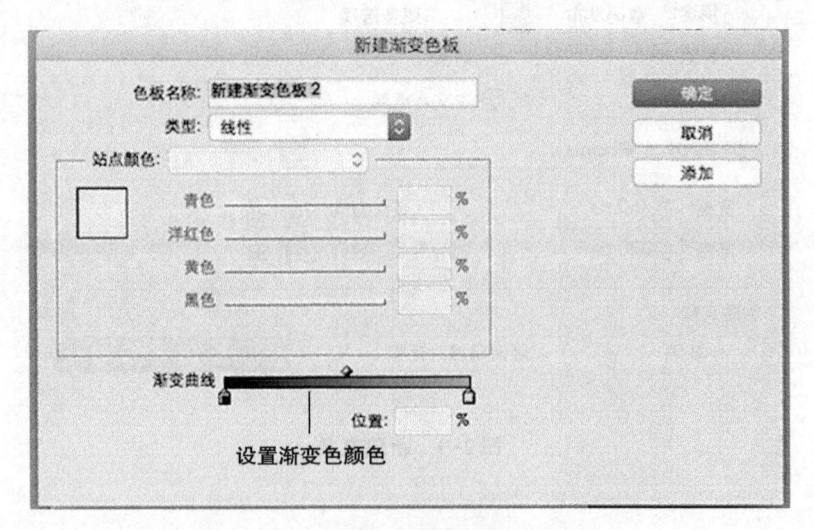

图2-11　设置渐变色

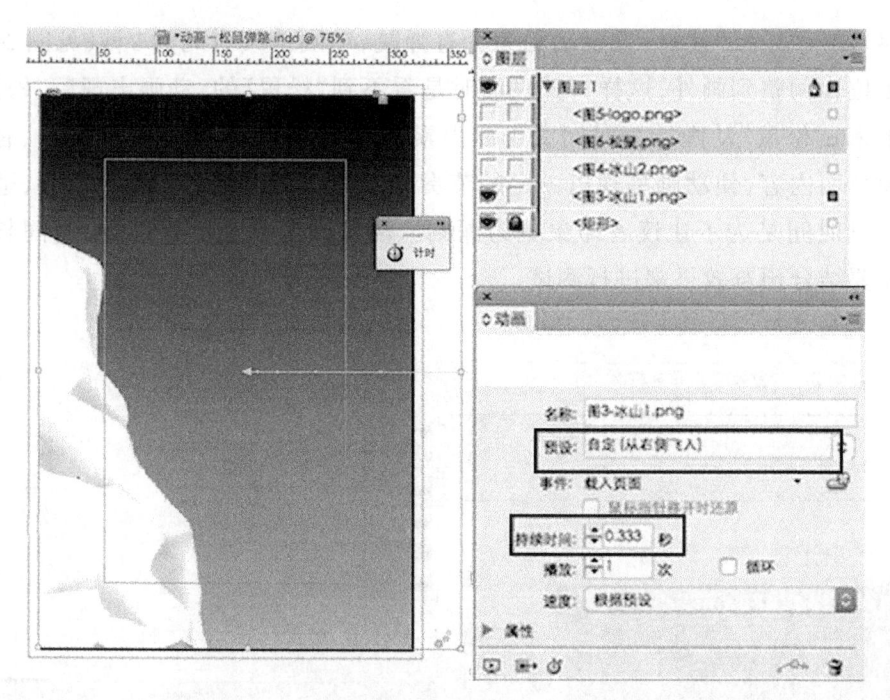

(a)置入图片"冰川1"

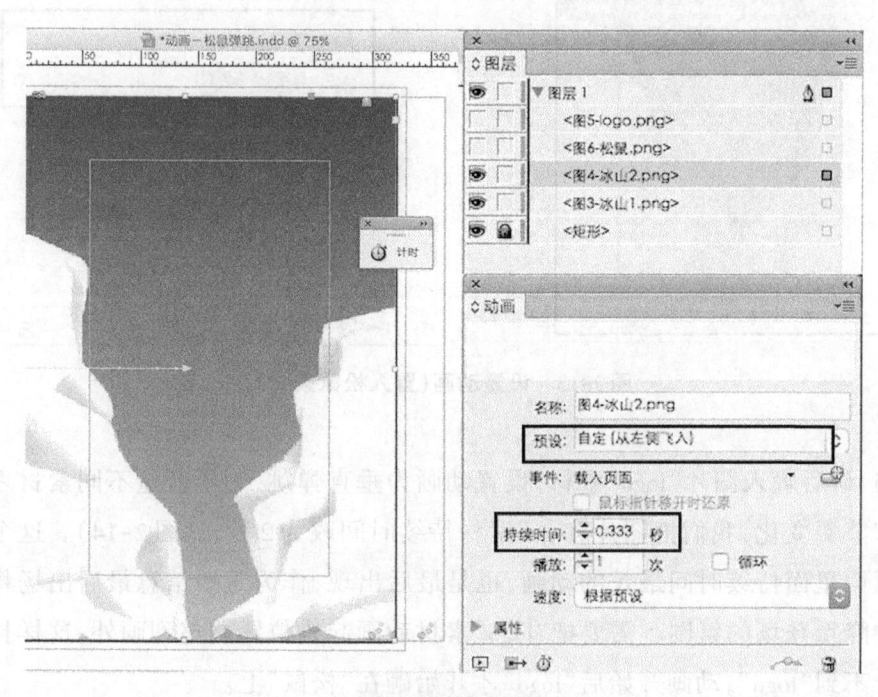

(b)置入图片"冰山2"

图2-12 设置动画（置入冰山素材）

(4)置入"松鼠"素材,设置动画为垂直弹跳,动画持续时间为1秒(见图2-13)。将起始位置调整到画外,这样打开页面时是看不到"松鼠"的,动画出现后"松鼠"才坠落下来。"松鼠"动画持续时间大于冰山素材动画时间,这样能够有层次、有变化地呈现页面内容,使动画呈现出一定的节奏感。对于需要重点凸显的内容,适当地拉长动画时间是为了让读者印象更为深刻。动画时间并非越长越好,时间长短的把握需要结合预览效果来进行测试。

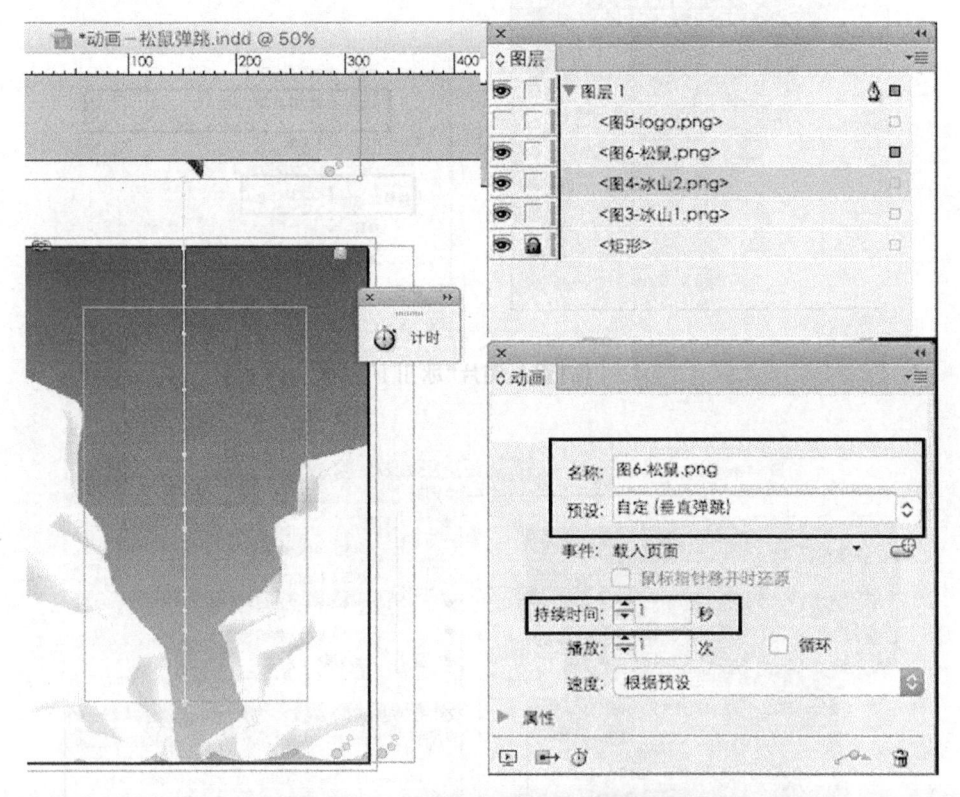

图2-13 设置动画(置入松鼠素材)

(5)最后置入图片"logo"素材,设置动画为垂直弹跳,为了营造不同素材之间的动画有节奏变化,我们把图片"logo"素材持续时间改为2秒(见图2-14)。这个动画是本页面里面持续时间最长的动画,也是最后出现,作为重要信息最后出场将营造出一种隆重登场的氛围。需要把"logo"素材动画起始位置调整到画外,这样打开页面时看不到"logo",动画开始后"logo"才开始砸在"松鼠"上。

(6)设置完了所有素材动画,点击动画面板左下角的预览按钮,对动画效果进行检查(见图2-15)。

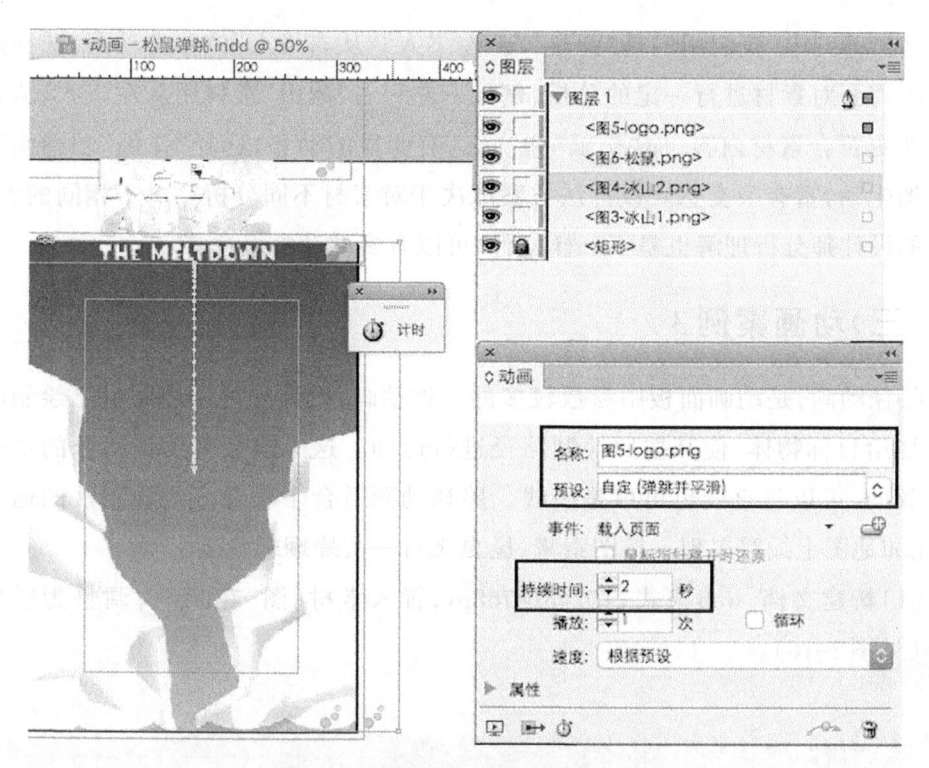

图 2-14　设置动画（置入图片 Logo）

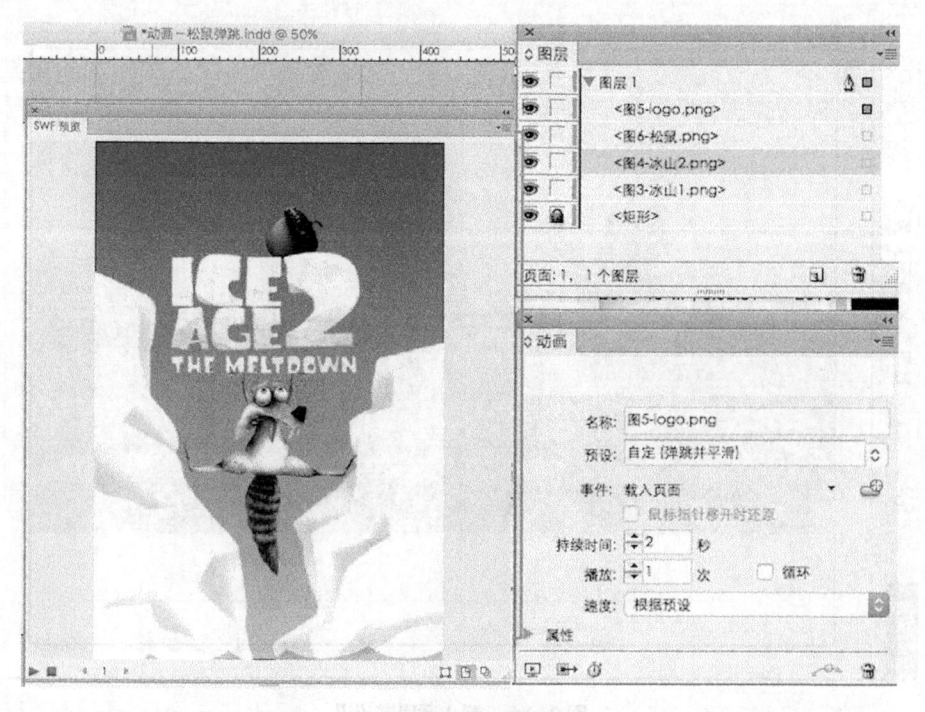

图 2-15　预览

这个案例中，我们用的是"弹跳""从左飞入""从右飞入"位移类动画，选择这样的动画需要对素材进行一定的分析，例如一左一右"冰山"素材用从左飞入、从右飞入显然更符合素材内容，而"松鼠"和"logo"有明显的动势，选择"弹跳"动画使原素材更加生动，富有节奏感。设计法方案取决于对素材不同分析。对于相同的素材，不同的设计师分析理解也是不一样，所以可以有多种动画组合。

（三）动画案例3

路径动画，是动画面板中参数较多的一种动画，设计师可以按照自己绘制的路径添加给目标物体，使其按照绘制路径进行运动。这个路径可以是闭合的也可以是开放的，可以是直线也可以是曲线。路径动画适合于表现一些线路性的运动效果，比如地图上线路表现—按图索骥，昆虫飞行—蜜蜂蝴蝶盘旋。

（1）新建文档，web模式，1024px×768px，置入素材（图"花朵"），调整为适当的大小（见图2-16）。

图2-16　置入图"花朵"

(2)置入图"蜜蜂",根据画面内容调整蜜蜂大小,放在花朵附近(见图2-17)。

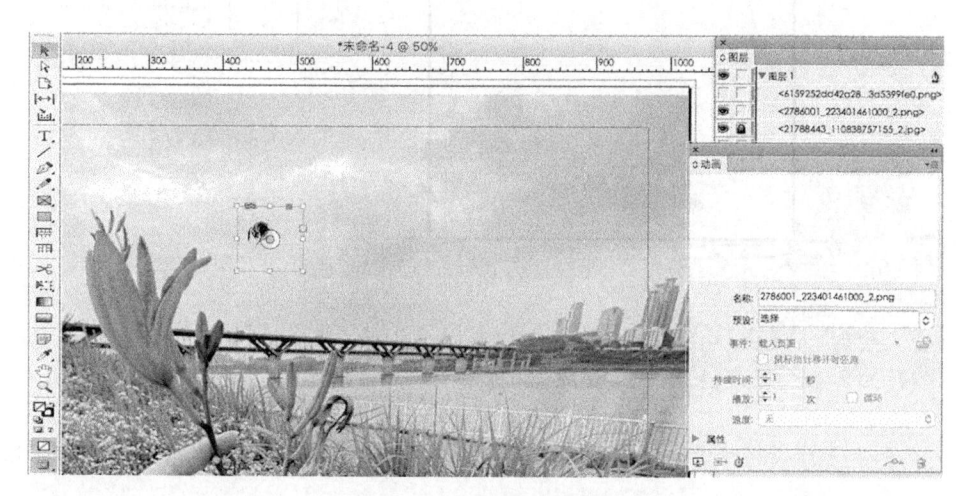

图2-17　置入图"蜜蜂"

(3)用钢笔工具绘制蜜蜂运动路径。因为蜜蜂常常会围绕花朵周围循环盘旋飞行,在绘制时结合蜜蜂运动习惯,将路径绘制为曲线闭合的路径,(见图2-18)。

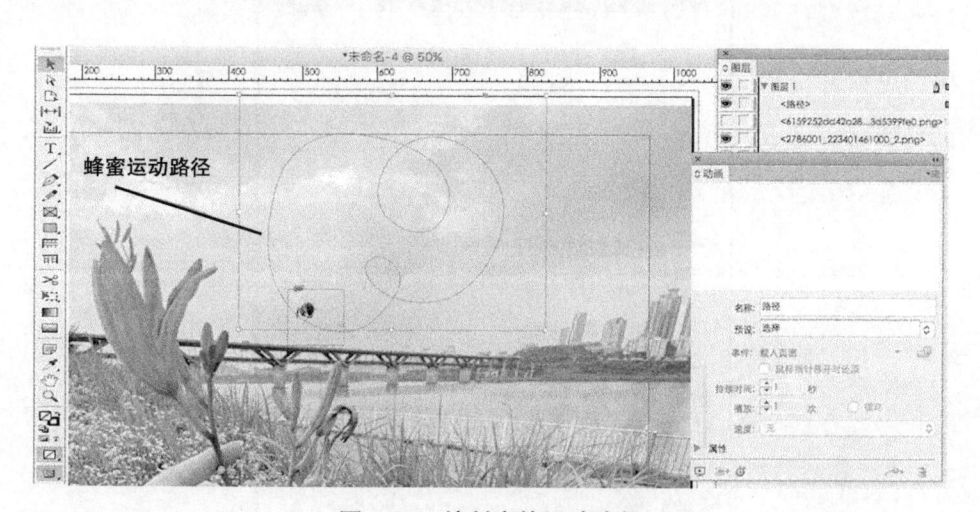

图2-18　绘制蜜蜂运动路径

(4)框选蜜蜂与路径,使蜜蜂和路径处于同时选中状态(见图2-19)。

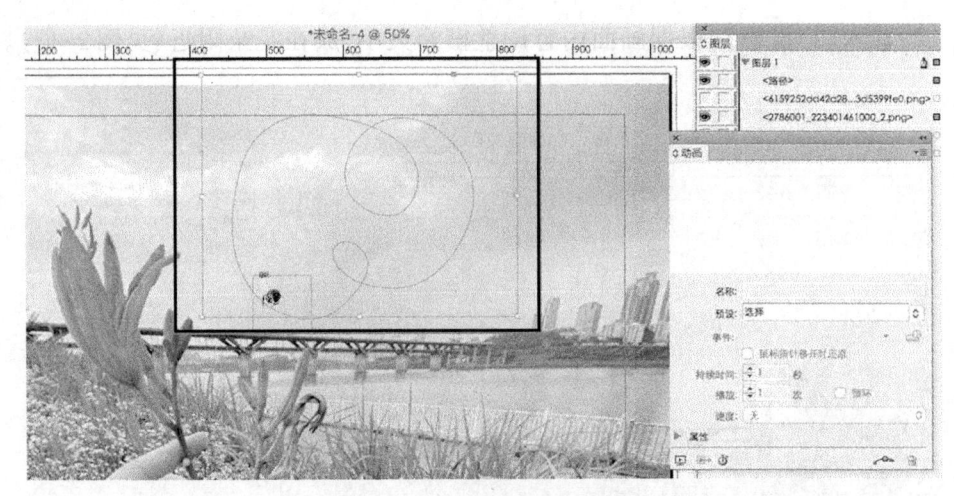

图 2-19　框选蜜蜂与路径

（5）设置路径动画，选中蜜蜂和路径后点击"转换为路径"按钮。这样路经动画就生效了（见图 2-20）。

图 2-20　设置路径动画

（6）复制一只蜜蜂，以前几步同样的方法设置第二只蜜蜂的路径（见图 2-21）。

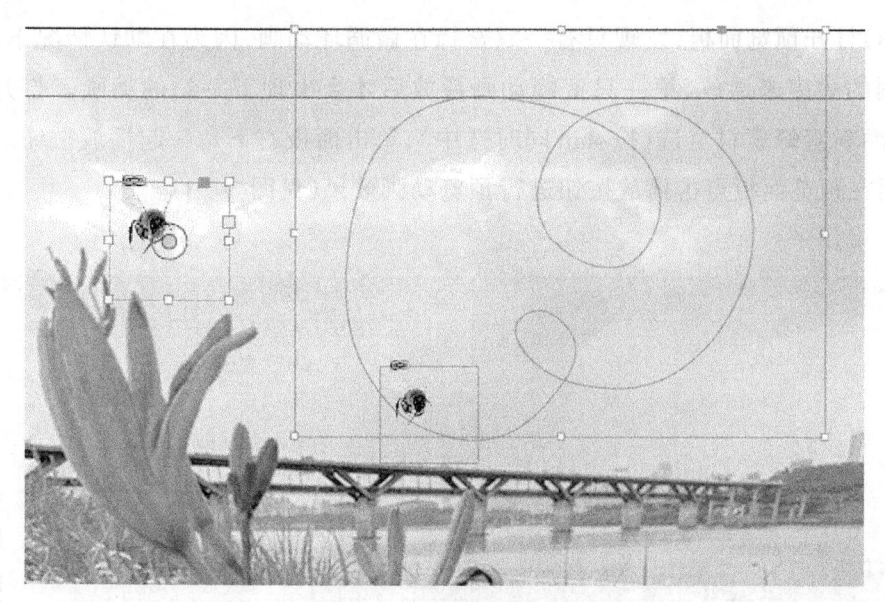

图 2-21　设置路径动画

（7）调整动画参数，在动画面板将持续时间调整为 1.5 秒，勾选循环（见图 2-22）。

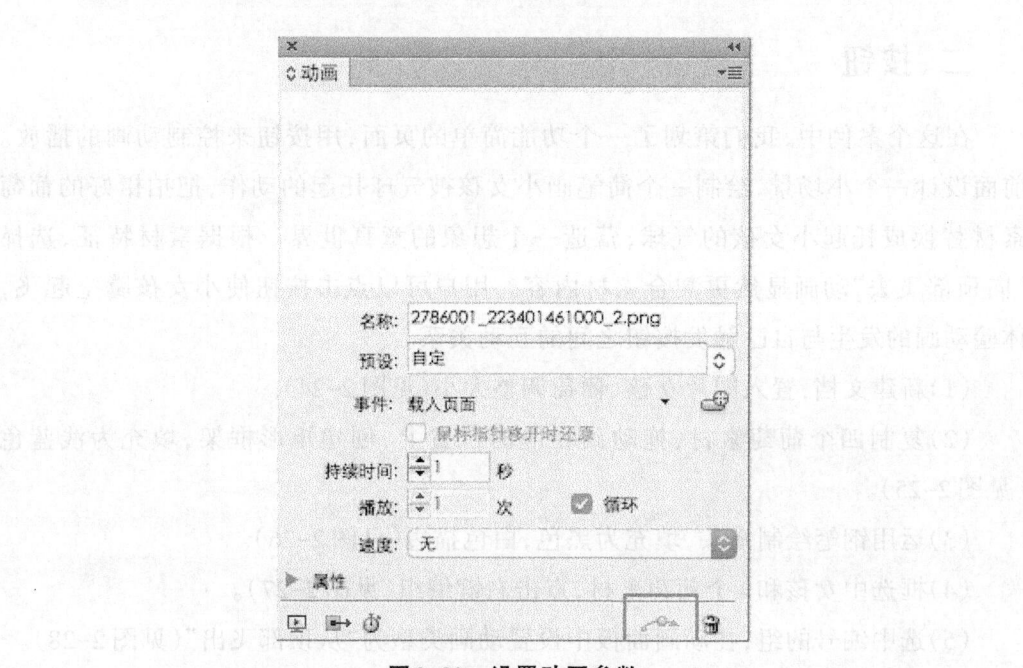

图 2-22　设置动画参数

(8)打开预览面板,发现只有一只蜜蜂在做循环动画,因为在默认情况下,按照做动画的顺序来播放,第一只蜜蜂动画播放后才会出现下一只的动画。打开计时面板,两只蜜蜂素材全选(按shift同时选中),单击面板右下角一起播放按钮。设置成功后在预览面板点击播放按钮进行预览动画效果(见图2-23)。

图2-23 计时+预览

二、按钮

在这个案例中,我们策划了一个功能简单的页面,用按钮来控制动画的播放。前面设计一个小场景,绘制一个简笔画小女孩被气球托起的动作,把拍摄好的葡萄素材替换成托起小女孩的气球,营造一个想象的童真世界。根据素材特征,选择"向顶部飞去"动画显然更契合素材内容。用户可以点击按钮使小女孩腾空起飞,体验动画的发生与自己触发按钮之间的互动关系。

(1)新建文档,置入图片女孩、葡萄调整大小(见图2-24)。

(2)复制四个葡萄素材,拖动到相应的位置上,创建矩形框架,填充为浅蓝色(见图2-25)。

(3)运用钢笔绘制箭头,填充为黑色,白色描边(见图2-26)。

(4)框选中女孩和4个葡萄素材,点击右键编组(见图2-27)。

(5)选中编号的组,在动画面板中设置动画类型为"从顶部飞出"(见图2-28)。

(6)在"窗口"菜单下面选择"交互""按钮与表单"(见图2-29)。

第二章　SWF交互技术

图 2-24　置入图片

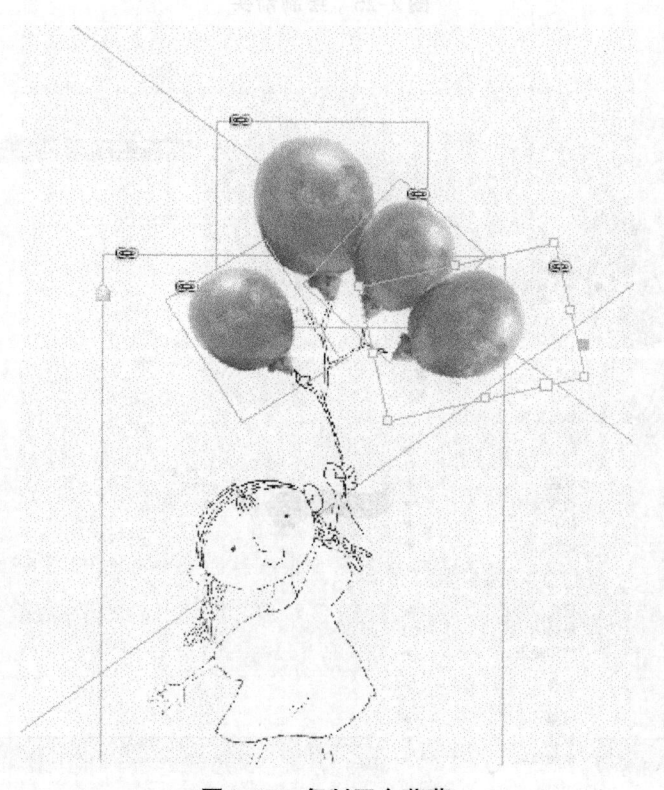

图 2-25　复制四个葡萄

99

图 2-26　绘制箭头

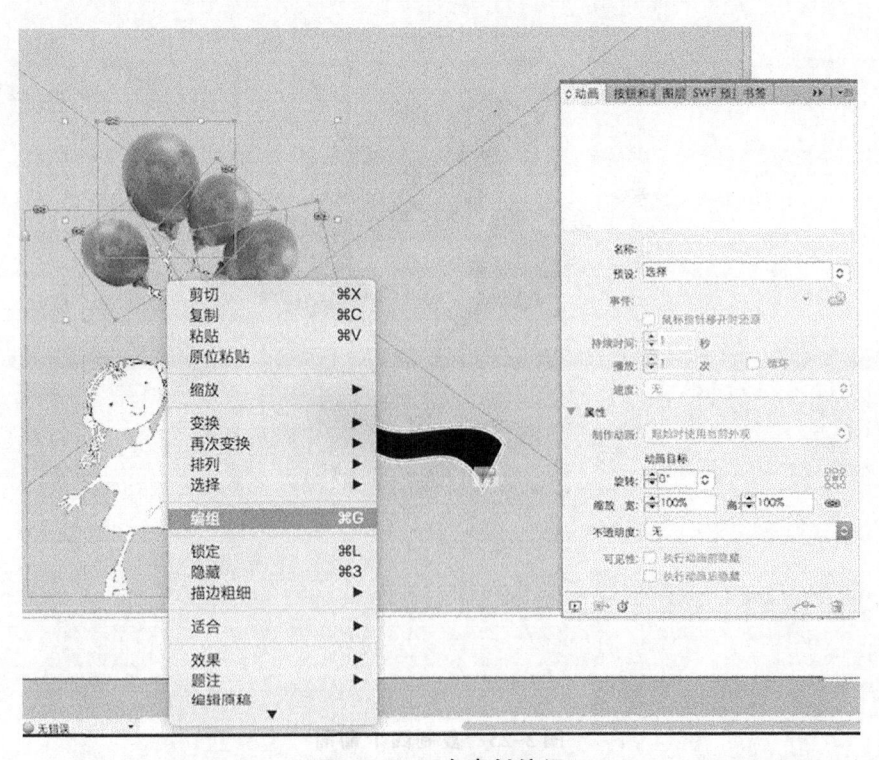

图 2-27　五个素材编组

第二章　SWF交互技术

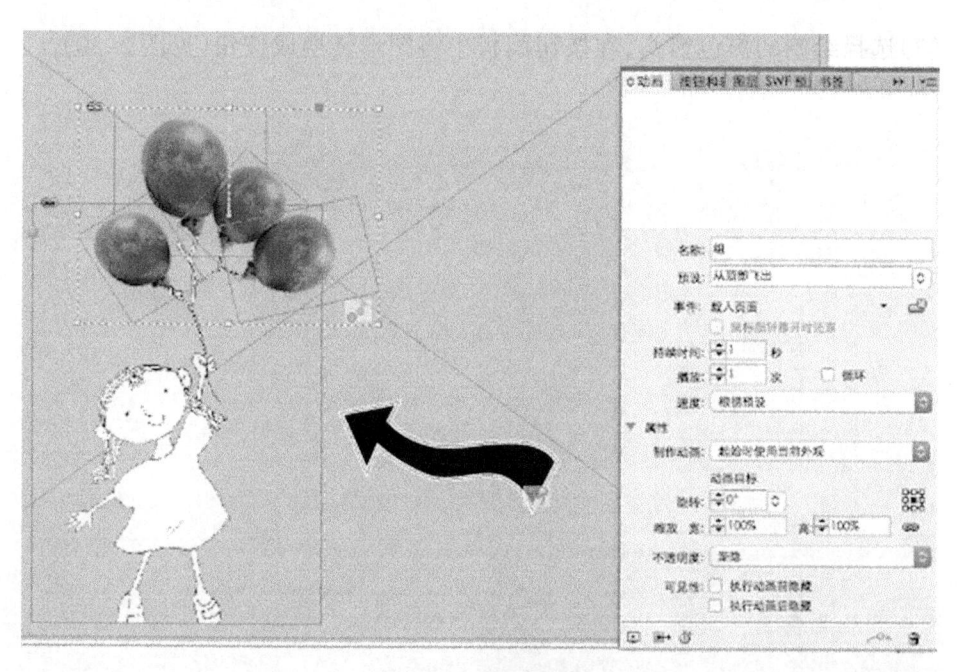

图2-28　设置动画

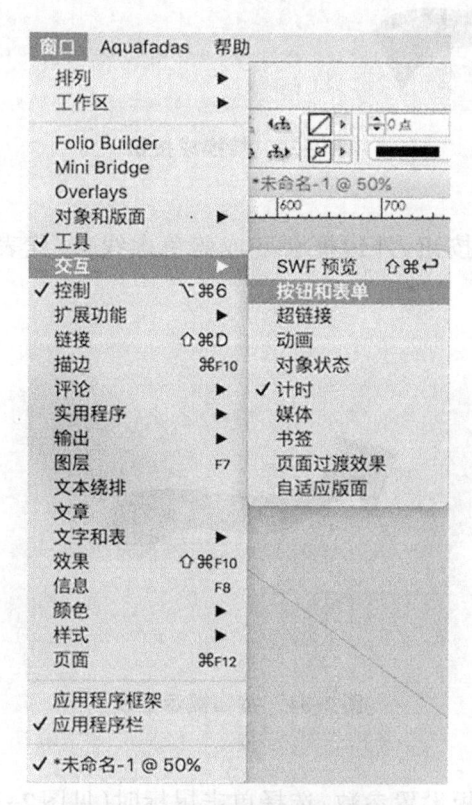

图2-29　调出按钮与表单面板

（7）选择绘制的黑色箭头，在按钮面板中将图形转换成按钮（见图2-30）。

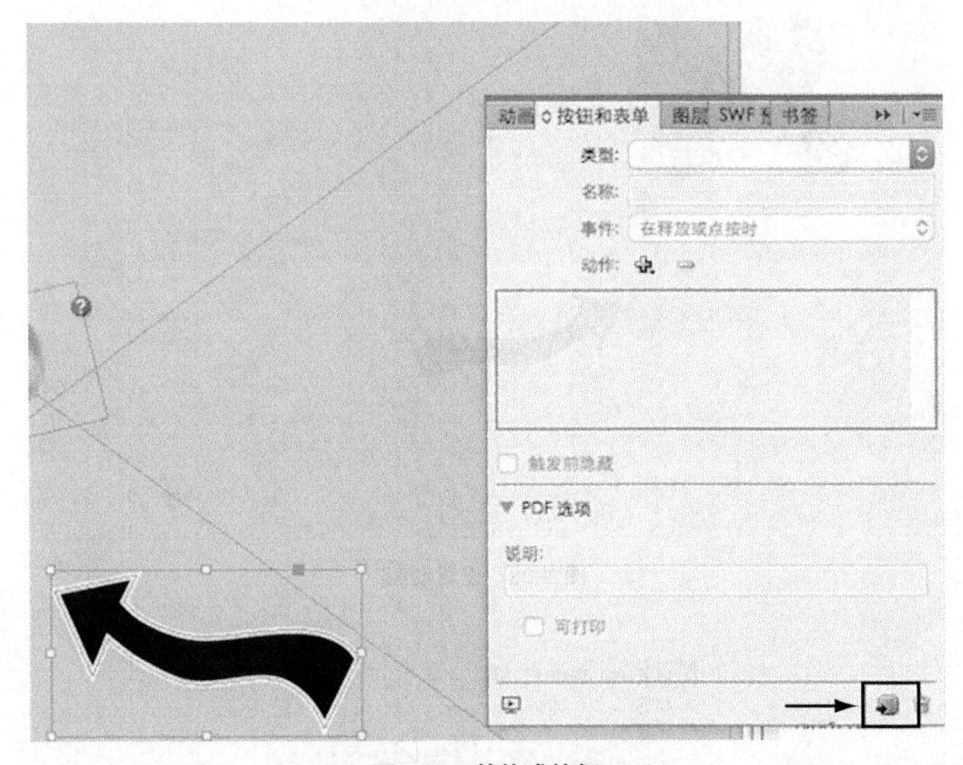

图2-30　转换成按钮

（8）将箭头转换成按钮，外边框会变成蓝色虚线，这代表按钮功能设置成功了（见图2-31）。

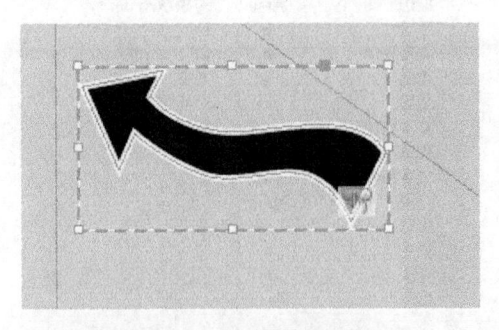

图2-31　按钮提示虚线

（9）在按钮表单面板设置参数，选择单击鼠标时（见图2-32）。

（10）点击动作，在下拉式菜单中选择"动画"，意味着该按钮在单击的时候可以控制动画播放（见图2-33）。

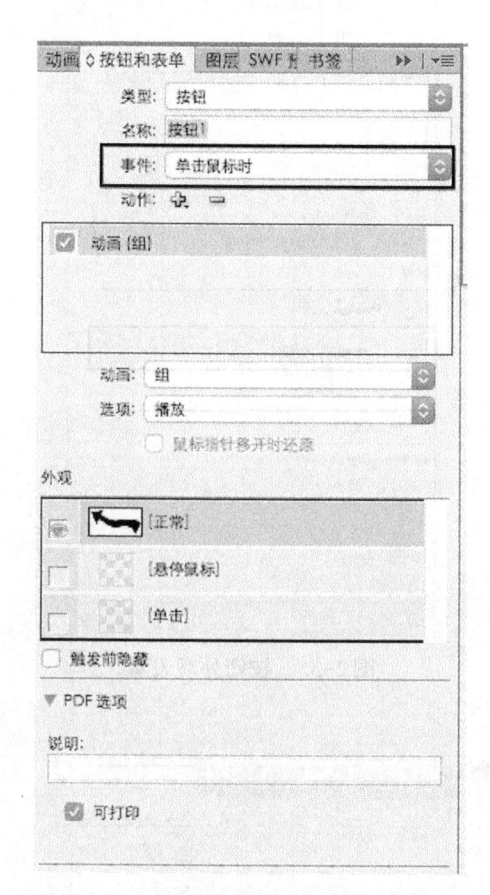

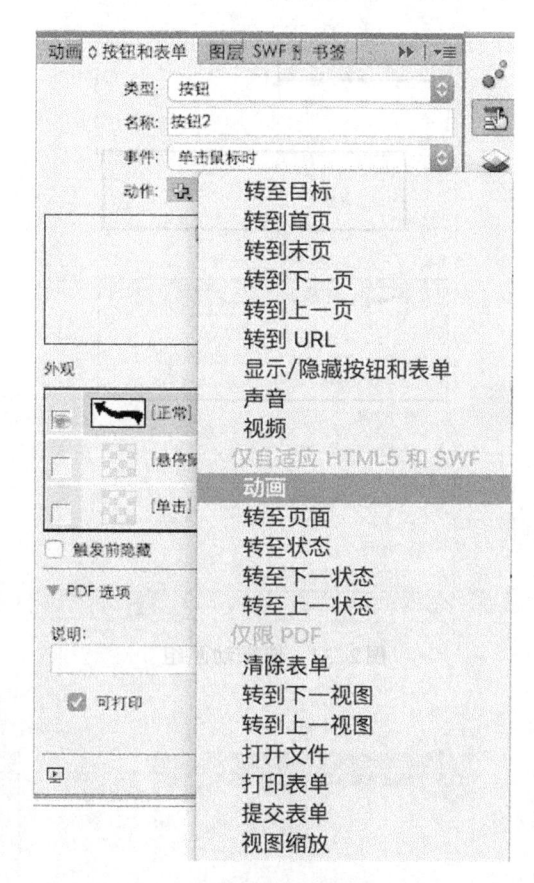

图2-32　设置按钮参数选择"单击鼠标时"　　图2-33　设置按钮参数选择"动画"

（11）选择动画（组），这里的组就是刚才对女孩、葡萄素材编组后做动画的组（见图2-34）。

（12）按钮的外观会有三种状态，正常、悬停、单击。点击外观中的选项：悬停鼠标时，设置下阴影，这样在鼠标浮动的时候会产生阴影提示读者这里是一个可以触发指令的功能按钮（见图2-35）。

（13）回到动画面板，选择"组"，在动画面板中点击打开事件，去掉"载入页面时播放"的选择，只保留点击鼠标时的按钮事件，这样动画就会在按钮触发后才进行播放（见图2-36）。

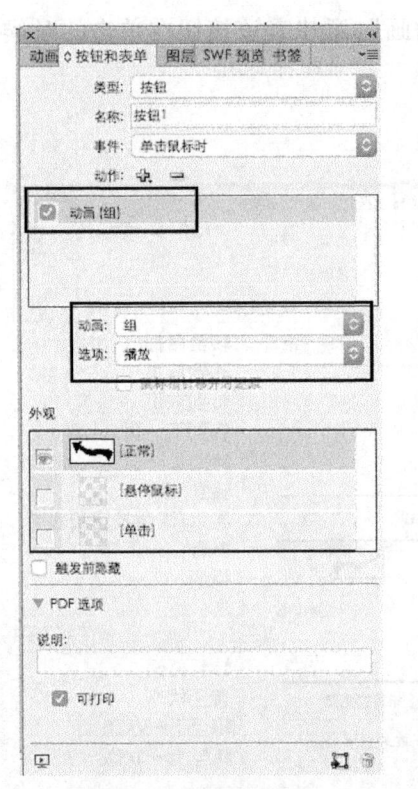

图 2-34　选择动画组

图 2-35　按钮外观设置

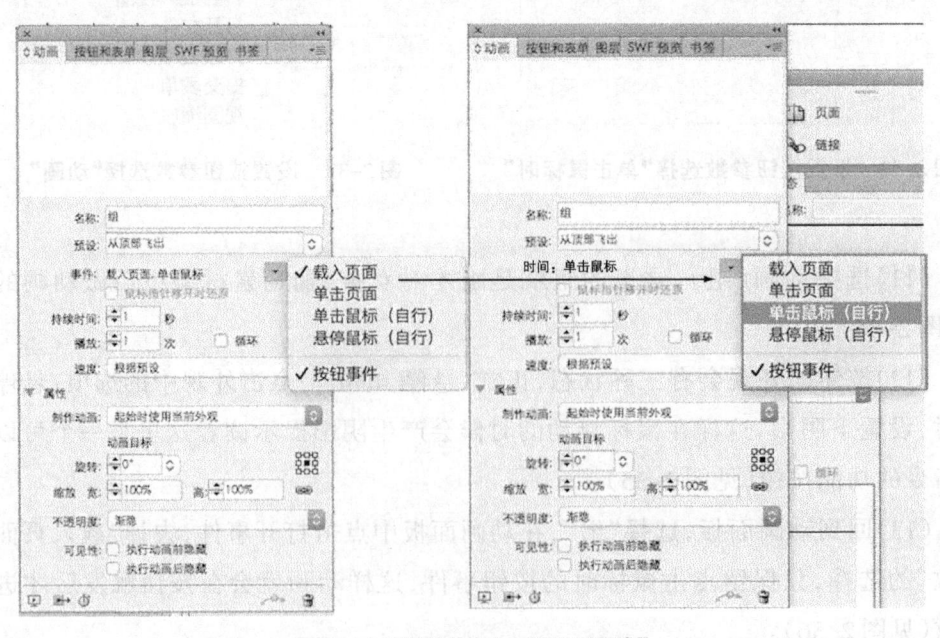

图 2-36　取消"载入页面时播放"

(14)单击预览面板查看效果(见图2-37)。

图2-37 预览

(15)在页面中添加白云元素营造页面气氛。钢笔工具绘制云,填充为白色。复制出两朵白云,调整其大小,在人物上方的云调整尺寸较小。当动画开始,小女孩被气球拉着飞起来的动画犹如在云中穿梭。在箭头右边设计一个大白云,用于本页面标题和文字的背景(见图2-38)。

图2-38 添加白云和文字

（16）预览最终效果（见图2-39）。

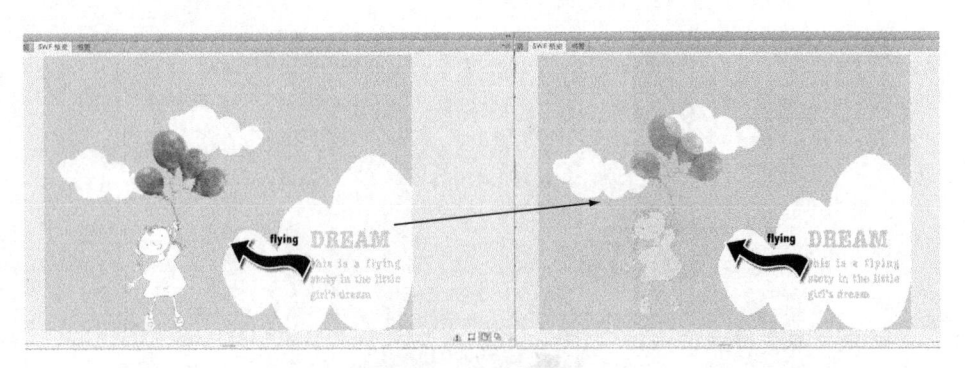

图2-39　最终预览

三、对象状态

（一）对象状态案例1

对象状态可以在有限的版面里面扩展信息展示空间，对于相同的素材可以将同一素材的不同状态切换出来，这里我们来介绍一个"孔雀填色"的案例。感官上看起来是通过用户点击选择，界面内容呈现出不同的颜色变化，事实上是相同素材在不同色彩状态下切换。

（1）按照孔雀身上的色彩，如金色、蓝色、黑色、翠绿、草绿在photoshop上进行分类上色（见图2-40）。详见素材文件夹。

（2）新建文档，素材文件夹中的八张图片置入文档中（见图2-41）。

（3）把置入的所有图片以相同大小排列在页面中，大小保持一致。整齐排列每一张图片，将前面的图片完全挡住后面的图片（见图2-42）。框选八张图片，进入对象状态面板创建新对象状态（见图2-43）。

（4）在工具栏中选择多边形框架，绘制六边形按钮（见图2-44）。

第二章　SWF交互技术

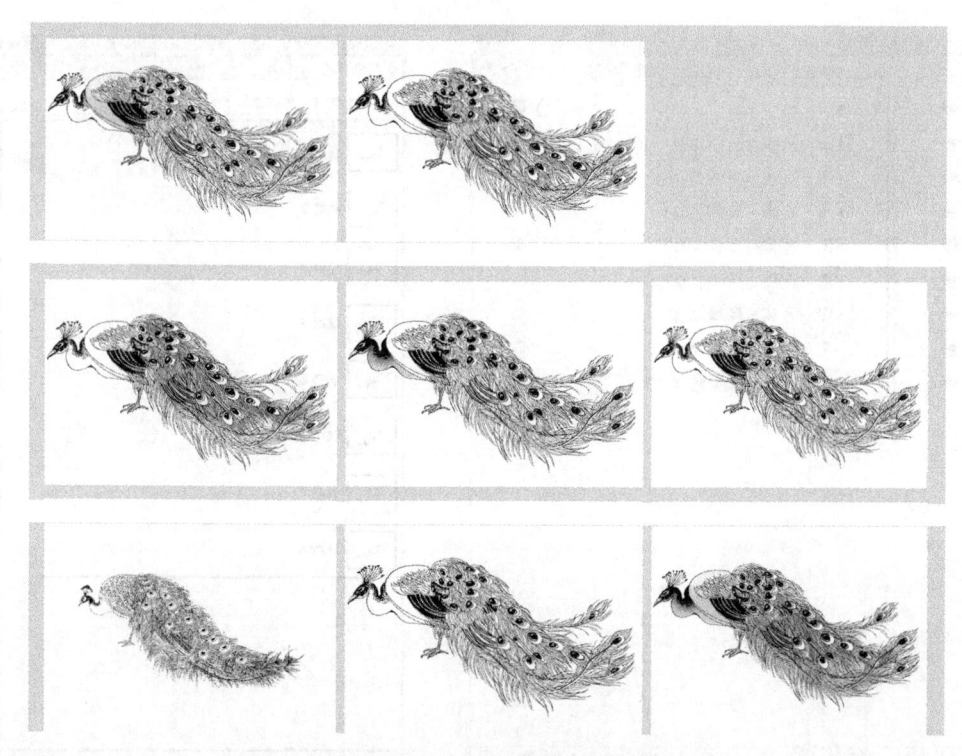

图 2-40　在 photoshop 中分类上色

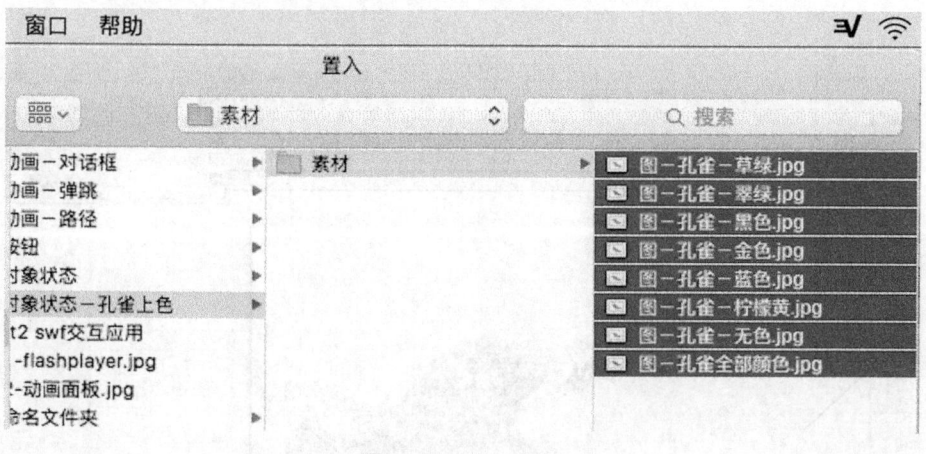

图 2-41　置入素材

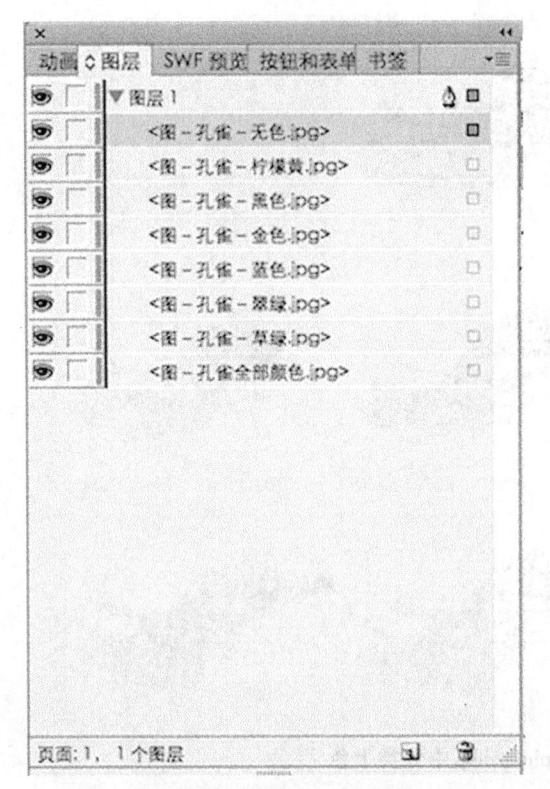

图 2-42　前后叠加并大小保持一致

图 2-43　创建新对象状态

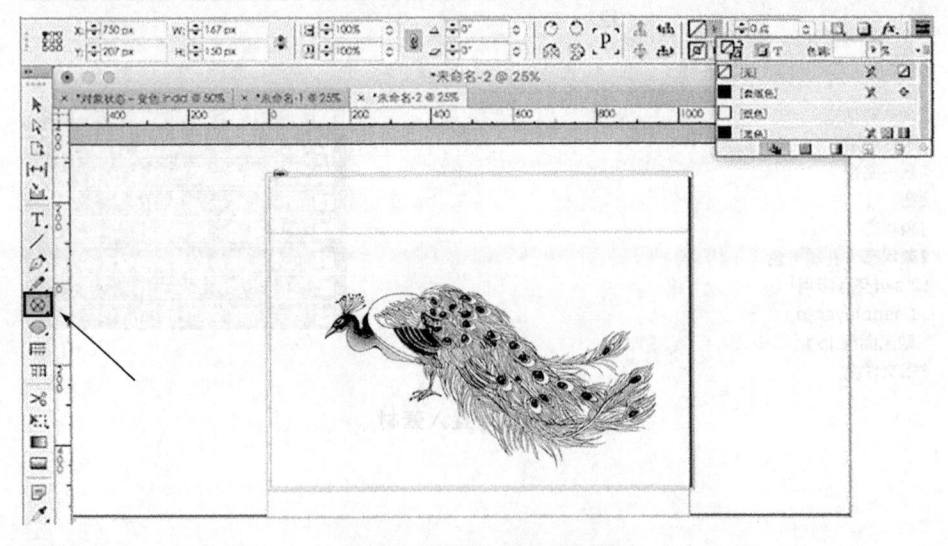

图 2-44　绘制六边形按钮

（5）调整色版选项为多边形填充蓝色（见图 2-45）。

第二章　SWF交互技术

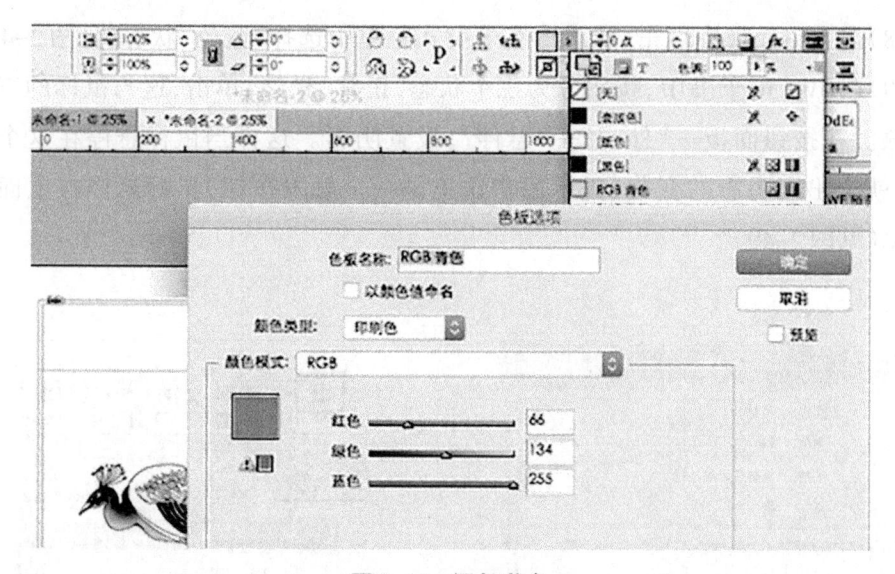

图2-45　添加蓝色

（6）打开按钮面板，点击转换按钮图标，将六边形转换成按钮（见图2-46）。

（7）在按钮面板中设置参数，打开动作"+"号，选择转至状态（见图2-47）。

图2-46　六边形转换成按钮　　　　图2-47　设置按钮参数

109

（8）在按钮面板中点击"状态"，在下拉式菜单中选择"蓝色"状态（见图2-48）。

（9）在SWF电子书中，按钮分为三个状态，正常、悬停、单击，这与鼠标的三个状态一致。在按钮面板——"外观"——"悬停"，设置阴影。这样当鼠标悬停在这个按钮上时，就会出现阴影的变化（提示用户这里是一个触发按钮）鼠标悬停在上面会出现变化（见图2-49）。

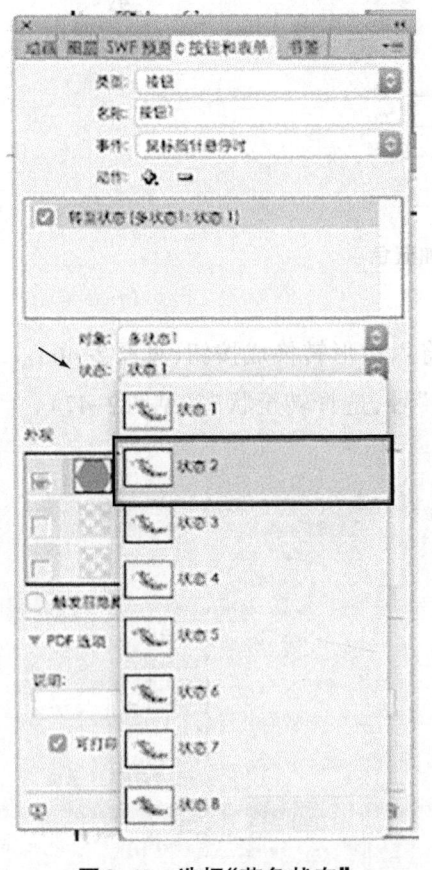

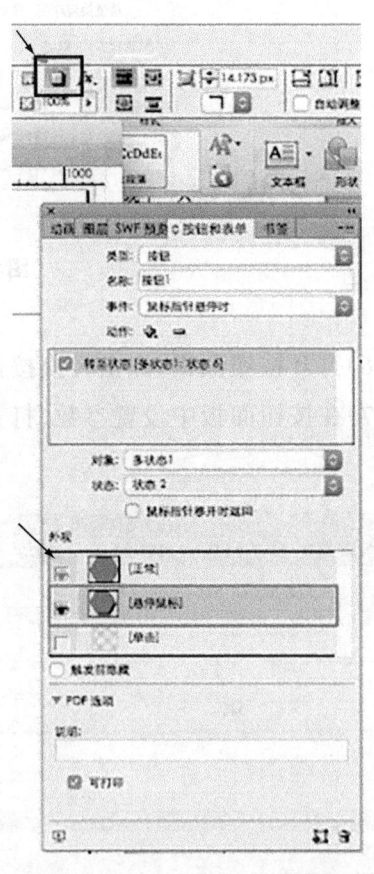

图2-48 选择"蓝色状态"　　　　图2-49 设置外观——悬停鼠标

（10）按照上述步骤，创建草绿、翠绿、黑色、金色、柠檬黄、全部颜色6个按钮，并且设置按钮功能，使每一个按钮与相应的颜色状态匹配（见图2-50）。

（11）补充一个知识点。采用孔雀身上几种主要颜色来构成渐变色。打开颜色面板，新建渐变色（见图2-51）。

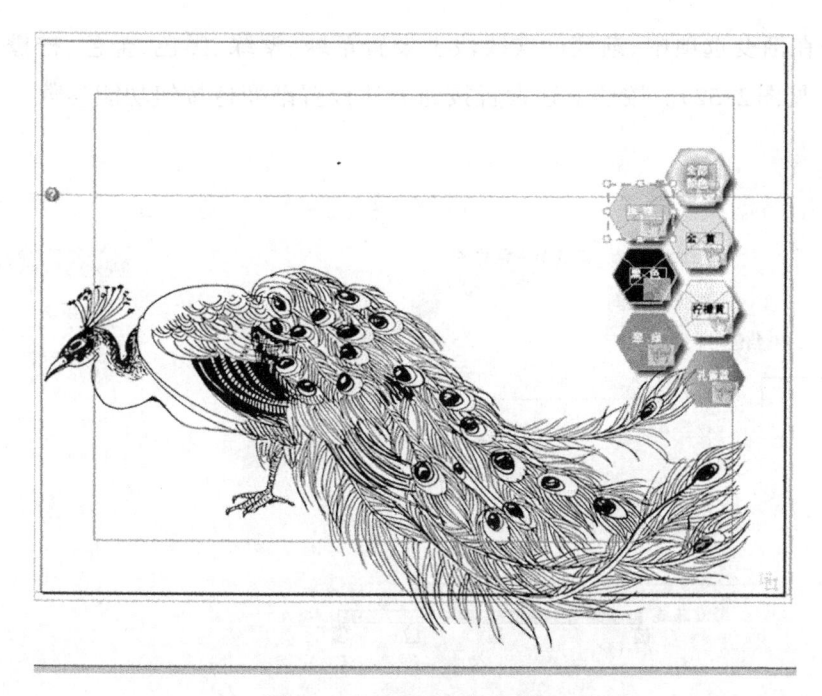

图2-50　设置6个颜色按钮

图2-51　新建渐变色

（12）在渐变选项中,渐变曲线线段上设置草绿、翠绿、黑色、金色、柠檬黄、蓝色6种颜色(见图2-52)。按照上述设置按钮方法设置渐变色按钮功能参数。

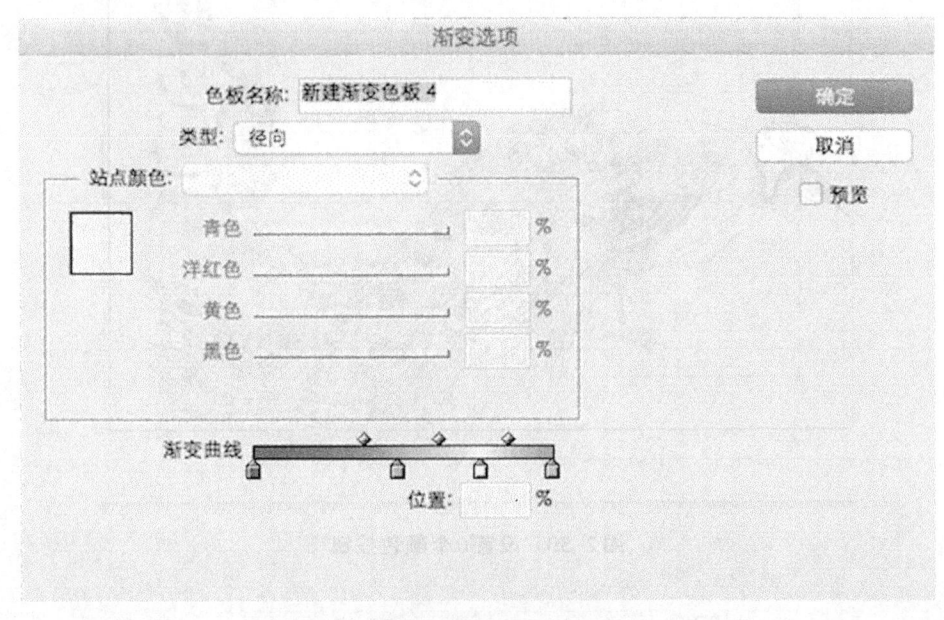

图2-52 渐变色设置

（13）在画面上方空白处放置文字框架,输入标题文字:"猜猜,这些颜色在哪里?"调整字体、字号,形成标题文字信息层级。调整彩色按钮的位置,使其如蜂窝状整齐排列在画面右侧(见图2-53)。

（14）在动画面板中给标题文字添加"增大"动画,持续时间设置为0.33秒,事件:载入页面时,播放一次,结束时使用当前外观(见图2-54)。

（15）在标题文字下方空白处输入介绍性正文:"蓝孔雀又名印度孔雀,雄鸟颈部为宝蓝色,尾屏为绿色,富有金属光泽,分布在印度和斯里兰卡。绿孔雀又名爪哇孔雀,分布在东南亚。"调整字体、字号,与标题文字大小(见图2-55)。

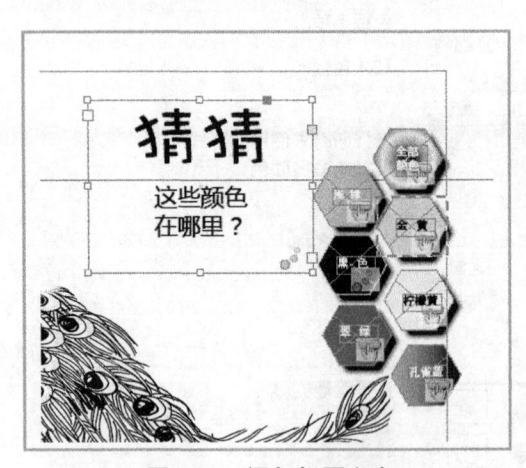

图2-53 添加标题文字

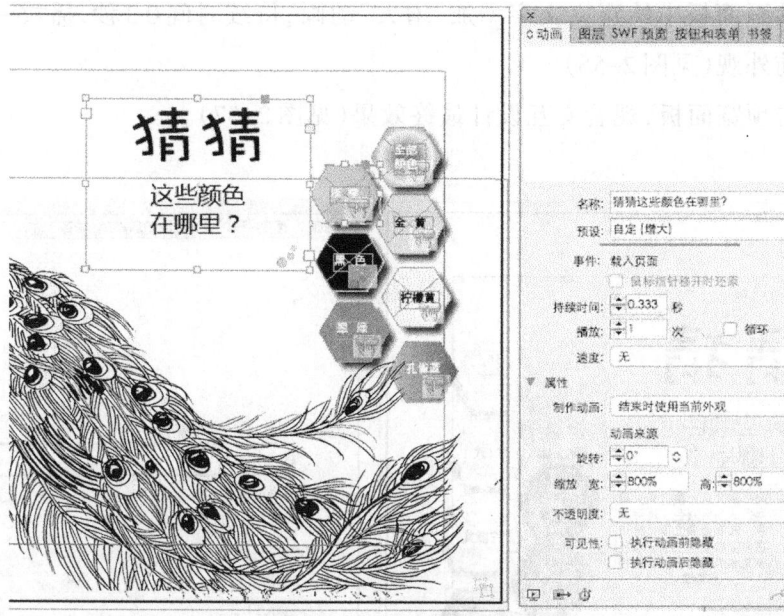

图 2-54　设置标题文字动画

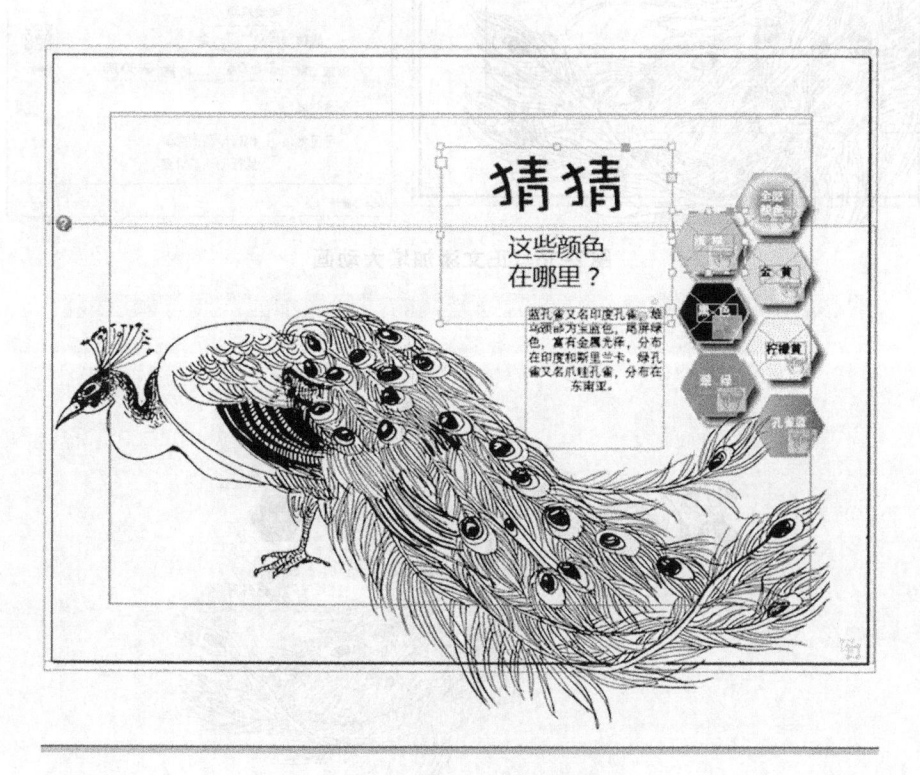

图 2-55　输入介绍性正文

（16）在动画面板中给正文文字添加"增大"动画，持续时间0.3秒，播放一次，结束时回到当前外观（见图2-56）。

（17）单击预览面板，观看交互设计最终效果（见图2-57）。

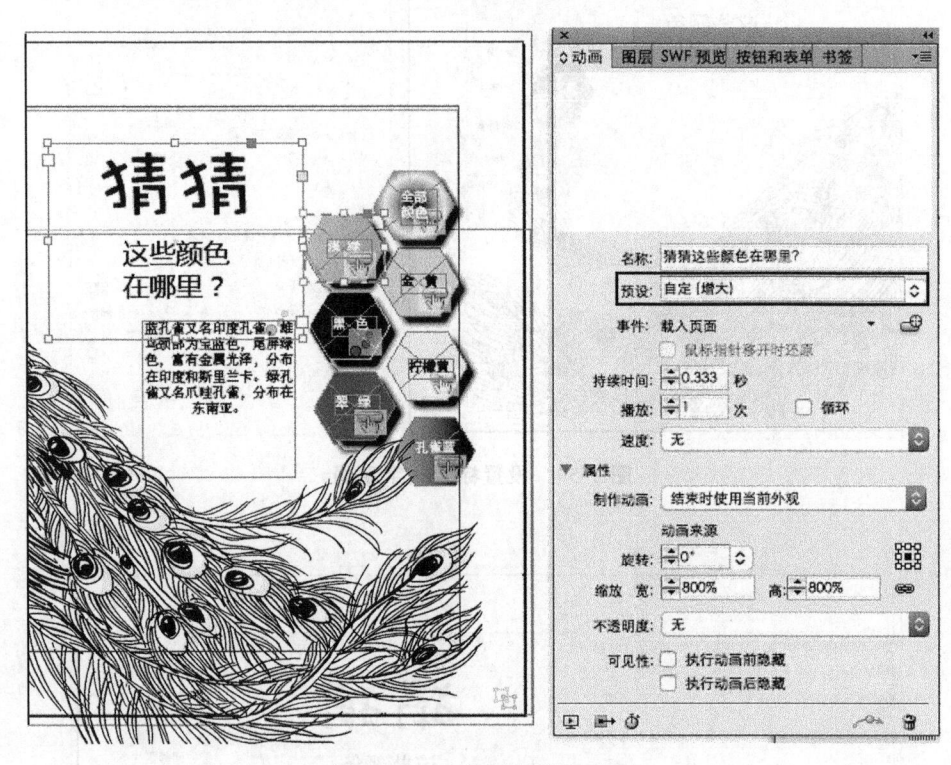

图2-56　正文添加增大动画

图2-57　最终预览

114

"孔雀填色"案例看起来是填色,实际上是运用对象状态来切换不同颜色的孔雀图片。按钮控制对应颜色的状态显示,给用户提供了互动的空间。这个案例的实现前提就是提前设计编辑处理素材,保证素材具有高度的一致性。每一个素材只有在局部上有差别,这样在状态切换的时候用户容易产生自主填色的错觉。例如在网页上常见的QQ角色换装、变色、换发型、换鞋就是对象状态应用的扩展方式。"换装""变色""换发型""换鞋"并不是真正意义上的"换",而是不同状态的切换。

(二)对象状态案例2

对象状态是一种交互性比较强的形式,给读者带来强烈的代入感和参与感,不仅仅可以用来扩大表现内容范围,在下面这个实例中对象状态也可以变成导航的工具。这个例子中,我们设计一个类似地图导航的场景:用等高线地图表现在班多士岛周围不同深度水域的海洋生物出现情况。当用户鼠标悬浮在海龟、鲨鱼、珊瑚鱼等不同生物出没的区域,下半部分的版面会相应出现该类生物在水中的真实画面。

(1)新建文档,web模式,800像素×600像素,页面方向为纵向(见图2-58)。

图2-58 新建文档

(2)选择"房礁图",置入素材(见图2-59)。

(3)排版过程中将房礁图放在文档靠上的位置(见图2-60)。

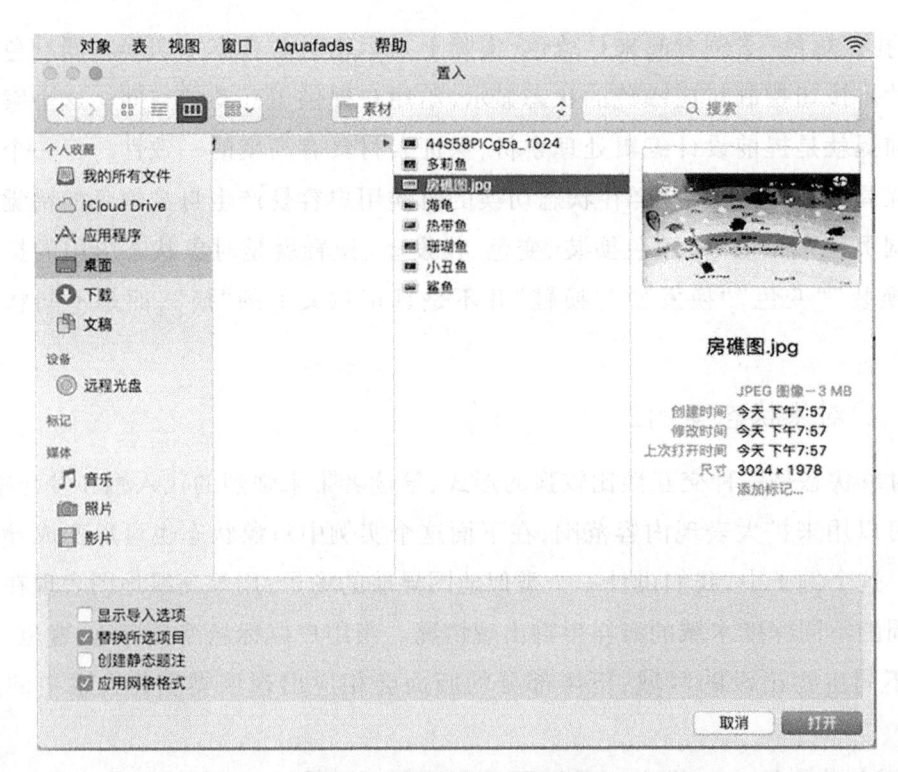

图2-59　置入素材"房礁图"

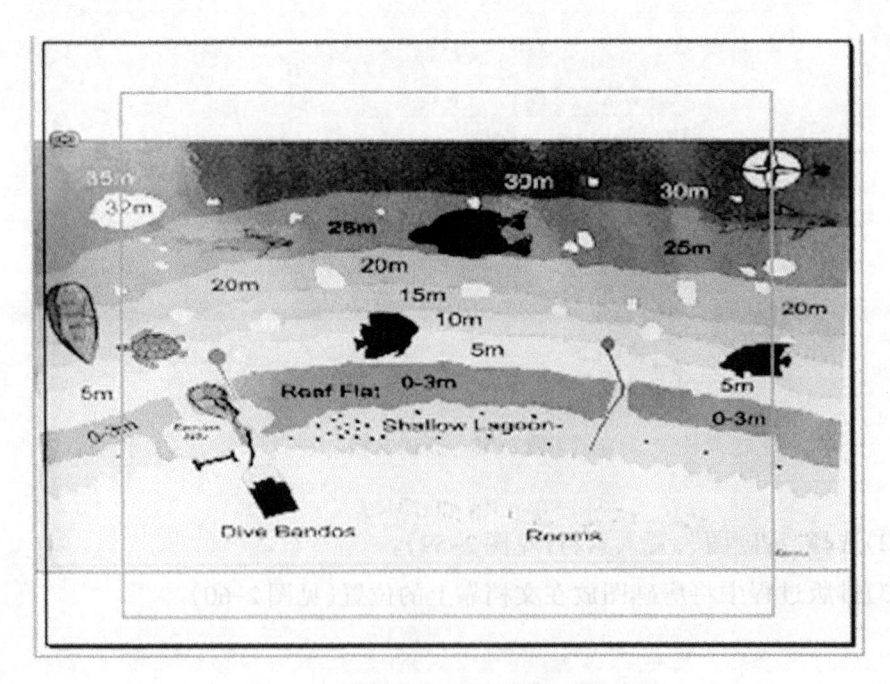

图2-60　房礁图放在文档靠上的位置

（4）置入海龟图片素材、文字介绍素材，置于房礁图下方（见图2-61）。

（5）框选海龟图片素材、文字素材，点击右键编组（见图2-62）。

图2-61　置入海龟图片和文字

图2-62　编组

（6）按照上述方法置入鲨鱼、多莉鱼、黑鳍鲨、热带鱼、珊瑚鱼、小丑鱼的图片素材和文字素材，分别编组（见图2-63）。

（7）整齐排列8个组，前后叠加（见图2-64）。

图2-63　分别编组

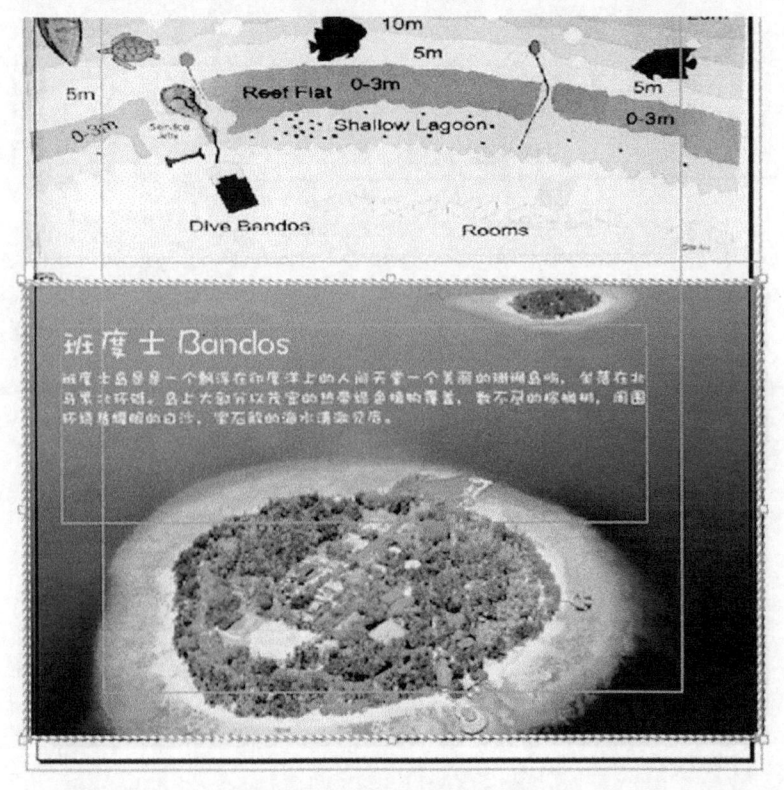

图2-64　整齐排列8个组

(8)对象状态面板点击"创建新状态"(见图2-65、图2-66)。

图2-65　创建新状态1　　　　　　图2-66　创建新状态2

(9)在页面上方添加文字标题"Bandos",字号50点,垂直缩放150%,字体Arial black(见图2-67)。

(10)在图层面板创建新图层。命名为"按钮"(见图2-68)。

(11)在工具栏选择椭圆形框架,在图层面板创建新图层命名为按钮,把椭圆形框架拖动到按钮图层中(见图2-69)。

119

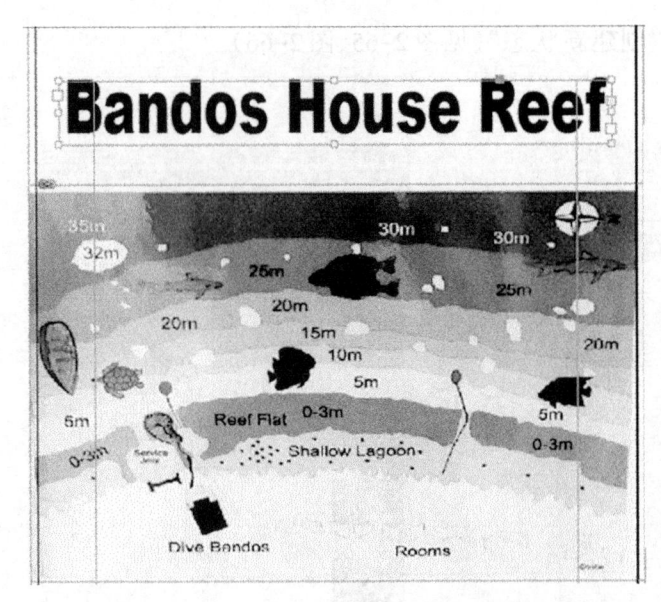

图2-67 添加标题文字

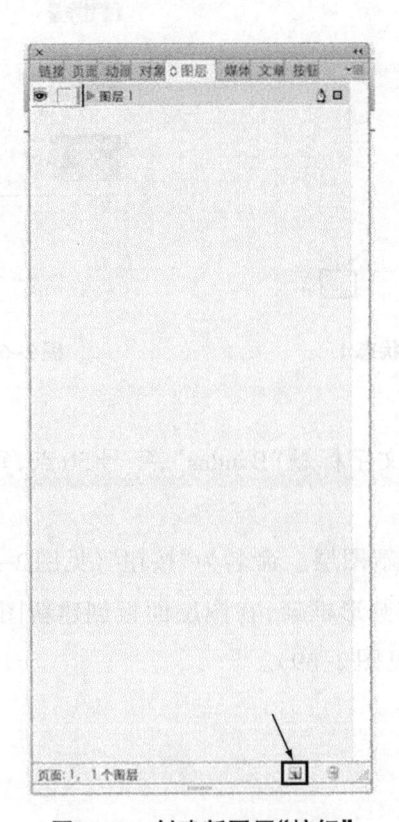

图2-68 创建新图层"按钮"

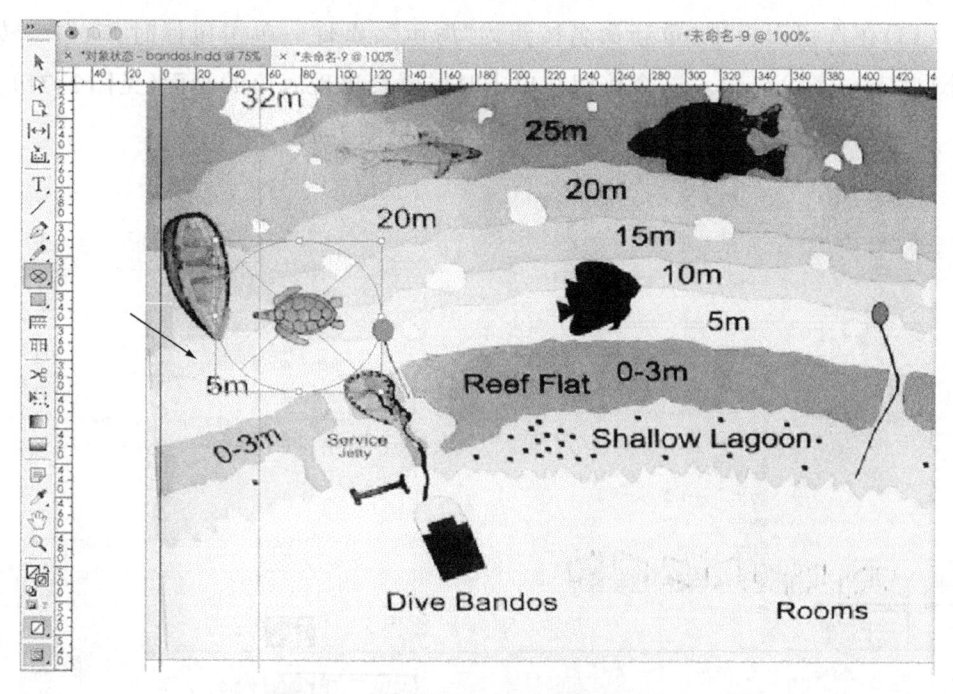

图 2-69　椭圆形框架拖动到按钮图层中

（12）进入按钮面板，将椭圆形框架转换成按钮。把椭圆形按钮放在海龟出现处的区域（见图 2-70）。

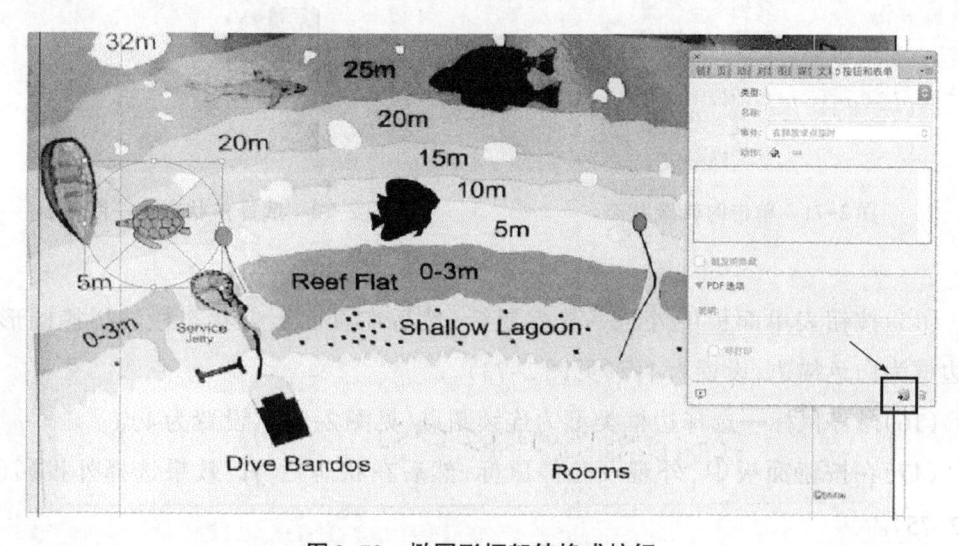

图 2-70　椭圆形框架转换成按钮

（13）在按钮面板中，重新命名按钮为"海龟"，事件——单击鼠标时，动作——转至状态（状态——多状态1）。这个按钮在单击时候就会出现海龟的画面（见图2-71）。

（14）在按钮面板中，选择多状态——海龟（见图2-72）。

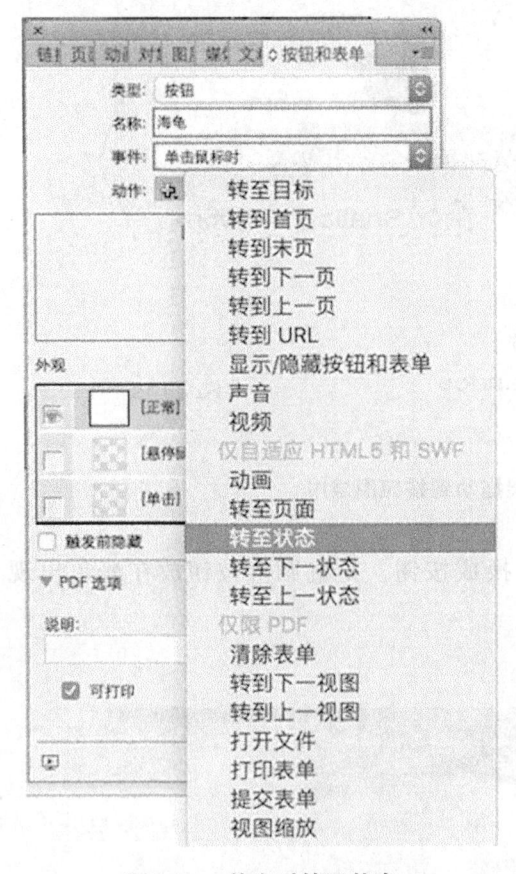

图2-71　单击时转至状态　　　　　　图2-72　选择多状态——海龟

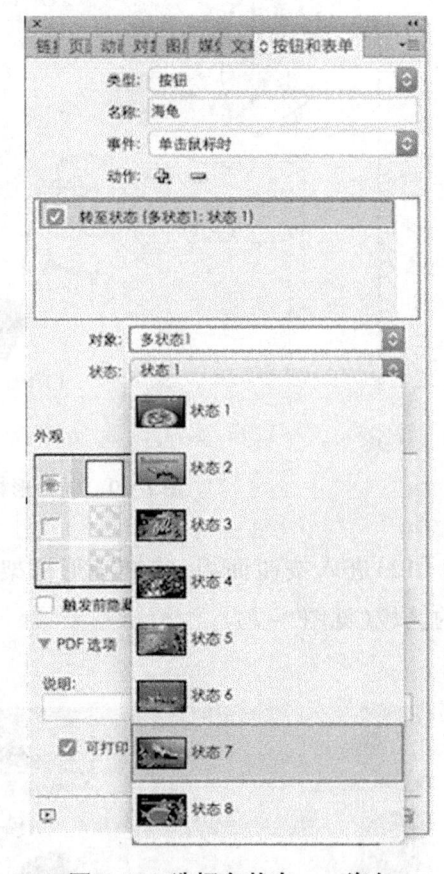

（15）按钮表单面板中外观—悬停鼠标，然后在页面上方状态栏选择椭圆形按钮边框为白色描边，设置为4点（见图2-73）。

（16）悬停鼠标—选择边框类型为连续圆点（见图2-74），设置为4点。

（17）在按钮面板中，外观—悬停鼠标，然后在状态栏"fx"效果选择外投影（见图2-75）。

图 2-73 椭圆形按钮设置白色描边

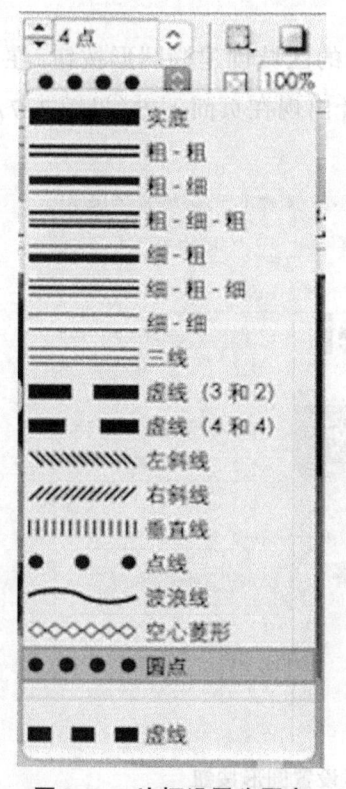

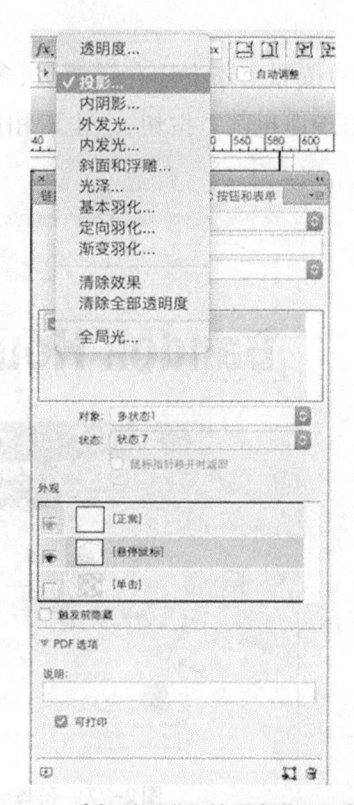

图 2-74 边框设置为圆点　　　图 2-75 选择外观"悬停鼠标"添加投影

（18）弹出效果对话框，选择阴影。调整参数：不透明度90%，X位移3.064px，Y位移2.571px，距离4px，角度140，大小5px（见图2-76）。

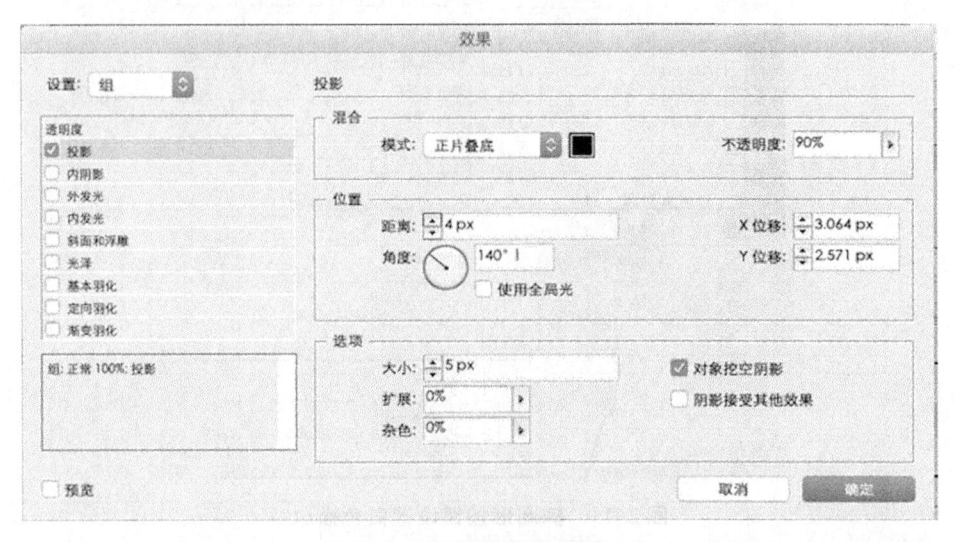

图2-76　调整阴影参数

（19）按照上述方法在黑鳍鲨、多莉鱼等出没的区域创建椭圆形按钮，在鼠标悬停时，出现白色圆点按钮，点击后相应的生物图片出现在页面下方（见图2-77）。

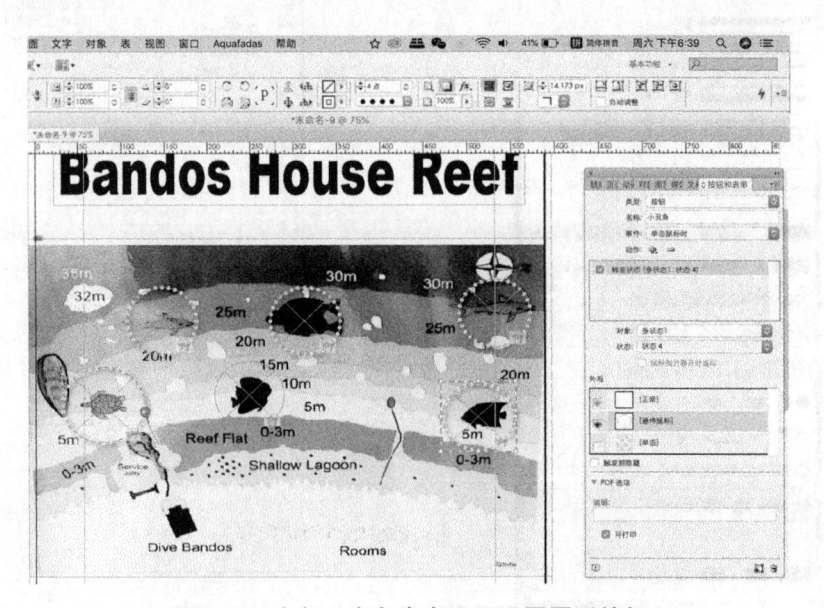

图2-77　在每一个鱼类出没区设置圆形按钮

(20)预览面板查看最终效果(见图2-78)。

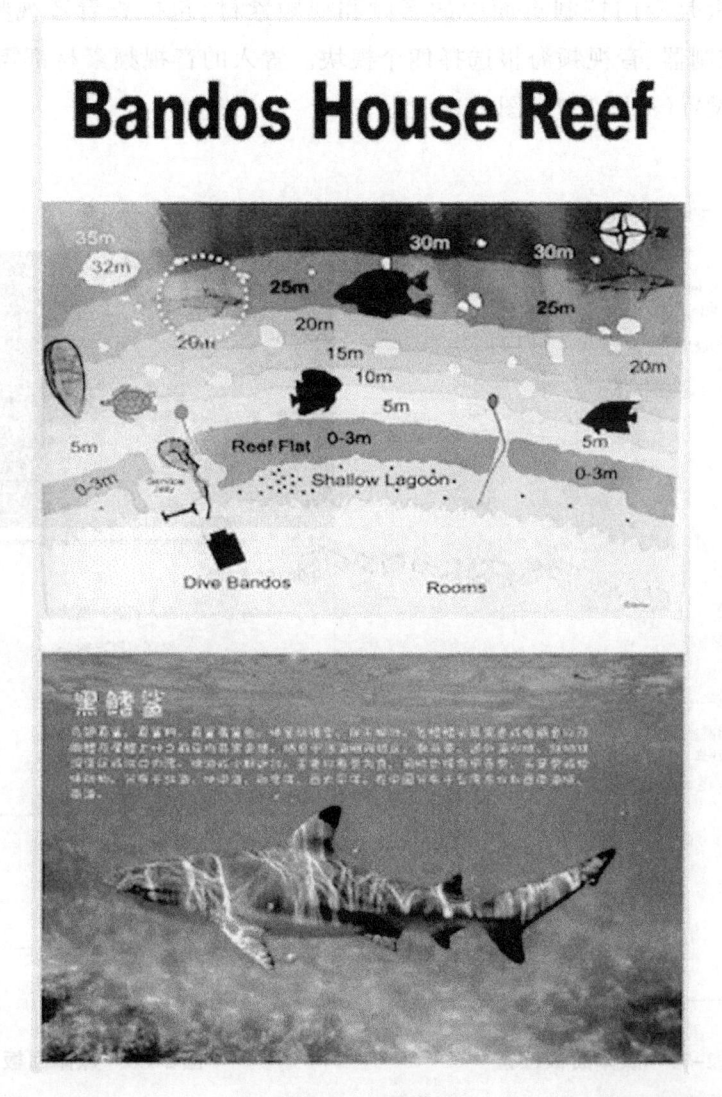

图2-78　预览

提示：对象状态不仅可以是图片，也可以是声音或者视频。因此也可以将多个视频文件或者音频文件放置在一起，让用户触发按钮来选择哪一个作为优先阅读的对象。在文字素材应用中，当文字数量很多时，可以分割成几个不同的文本框形成对象状态，对于用户而言是在一个页面里面的切换翻页，不同于翻页的体验。

四、媒体

媒体面板是专门控制页面中的音频和视频素材,包括查看音视频、设置导航点、音视频控制器、音视频海报选择四个模块。置入的音视频素材都需要在媒体面板进行参数设置(见图2-79、图2-80)。

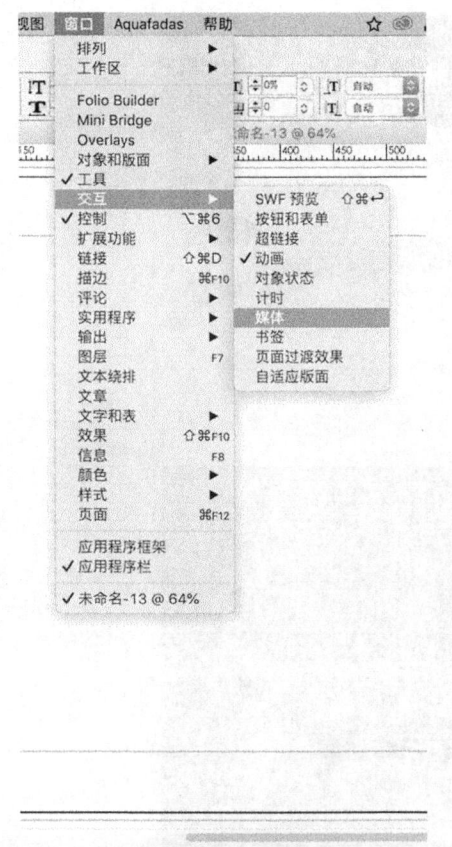

图2-79　媒体面板位置　　　　　　　图2-80　媒体面板

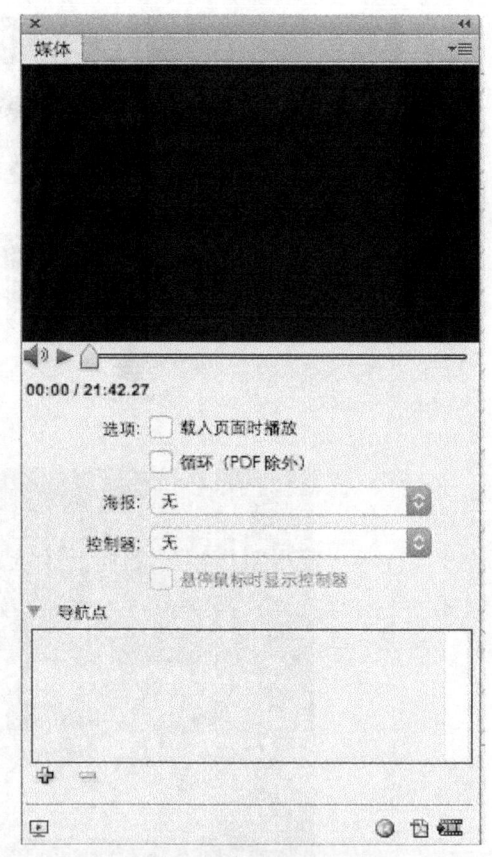

（一）视频案例1

(1)新建文档,置入视频,在页面中我们看不到视频的内容,会显示出蓝色斜条纹来提示当前素材是音视频。在媒体面板中勾选载入页面时播放,打开控制器选项,在下拉式菜单中可以看到有很多可以选择的控制器,这些都是用于视频播放控制的播放器外观,选择第一个试一试效果(见图2-81)。

(2)单击预览面板,查看效果。播放器出现在视频的下方,灰色半透明的面板上包含着播放、暂停、快进、后退等按钮(见图2-82)。

第二章　SWF 交互技术

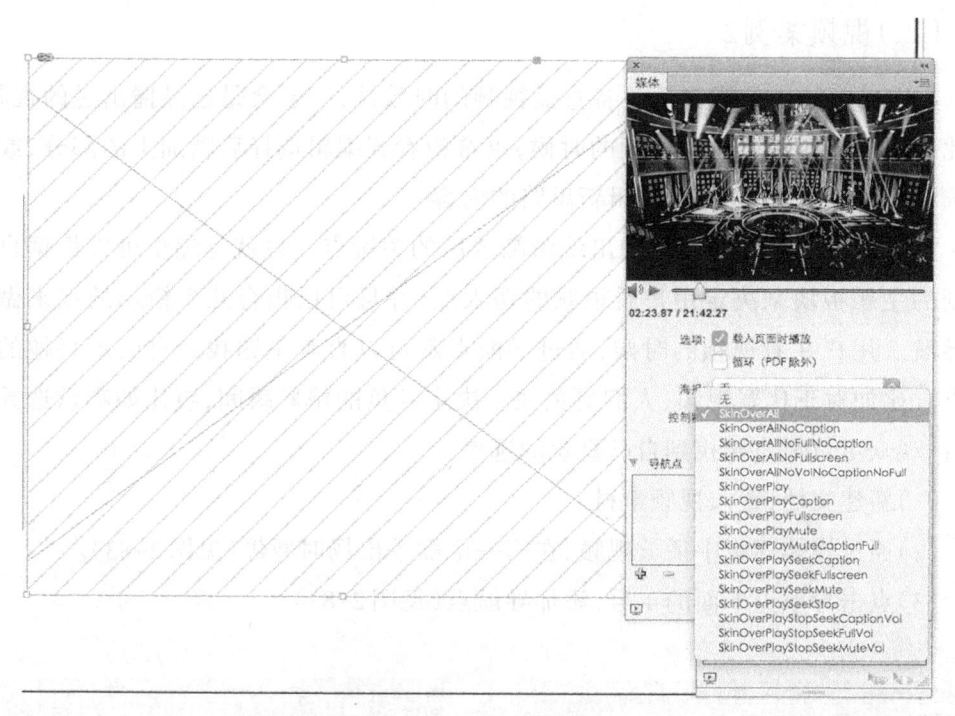

图 2-81　置入视频

图 2-82　单击预览查看效果

(二)视频案例2

数字出版物中的视频不具备直播视频的时效性,一般会是已经播出过的视频,因此当用户再度观看这类视频的时候,更希望看到编辑选择后精加工的部分,或者筛选的精华,或是体现一定编辑新思路的内容。

"从导航点播放"可以呈现出编辑筛选后的关键点。也就是编辑可以根据自己策划的主题板块来决定用户看视频的切入点,并且可以集合几个精彩的点来做内容导航。用户在看视频的时候,通过导航点就可以直奔主题找到自己感兴趣的关键点。比如对于比赛视频,人们更关注于决定胜负的精彩瞬间,再比如唱歌选秀类节目,观众更习惯直接找到自己喜欢的选手。

(1)新建文档,置入视频素材。

(2)通过媒体面板中播放视频,在第一个歌手出场时暂停(见图2-83)。

(3)点击导航点下面的+号,添加导航点(见图2-84)。

图2-83　暂停　　　　　　　　　　图2-84　添加导航点

(4)按照相同的方法找到视频中四个选手出场的时间点,添加导航点(见图 2-85)。

(5)进入按钮与表单面板,单击新建按钮(见图 2-86)。

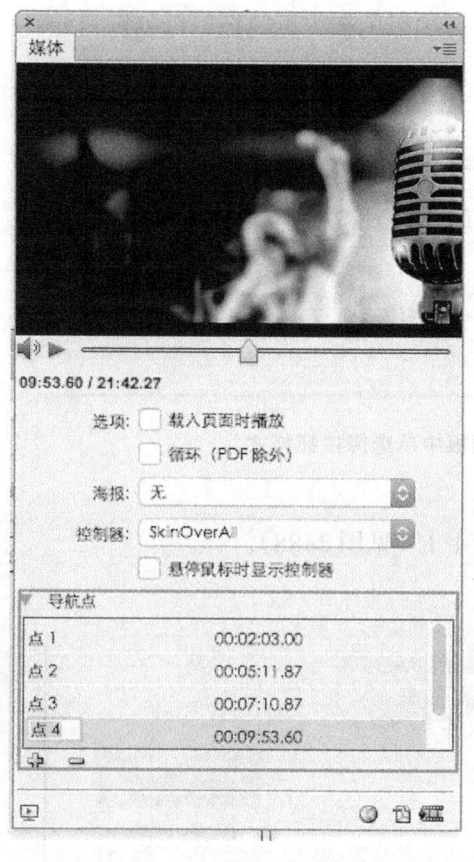

图 2-85　添加四个导航点　　　　　图 2-86　新建按钮

(6)在弹出的样本按钮和表单面板中选一个按钮样式,然后拖到页面里(见图 2-87)。

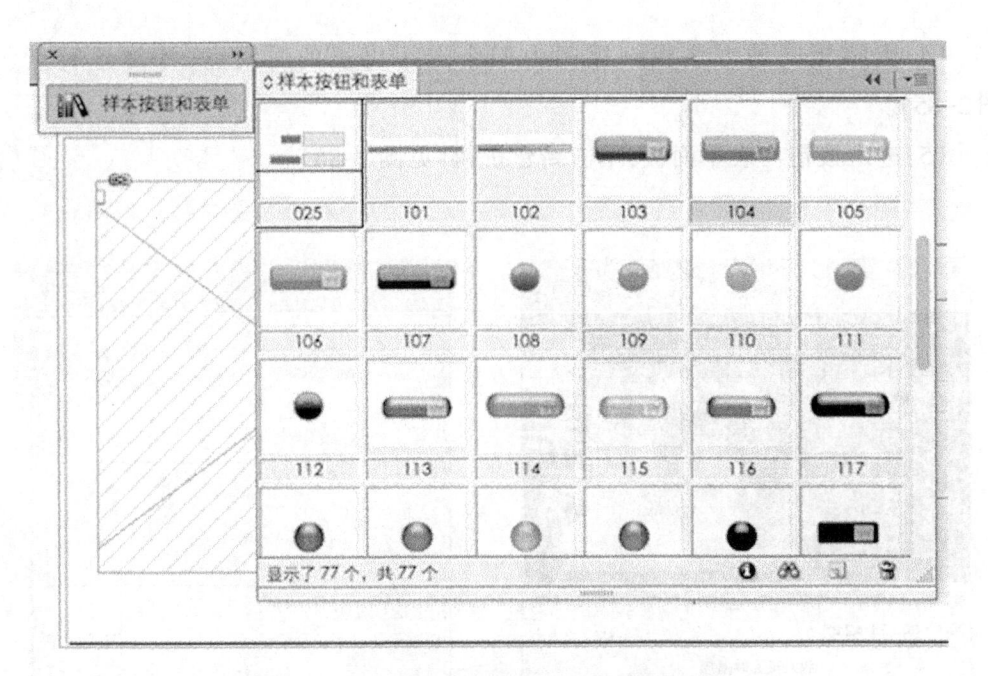

图2-87　样本按钮和表面板中单选择按钮样式

（7）在按钮上创建文字矩形框，输入"选手1"（见图2-88）。

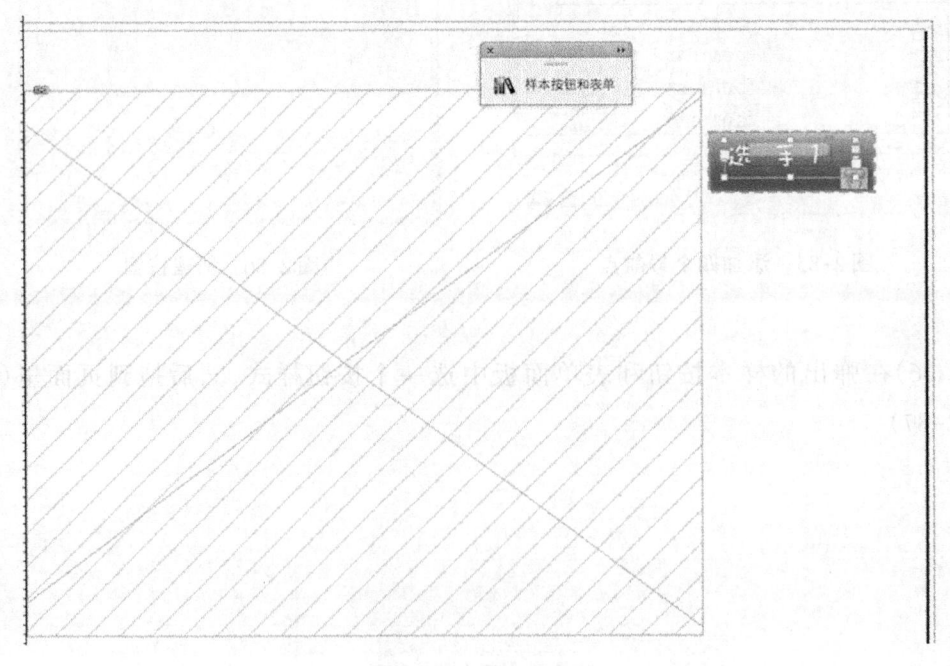

图2-88　输入文字

（8）在按钮面板中，设置该按钮参数，"单击鼠标时"—"动作"—"视频"（见图2-89）。

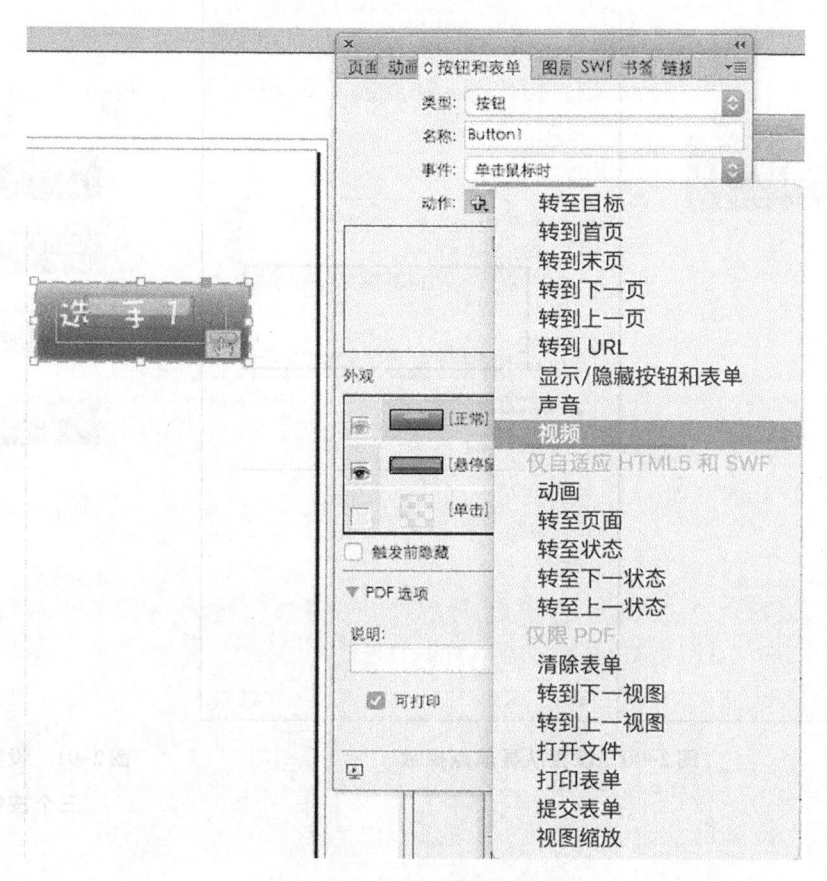

图2-89　设置该按钮参数

（9）在按钮面板中，点击视频选项，选择从导航点播放，选择导航点1，这个按钮可以直接跳转到导航点1的位置（见图2-90）。

（10）按照上述方法制作出选手2、选手3、选手4三个按钮，并且使这三个按钮控制相应的三个导航点（见图2-91）。

（11）回到预览面板进行测试（见图2-92）。

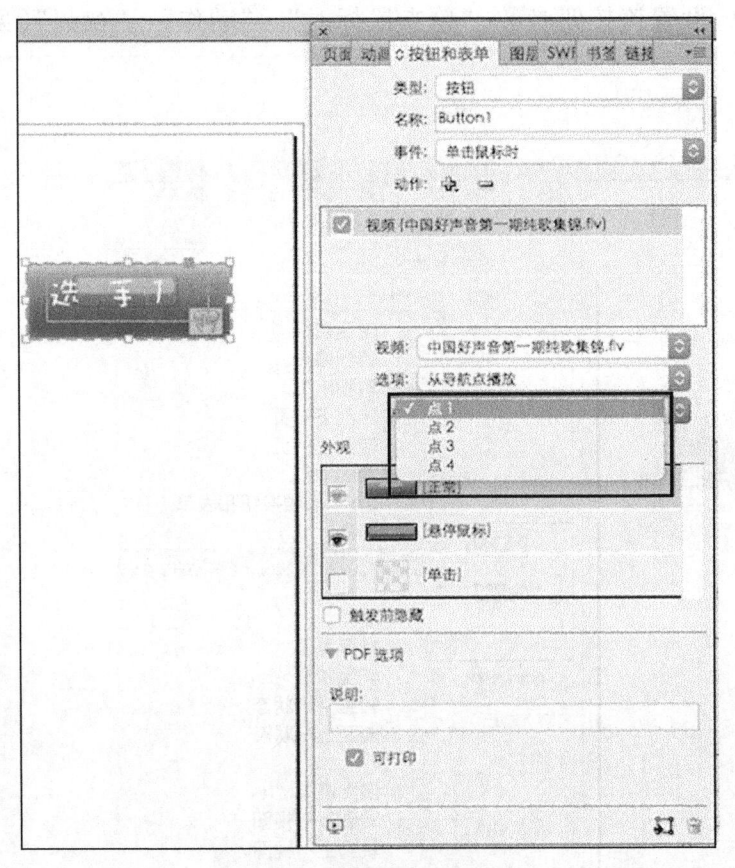

图 2-90　设置从导航点播放

图 2-91　设置其他
三个按钮

图 2-92　预览

(三)视频海报

(1)置入视频,进入媒体面板(见图2-93)。

(2)媒体面板—海报—选择图像(见图2-94)。

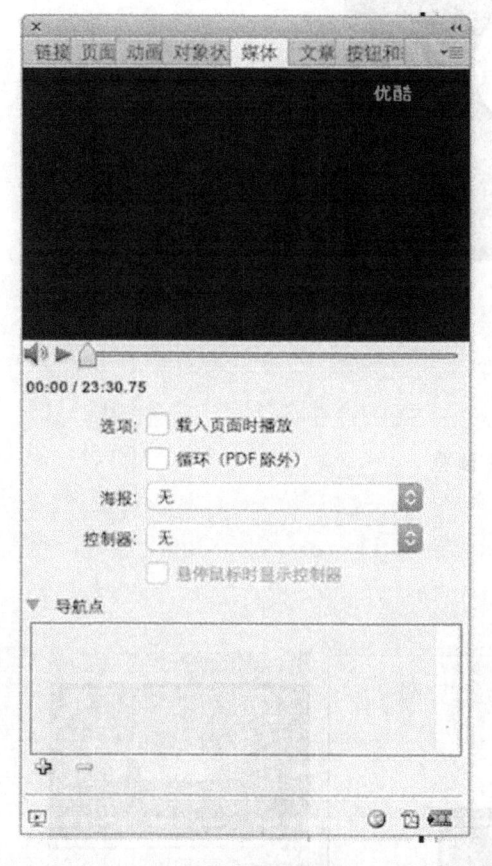

图2-93 置入素材　　　　　　图2-94 选择图像

(3)在素材文件夹中选择海报图片。

(4)最终预览(见图2-95)。

视频可以有很多种外观形式,不一定是方形,例如家具展示的选题中,场景中有电视,而电视为家居环境的一部分正在播放电视节目,增加了页面的生动气氛。

图 2-95　预览

（5）置入视频素材（见图 2-96）。

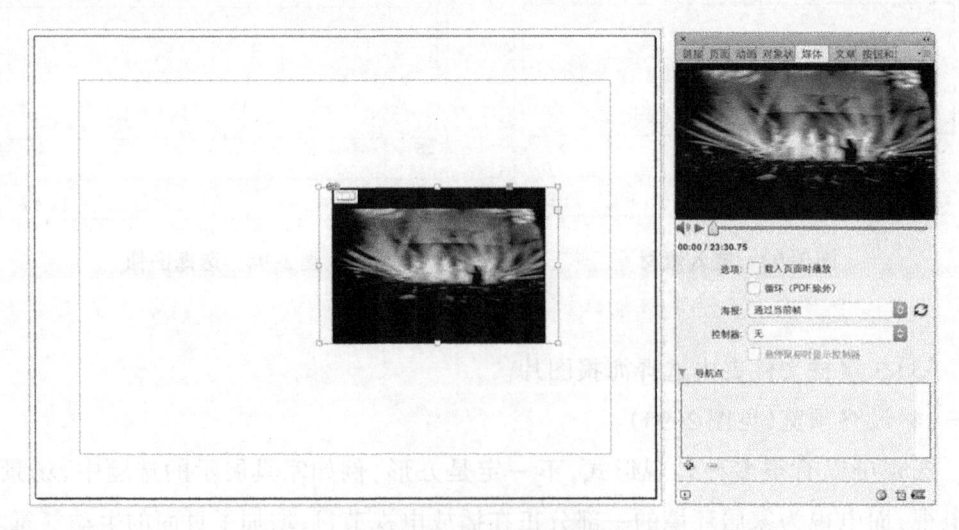

图 2-96　置入视频素材

(6)添加海报(见图2-97)。

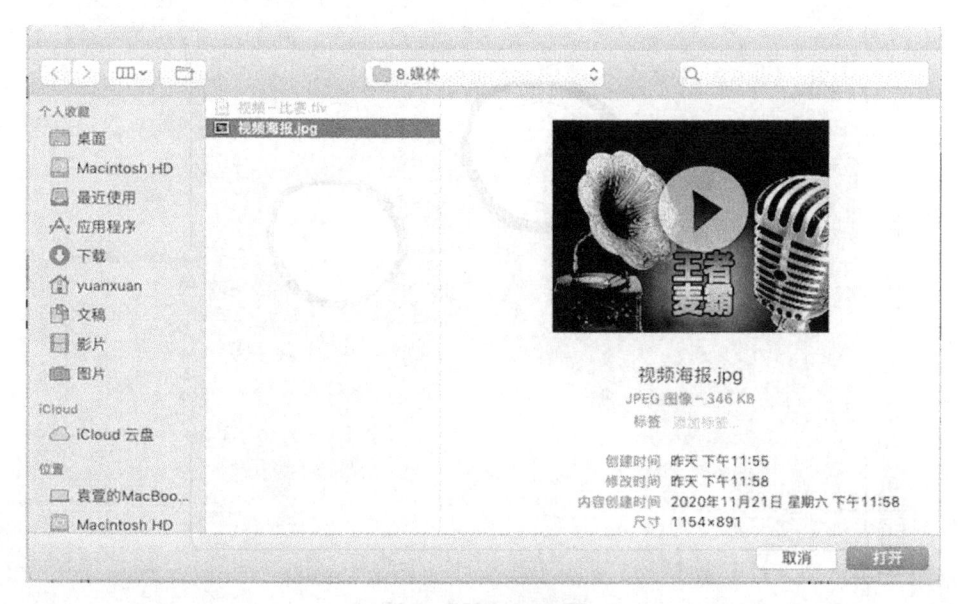

图2-97 添加海报

五、计时

(一)计时案例1

本案例是儿童绘本中开篇的首页,用"飞入"动画营造气氛:如月亮渐显,钟表从顶部飞入出现。通过计时面板动画出现顺序和持续时间来调整整个场景的节奏。

(1)新建文档1024px×768px,置入文件钟表1、钟表2、月亮、背景,调整构图(见图2-98),复制钟表2,使画面中出现三个钟表,错落排开。

(2)选择钟表1,进入动画面板,设置从顶部飞入动画效果(见图2-99),依次设置其余两个钟表的动画。

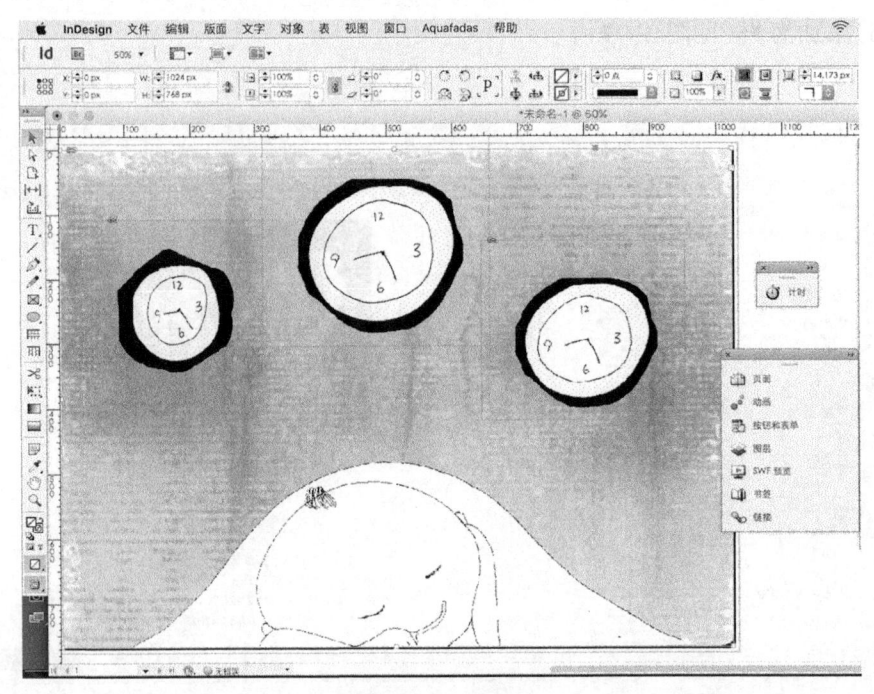

图2-98 置入素材

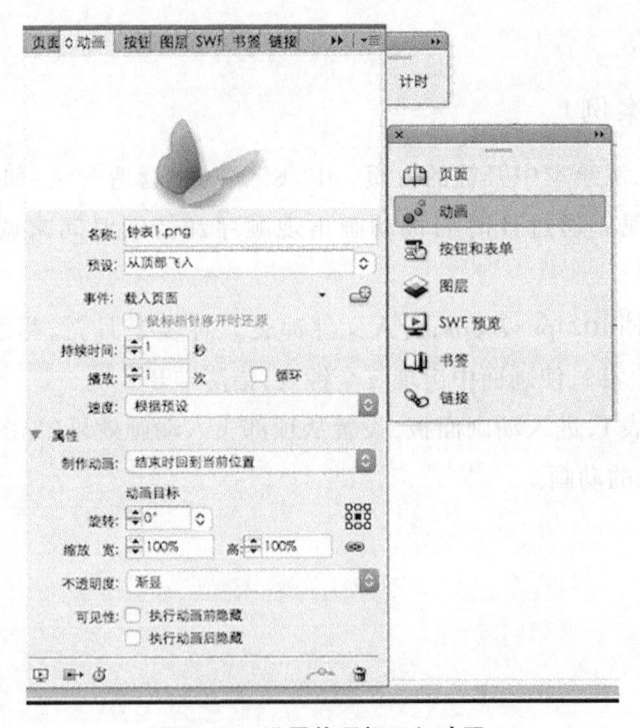

图2-99 设置从顶部飞入动画

(3)选择月亮素材,在图层面板中调整顺序(见图2-100),使三个钟表素材排列在月亮图层的上方。

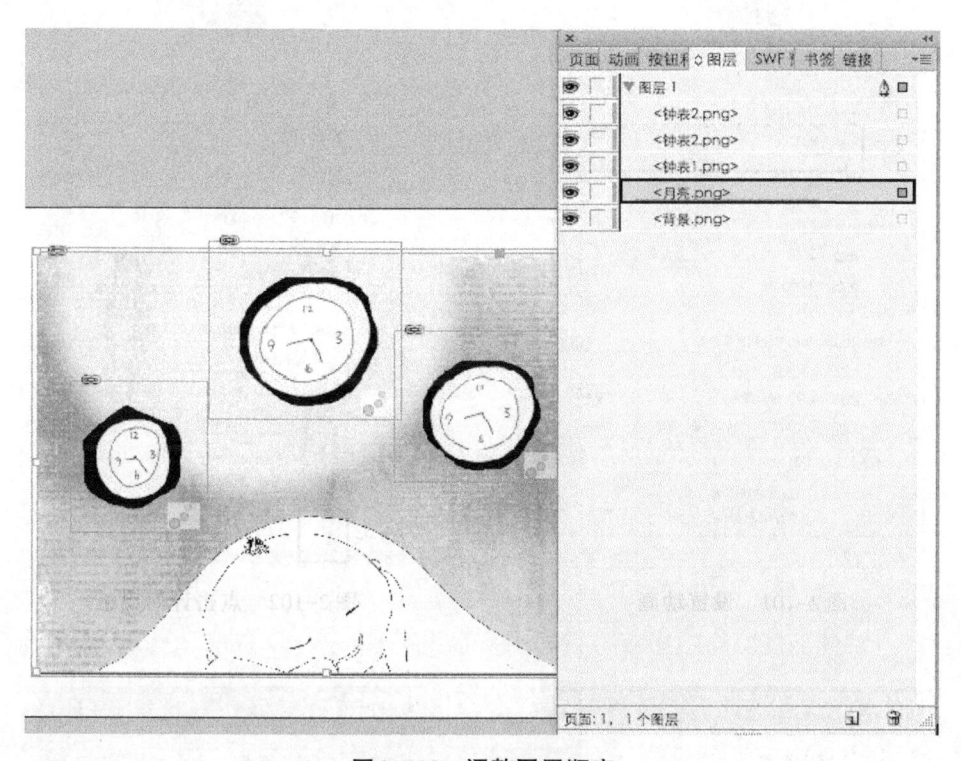

图2-100 调整图层顺序

(4)在动画面板中设置月亮的动画——渐显(见图2-101)。

(5)按照动画设置的先后顺序:钟表1—钟表2—钟表3—月亮依次出现,但是这个顺序显然不符合本场景。按照叙事的逻辑:"天黑了,月亮慢慢浮现出来,钟表也出来提醒小格叽格叽该睡觉了",因此需要按照叙事的逻辑调整动画的顺序。点击动画面板下方"计时面板"按钮(见图2-102)。

(6)在计时面板中,用拖拽的方式调整动画前后顺序,排在前面的图层先开始播放动画(见图2-103)。

(7)在计时面板调整延时播放,这样设置可以让动画按照设置延时播放,而不是依次不间断播放。选中"钟表2",在计时面板延时窗口中输入0.5秒(见图2-104)。

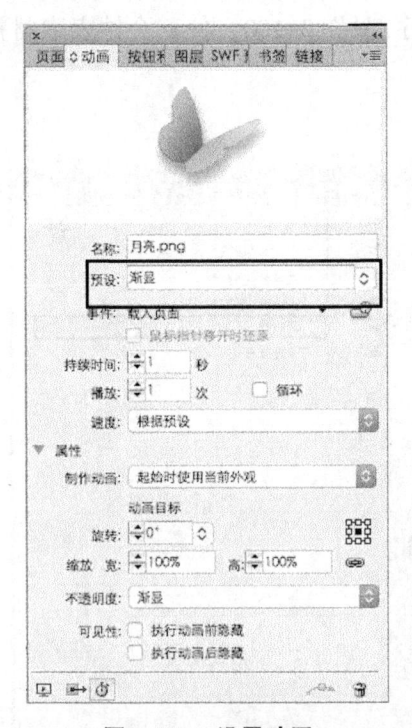

图 2-101　设置动画

图 2-102　点击计时面板

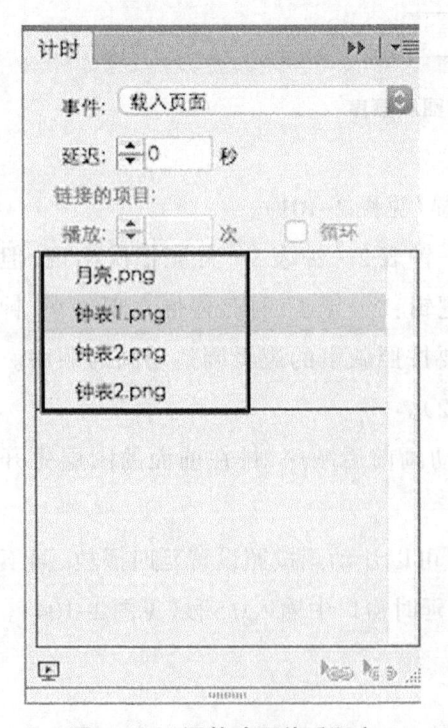

图 2-103　调整动画前后顺序

图 2-104　0.5 秒延时

(8)最下面一个图层名字也是钟表2,实际上它是钟表2的复制版本,选中它将延时设置为0.7秒(见图2-105)。

(9)在预览面板中检查最终动画效果(见图2-106)。

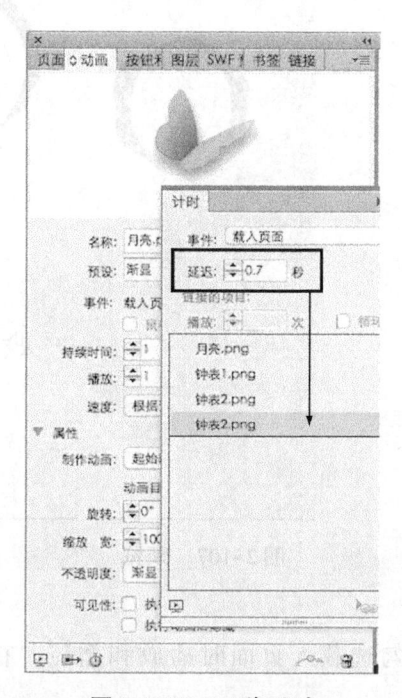

图2-105　0.7秒延时

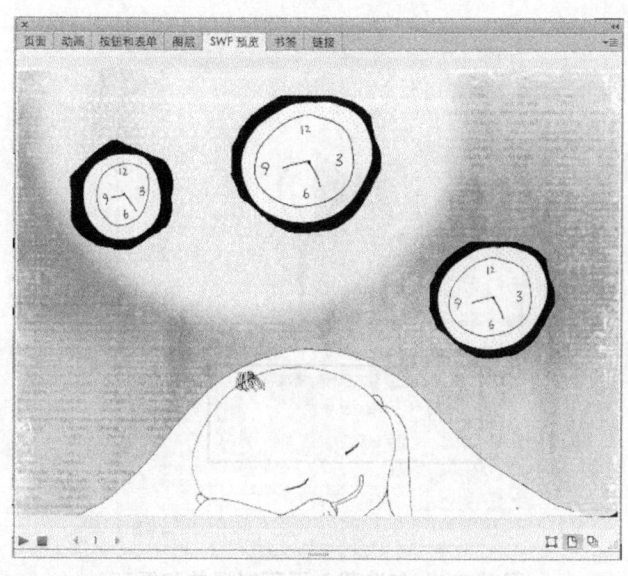

图2-106　预览

(10)置入声音文件"打呼噜婴儿",左侧圈注出的部分(见图2-107)。

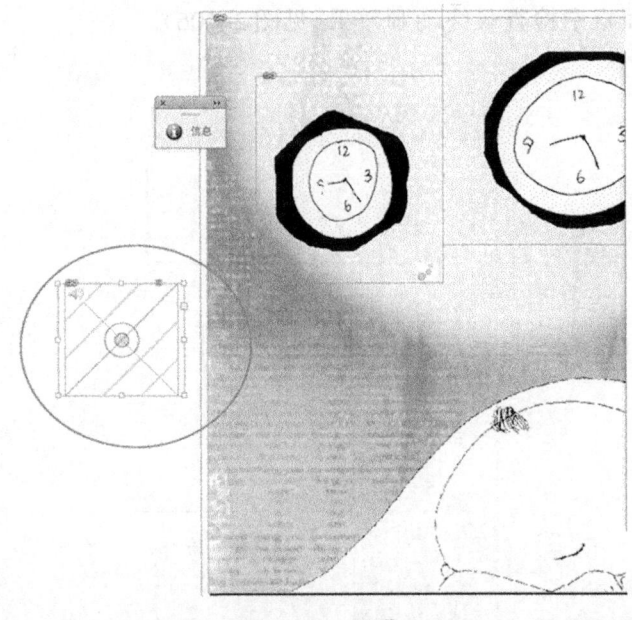

图2-107　预览

(11)打开媒体面板,勾选载入页面时播放和循环。在这里加入声音是为了营造氛围(见图2-108)。

图2-108　勾选载入页面时播放和循环

(12)在计时面板中,把音频("打呼噜的婴儿")拖拽到第二的位置,这样"月亮"素材出现之后,就会听到婴儿打呼噜的声音,气氛逐渐加强(见图2-109)。

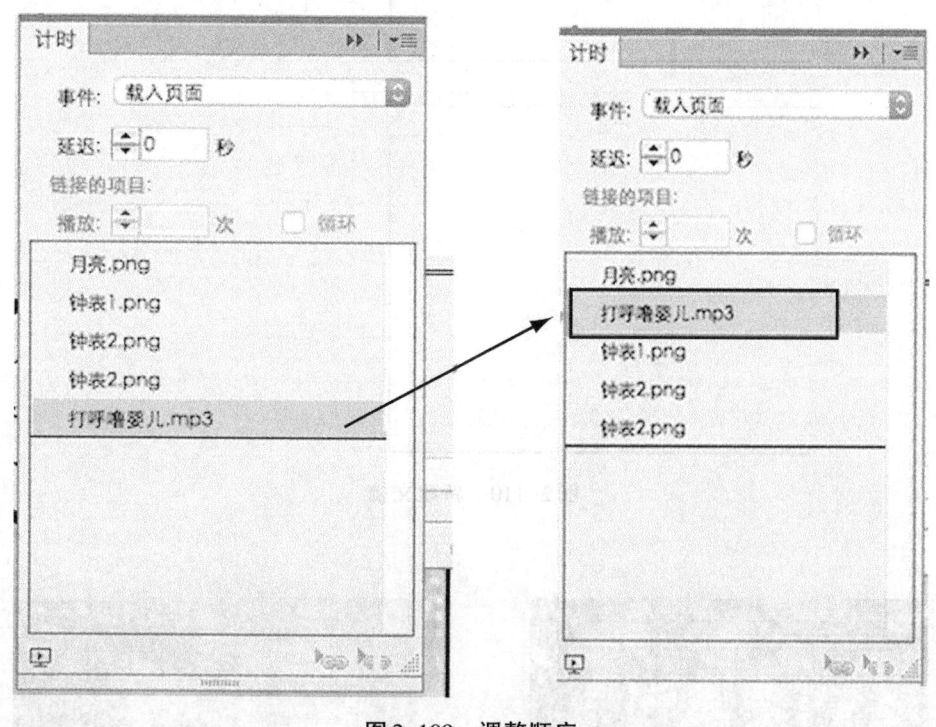

图2-109　调整顺序

(13)在预览面板中检查是否按照计时面板设置的顺序进行。这个实例中可以看出计时是调整顺序的面板。设计内容时不仅要考虑先后播放,还需符合在交互情景的基础上让动态元素能够为主题服务的要求。

六、页面过渡

(一)页面过渡案例1

(1)新建文档,数码发布模式,共6页(见图2-110)。
(2)置入素材中6张图片(见图2-111)。

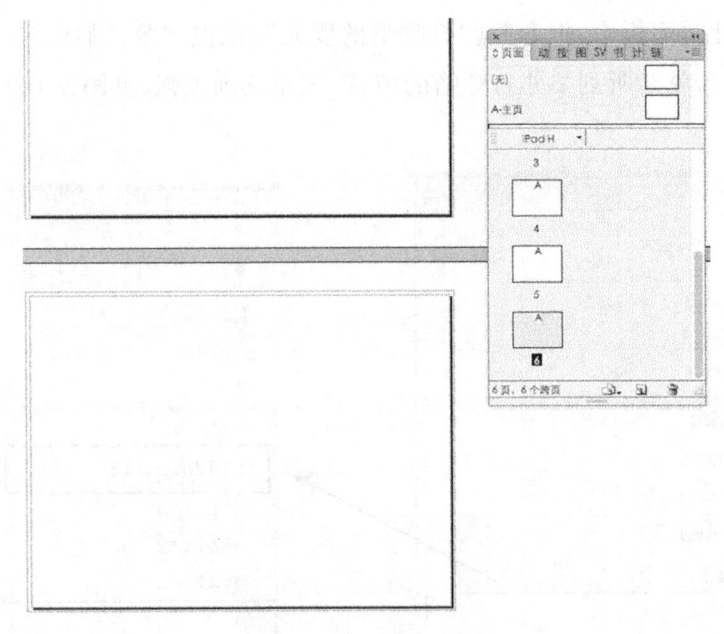

图 2-110　新建文档

(a)

(b)

(c)

图 2-111　置入素材

第二章　SWF交互技术

(3)在窗口菜单中调出"页面过渡"面板(见图2-112)。

(4)在页面过渡面板中选择"覆盖"—"向下"(见图2-113)。

图2-112　页面过渡面板

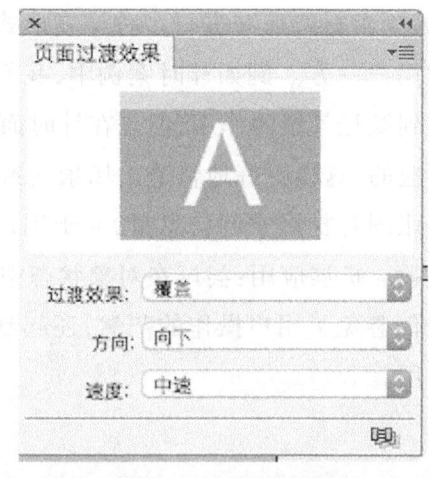

图2-113　选择过渡效果

(5)预览面板中检查效果(见图2-114)。

图2-114　预览

以上我们学习了在案例中如何应用SWF交互技术,包括动画、按钮、对象状态、计时、页面过渡、媒体6种类型,每一种类型都不是完全独立存在的。每一种类型就其自身而言都看似比较简单,但实际上应用在实践中并不容易。要设计出有创意的交互方式需要结合内容以及展示形式综合考虑。

交互应用并不是为了展现炫目新颖的效果,其核心在于能够契合选题内容,围绕选题、素材特征来进行多种交互形式的创新,目的是让内容更加有效、有趣地传达到用户一方。例如计时案例中,我们用到了音频素材,简单地添加到页面中,只能起到烘托气氛的作用,但是在计时面板中调整之后,打呼噜声是和动画进入顺序相呼应的,这样更好地营造出场景气氛和播放节奏。例如传统对象状态的设计,经常多张图片扩展空间信息量,对于用户而言看到的只是素材的切换,比较呆板,缺乏生趣。扩展应用:尝试在对象状态中配合不可见的按钮来控制状态的改变,这样不仅仅避免了用户操作的茫然,还起到吸引注意力,缓解阅读疲劳,增加互动趣味的作用。

第三章　DPS交互技术

第一节　DPS交互技术简介

DPS是Adobe面向cs5.5以上的版本开发的数字出版解决方案digital publishing suites。它将多媒体内容发布为移动设备可用App的封装软件,是可用来在平板电脑上创建和发布应用程序的工具和托管服务。我们把这些数字出版物称为Folio或者基于DPS的出版物。

数字出版解决方案(Digital Publishing Suite,DPS),帮助数字出版商管理iPad、Android平板电脑以及Play Book上发行的数字内容。Adobe的Digital Publishing Suite方案支持苹果和谷歌的订阅模式,目前已经有众多刊物使用了Digital Publishing Suite方案,出版、发行、销售iPad上的电子版杂志,例如《连线》、*Vogue*、《国家地理》等杂志。

(1)什么是DPS数字出版物?

移动端出版物是用户获取内容的一种便捷方式。DPS运用可视化的图形界面给数字内容产品设计师提供了一套多媒体设计集成的解决方案。DPS数字出版物是指运用DPS交互技术实现的移动端互动出版物,产品形态是移动端应用程序商店上架应用程序或者在应用程序报刊亭(Newsstand)上的电子书。基于DPS技术的数字出版物适合在移动设备上观看,交互方式多样,出版物的阅读性和互动性较强,优点在于成本低、效率高、发行快,可以应用在iOS、Andriod系统。

(2)DPS数字出版物特点。

集合多媒体素材,添加引人入胜的交互体验,吸引更多的用户。

紧密配合电子商务,实现内容、广告和销售交易相贯通。

CDN分发网络,帮助实现单本一级期刊的书架内容分发。

详细网络行为分析和报表,为广告商和出版商提供直观的数据。

(3)设计之前的准备工作。

需要配备音视频剪辑工具,如Avid、Finalcut、Prerimere等,和音视频转码工具,如格式工厂、魔影工厂等。

需要配合图像处理软件（Adobe Photoshop,PS），以便于素材加工。

安装 DPS 插件（Digital publishing suites）或者更新 InDesign cs6（或者安装以上的版本）。

安装 Adobe content viewer 用于查看效果。

注册一个 Adobe 账号：登录 www.adobe.com 在 InDesign 上传下载作品都需要用到 Adobe ID。

准备 iPhone/iPad，通过数据线连接电脑进行本地测试。

（4）文件管理。

在 DPS 数字出版物中文件名是否规范关系到最终作品是否可以发布成功。

文件名命名使用英文和数字（**magazine_folio）。

按照章节内容设置二级文件夹，命名使用英文和数字（02_content）。

每个二级文件夹下面建立"Links"文件夹用于收纳素材。

在二级文件夹下，项目文档按照横版和竖版命名为**_h.indd,**_v.indd。

第二节　DPS 交互技术应用

DPS 交互技术应用分为幻灯片、图像序列、平移和缩放、可滚动框架音视频、全景图、Web 内容等，下面我们分别从每一项交互效果来学习基础应用方式与扩展应用方式。

一、幻灯片

幻灯片可以将多个图片重叠在一起，通过手指划过屏幕来切换，也可以自动播放。这个类型适合于在有限的范围内进行多内容的切换展示，也可模拟浮现的动画效果。如果将序列帧图片形成幻灯片，可以变成可控制的视频或者动画。

幻灯片案例

设计一个儿童绘本中的情景，天空中小男孩划着香蕉船，星星浮现越来越多，慢慢地云层也浮现出来。幻灯片切换时间在 0.3 秒。

（1）新建文档，web 模式，1 页。

（2）置入所有素材，调整每一张图片大小尺寸一样。框选所有图片，创建对象状态，然后在 Overlays 面板选择自动播放。0.5 秒，在最后一张停止，0.375 秒切换（见图 3-1）。

（3）在 Overlays 面板最下方单击在桌面预览（见图 3-2）。

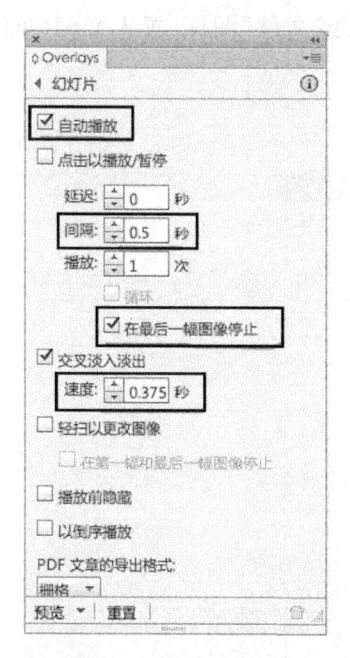

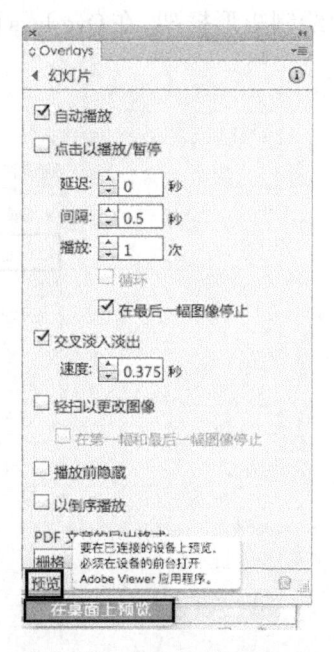

图 3-1　幻灯片设置　　　　　　　图 3-2　单击桌面上预览

(4)在 adobe content viewer 预览效果(见图 3-3)。

图 3-3　预览

（5）绘制矩形框架，在Overlays面板单击"URL或文件"图标，置入音频（见图3-4、图3-5）。

图3-4　置入音频素材

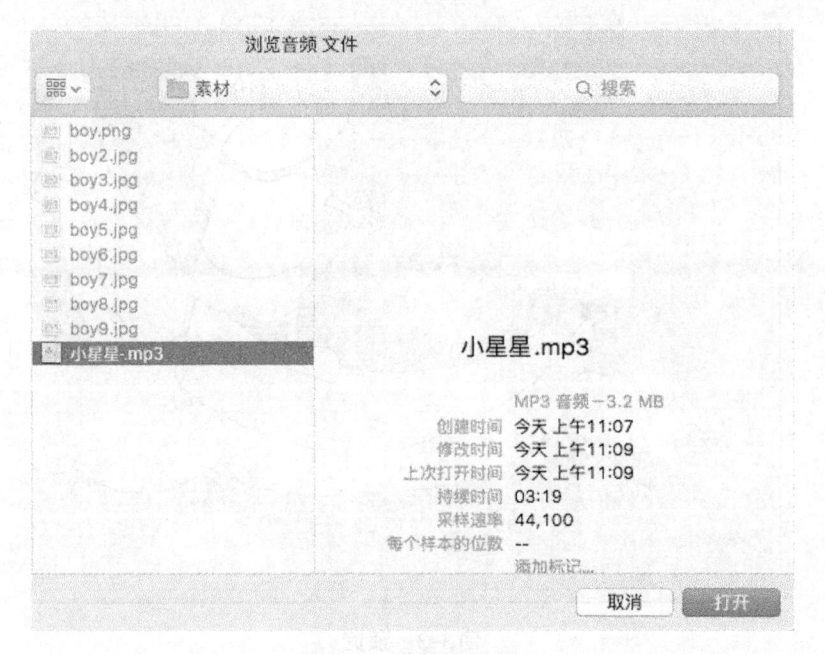

图3-5　选择小星星

(6)进入Overlays面板—音频,勾选自动播放(见图3-6)。

(7)进入媒体面板,"勾选"载入页面时播放"翻页时停止"(见图3-7)。

图3-6 选择自动播放　　　　　　图3-7 载入页面时播放

(8)在Adobe Content Viewer预览最终效果(见图3-8)。

图3-8 预览

二、图像序列

图像序列以帧动画的方式展示目标对象,可以呈现全方位信息。这类交互效果适合展示商品细节和多角度信息。图像序列在屏幕模拟一个动态的图像,这种动态图像播放由用户来掌握,给用户提供了可以参与内容的入口。例如,影视作品中"子弹瞬间"的镜头给观众提供360°的观赏视角,但这样的内容是单向传播的,观众只能接受,却不能控制信息传播的进度。而数字出版物图像序列可以把图像播放的控制权转移到用户手中,用户作为信息的接收方能控制图像序列的角度、速度,仿佛参与到影像内容(图像序列)呈现过程中。交互中可以拖拽图像向前推进或者向后,大大增加了内容的互动性。

图像序列的设置要求如下。

(1)所有图片均存储在一个文件夹下。

(2)命名方式,数字+名称。

(3)每张图片尺寸大小一样,尽可能压缩图片(web格式)。

(5)图片数量大于30张,图片越多拖拽旋转过程才会越细腻。

(一)图像序列案例1

很多经典色彩搭配都来源于生物的自然色彩,这样的理论以文字表述就显得不直观,很难直接理解这类色彩的搭配在一些产品中的具体应用。设计一个服装色彩的主题,以服装色彩设计来源为设问主题:"你的裙子是什么颜色?"

(1)新建文档,选择数码发布模式,置入矩形框架。在Overlays面板,选择图像序列Dragon Fruit文件—Image Sequence,点击"打开"(见图3-9、图3-10)。

(2)勾选"自动播放""首选显示第一个图像"(见图3-11)。

(3)添加主题文字(见图3-12)。

(4)从"dragon fruit color"文件夹—素材—置入图片"人物"和"火龙果",放置在页面与图像序列相对应(见图3-13)。

第三章　DPS交互技术

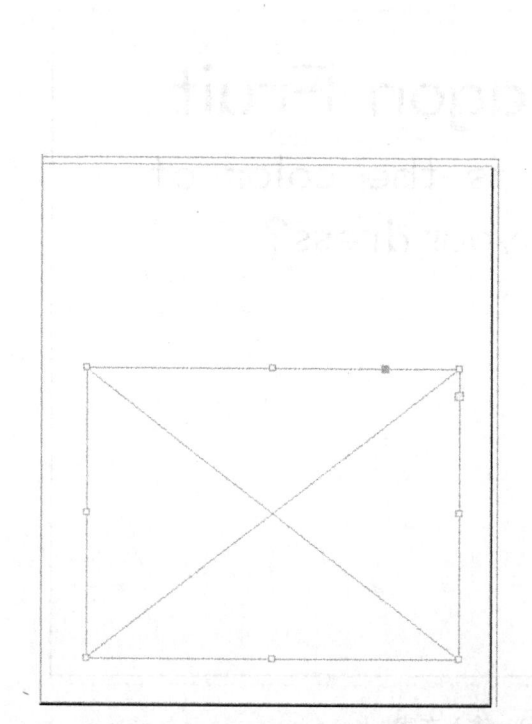

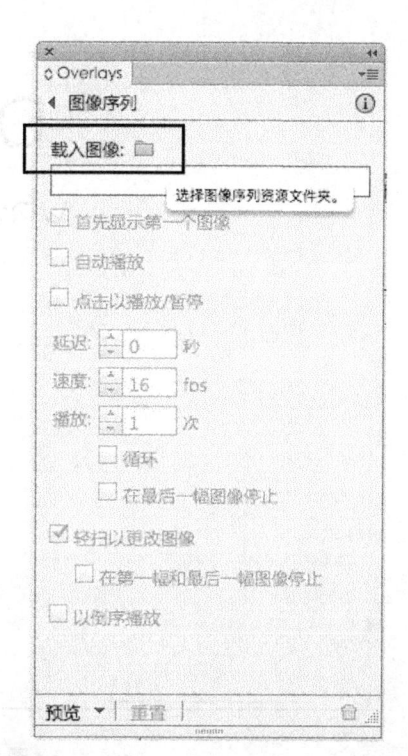

图3-9　置入矩形框架

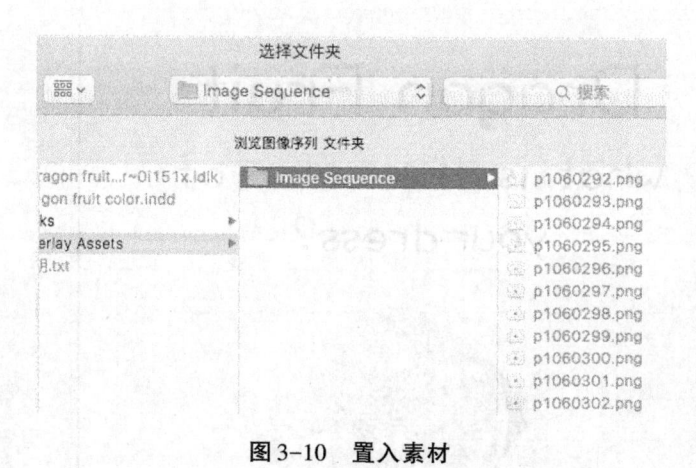

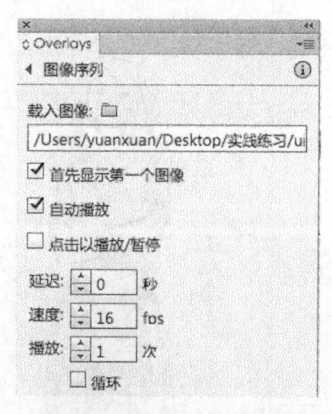

图3-10　置入素材

图3-11　设置图像序列参数

151

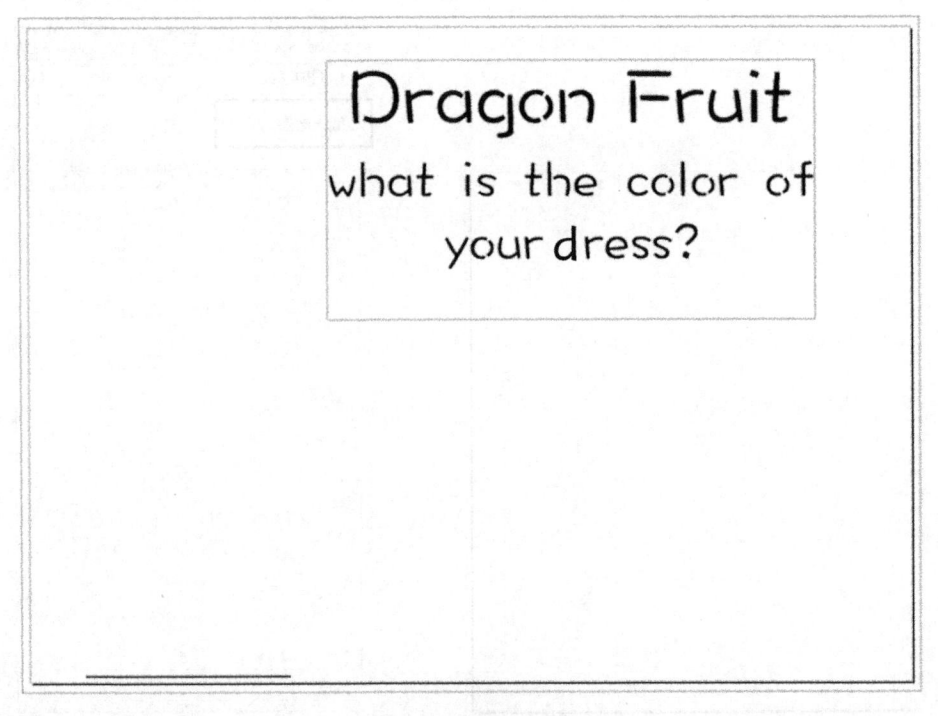

图3-12　输入文字

图3-13　置入图片素材

（5）绘制两个椭圆形，一个紫色，一个填充微浅灰色（见图3-14）。

图 3-14　绘制椭圆形

（6）添加两条虚线，从衣服的颜色部分指向对应的椭圆形色块（见图3-15）。

图 3-15　添加虚线

(7)单击在桌面预览(见图3-16)。

(8)查看最终效果(见图3-17)

图3-16 桌面上预览　　　　　图3-17 查看最终效果

(二)图像序列案例2

(1)新建文档,1024px×768px,数码发布模式.

(2)在Overlays面板选择图像序列,点击文件夹图标,置入序列帧素材(见图3-18)。

(3)在序列帧素材前添加iPad图片素材。页面下方添加标题"绿野仙踪"和正文(见图3-19)。

(4)置入"手势"素材放置在最上面一层(见图3-20)。

(5)最终预览。在预览中按照手势图标示意拖拽图像序列,可以看到龙卷风根据拖动的速度发生变化(见图3-21)。

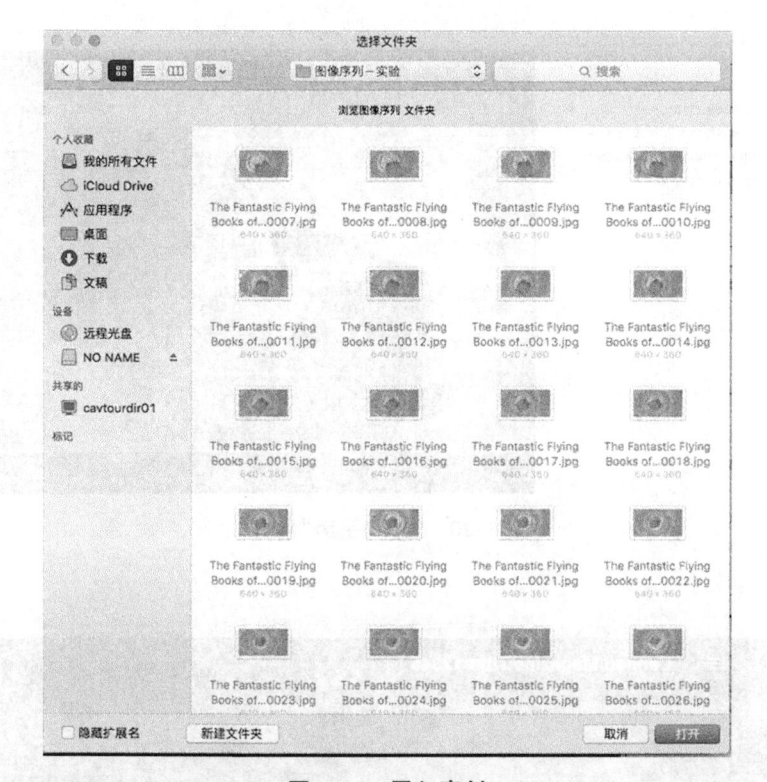

图3-18 置入素材

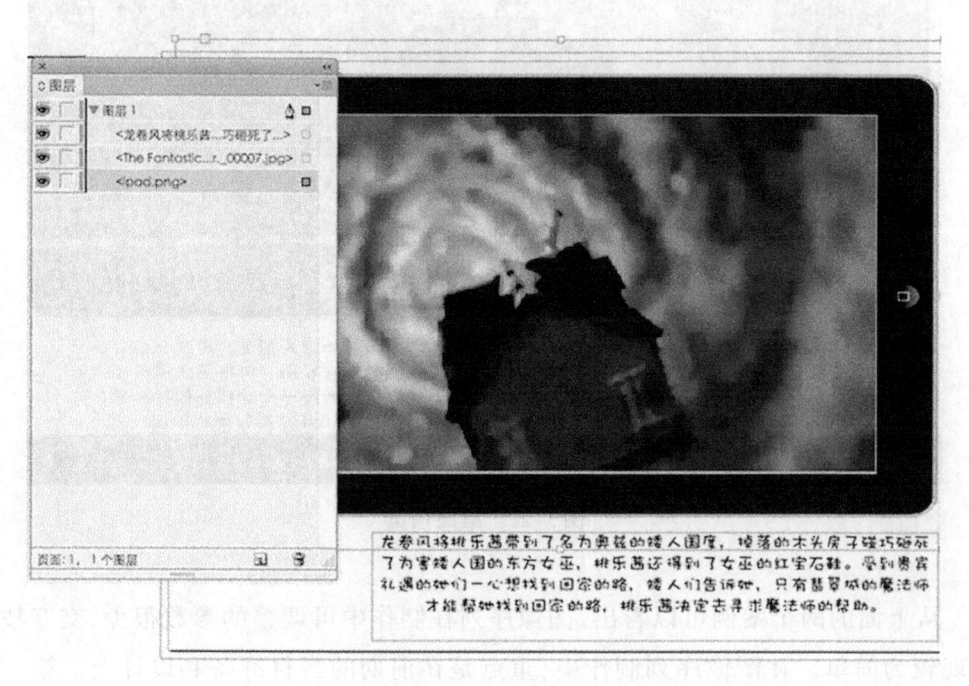

图3-19 添加文字

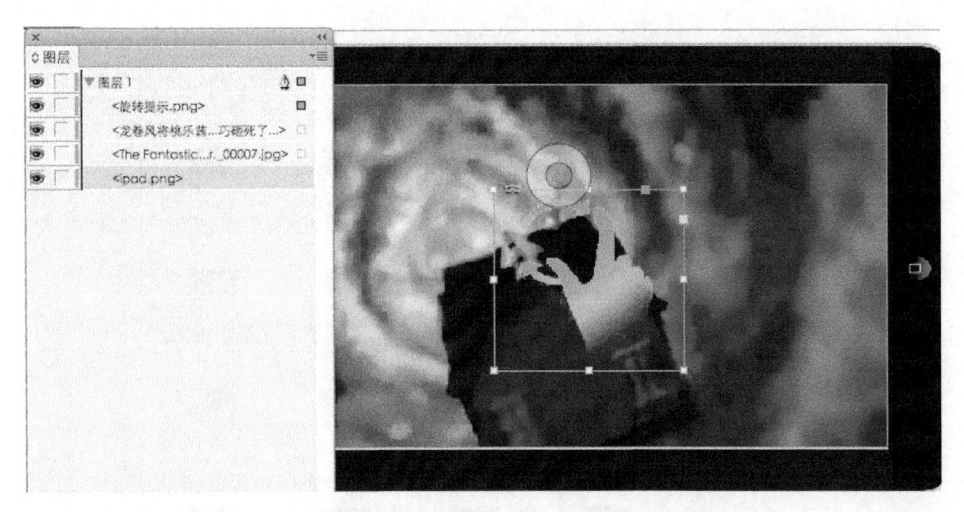

图 3-20　置入"手势"素材

图 3-21　桌面预览

从上面的两个案例可以看出,图像序列在制作中可调整的参数很少,交互技术实现较为简单。在图像序列制作中,重点是在前期的素材准备和设计上。第一个案例素材来自实拍,直接拍摄火龙果360°的照片素材。实拍素材对拍摄的要求相对较高：①拍摄要保持在同一水平高度；②拍摄景别保持一致；③拍摄移动要保持平滑的轨迹（避免序列帧跳跃）。第二个案例素材来源于影视作品截图。电影镜头本身就是一系列的序列帧。捕捉序列帧图片置入InDesign平台，可以变成可互动的内容。第三种获取图像序列的方法则是在三维软件中建模，设置360°的摄像机动画，从而形成序列帧素材。

三、平移和缩放

屏幕的局限在于尺寸是恒定的。平移和缩放能够在有限的空间显示更大画面和更多的细节，也就是说能在有限的空间内呈现更多的内容。名画、古董展示适合采用这样的交互形式。

平移案例

（1）新建文档，选择数码发布模式，并置入矩形框架（见图3-22）。

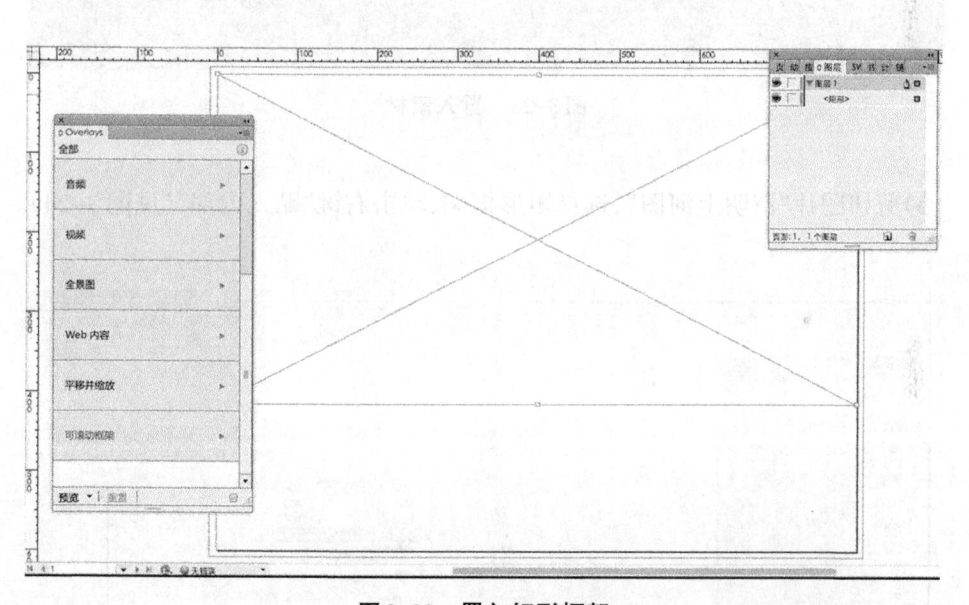

图3-22　置入矩形框架

（2）再置入素材中图片"清明上河图"（见图3-23）。

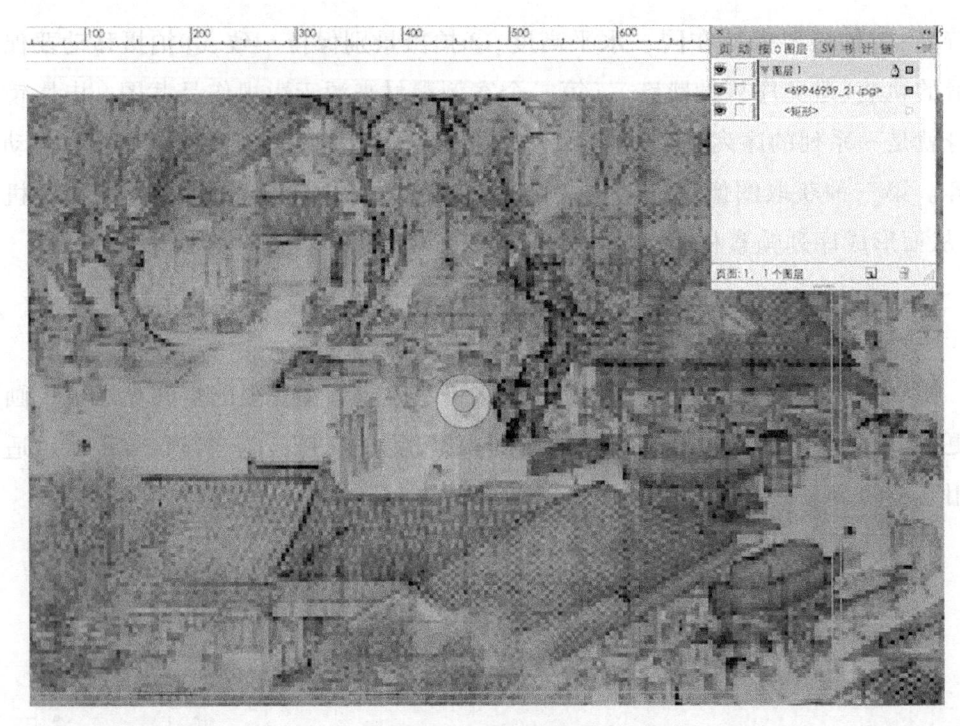

图3-23　置入素材

(3)剪切图片"清明上河图",选择矩形框架,单击右键"贴入内部"(见图3-24)。

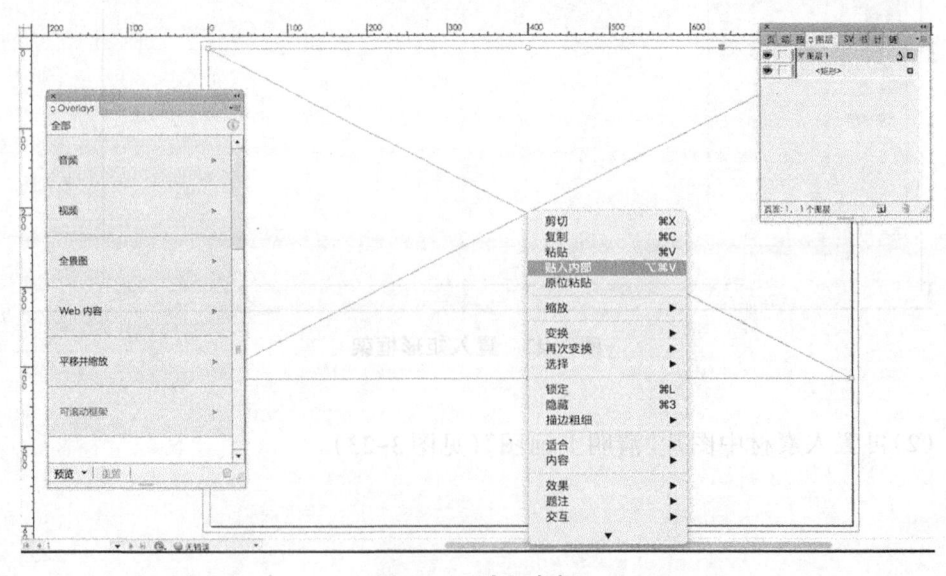

图3-24　贴入内部

(4)双击图片,将图片蓝色选框缩小到和原矩形框架大小一样(见图3-25)。

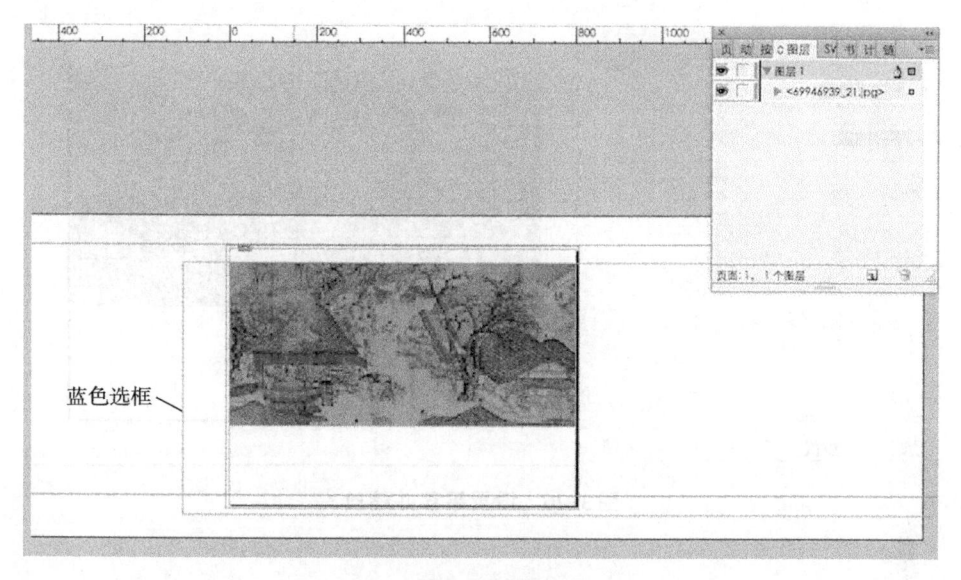

(a)调整蓝色选框1

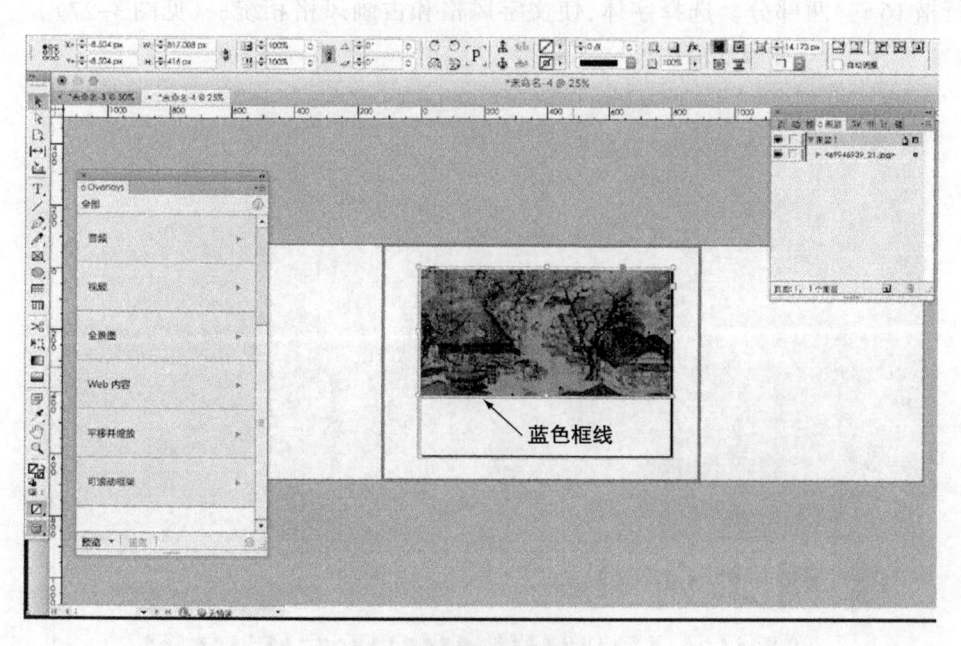

(b)调整蓝色选框2

图3-25 调整蓝色选框

（5）进入Overlays面板，选择"平移与缩放"选项，选定"开"（见图3-26）。

图3-26　设置平移并缩放

（6）在图片下方输入文字：标题"清明上河图"（华文行楷60磅）和介绍文字（华文行楷16磅）两部分。选择字体，使文字风格和古画风格相统一（见图3-27）。

图3-27　输入文字

(7)置入背景图片,衬托在文字下方(见图3-28)。

图3-28　置入背景

(8)置入图片"手势1"素材,放在画面中心区域,作为操作提示图标,这样在阅读时给用户提示(见图3-29)。

图3-29　置入手势图标

（9）调整文字颜色，选择土黄色文字和背景形成色彩呼应（见图3-30）。

图3-30　调整文字颜色

（10）完成后在content viewer中预览整体效果（见图3-31）。

图3-31　桌面预览

本案例中，将平移交互应用在古画鉴赏中，可满足用户欣赏细节的阅读需求，用户可以按照自己意愿拖动画面到自己感兴趣的位置，一方面扩大了视域，另一方面增加了互动性。这种类型适合应用在有丰富细节内容的素材上。

四、可滚动框架

可滚动框架,是一种在有限的页面中展示更多内容的方式,例如:滚动文字预览、滚动图片、滚动页面等多种方式,需要根据内容主题选择相适应的交互形式。这种类型的互动体验中,强化了用户的参与感。在有限的面板中用户只能看到当前显示出的内容,如果想获得更多内容则需要用户进入手势互动中参与内容的延伸。

(一)平移图片案例

平移图片是利用可滚动框架在有限的展示区域,水平或者垂直拖动内容,进而查看到更多的内容。本案例中模拟主题海岛简介,选取多个有代表性的图片添加入可滚动框架中进行互动展示。

(1)新建文档,1024px×768px,web模式,设置矩形框架(见图3-32)。

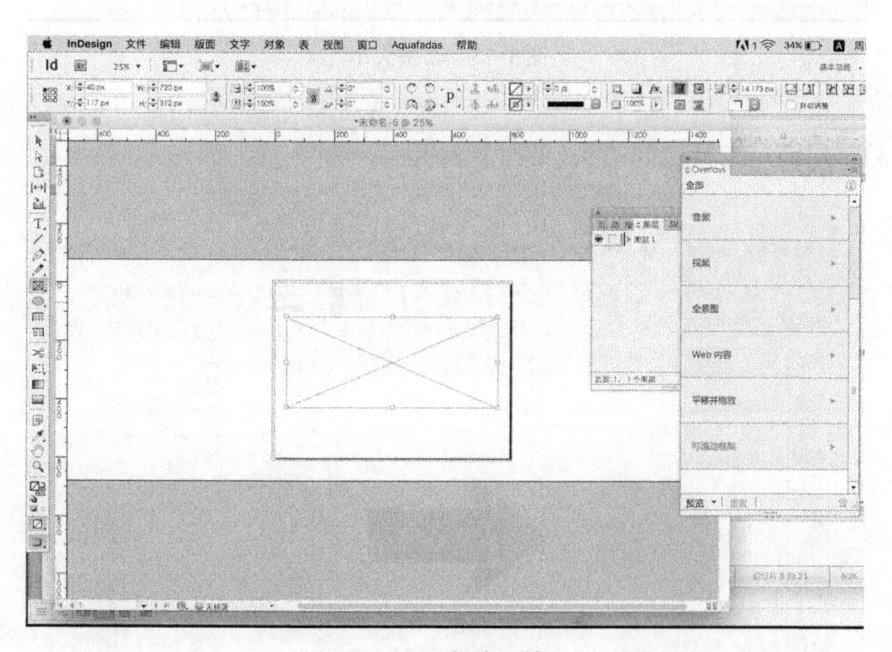

图3-32 新建文档

(2)置入6张图片,调整其大小,使得每一张大小一样(见图3-33)。

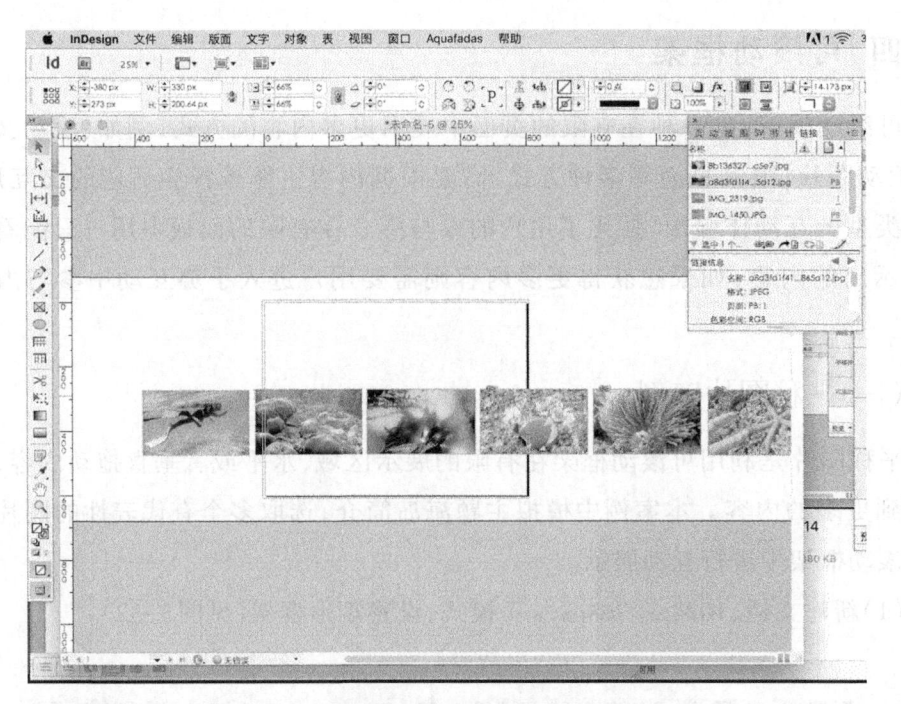

图 3-33　调整大小

（3）运用钢笔工具绘制箭头（见图 3-34）。

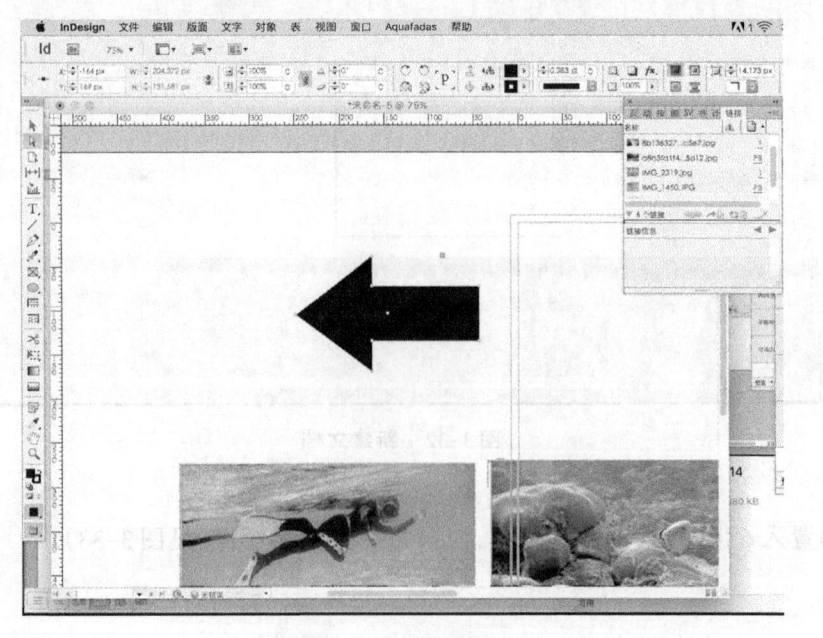

图 3-34　绘制箭头

(4)将绘制的箭头移到图片左侧,框选6张图片和图形箭头,单击右键编组(见图3-35)。

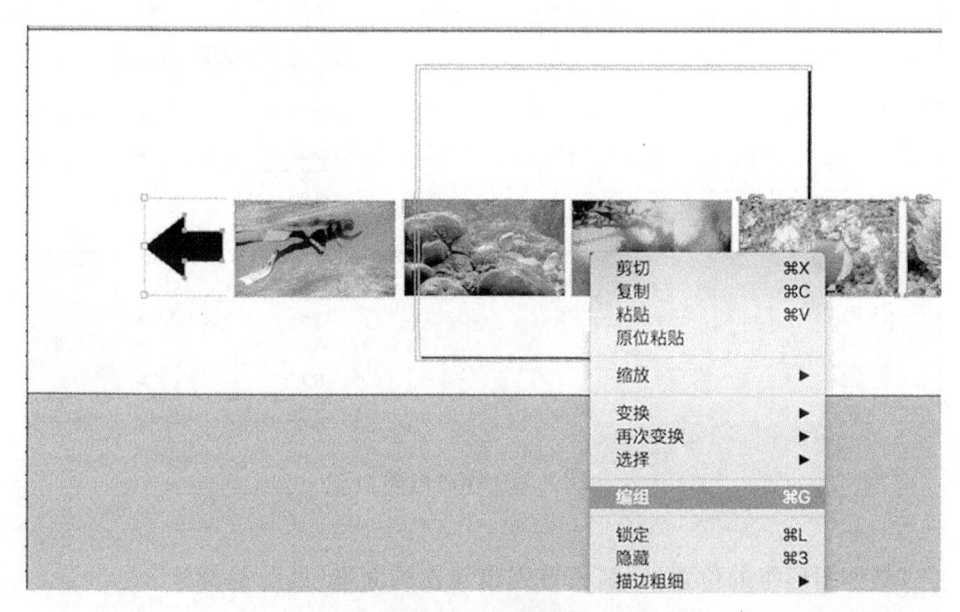

图3-35　编组

(5)绘制矩形框架,高度和图片保持一致(见图3-36)。

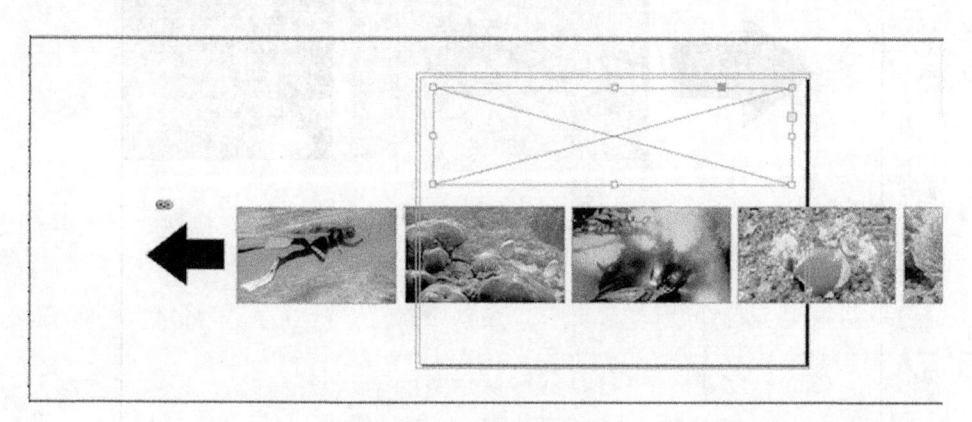

图3-36　绘制矩形框架

(6)剪切图形组,单击右键"贴入内部"(见图3-37)。

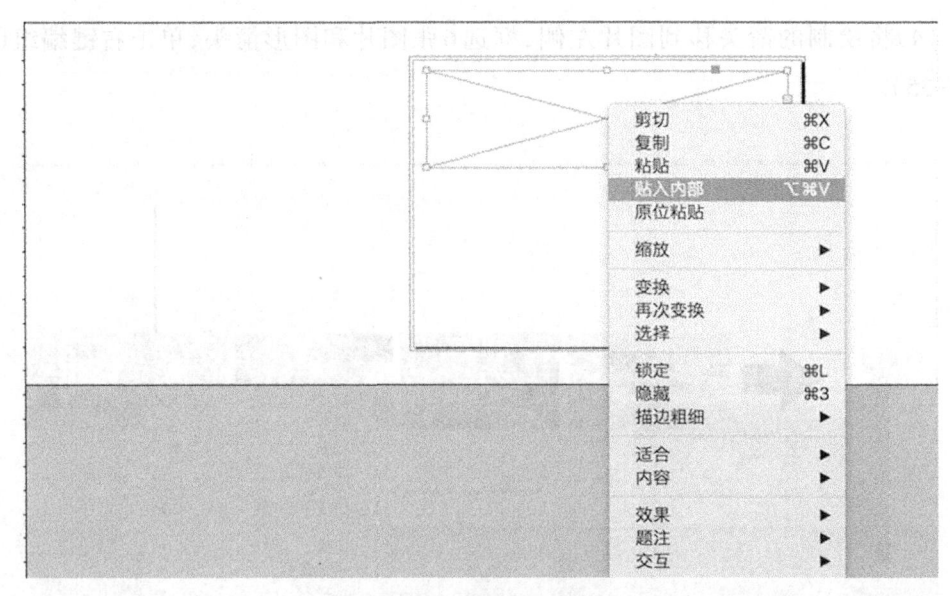

图3-37 贴入内部

（7）调整图形组的位置，让箭头首先出现在画面里（见图3-38）。

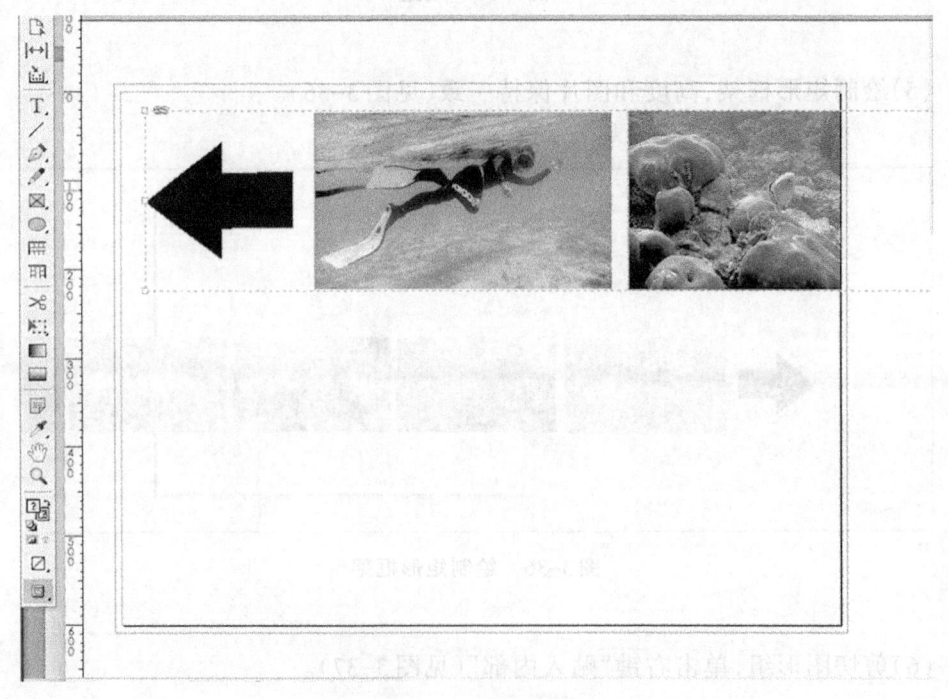

图3-38 调整位置

（8）打开Overlays面板，进入可滚动框架面板，选择滚动方向为"水平"，初始内容位置为"使用文档位置"（见图3-39）。

图3-39　设置可滚动框架参数

（9）添加文字标题，选择手写花体，增加画面的休闲气氛（见图3-40）。

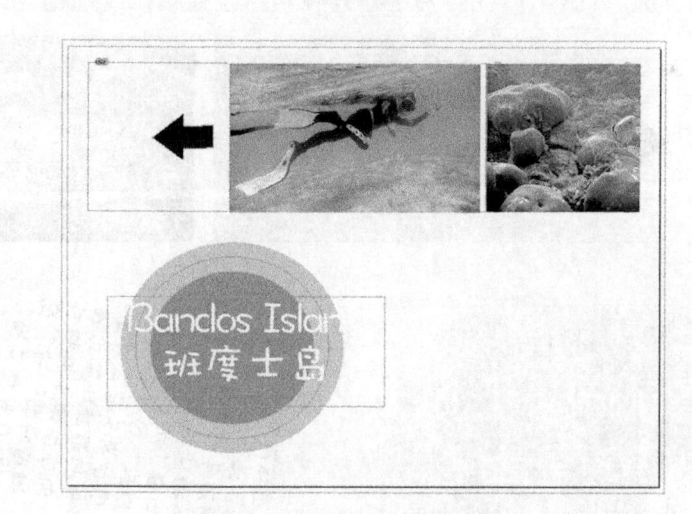

图3-40　添加标题文字

（10）添加二级文字信息，介绍和阐释主题内容略小于标题（见图3-41）。

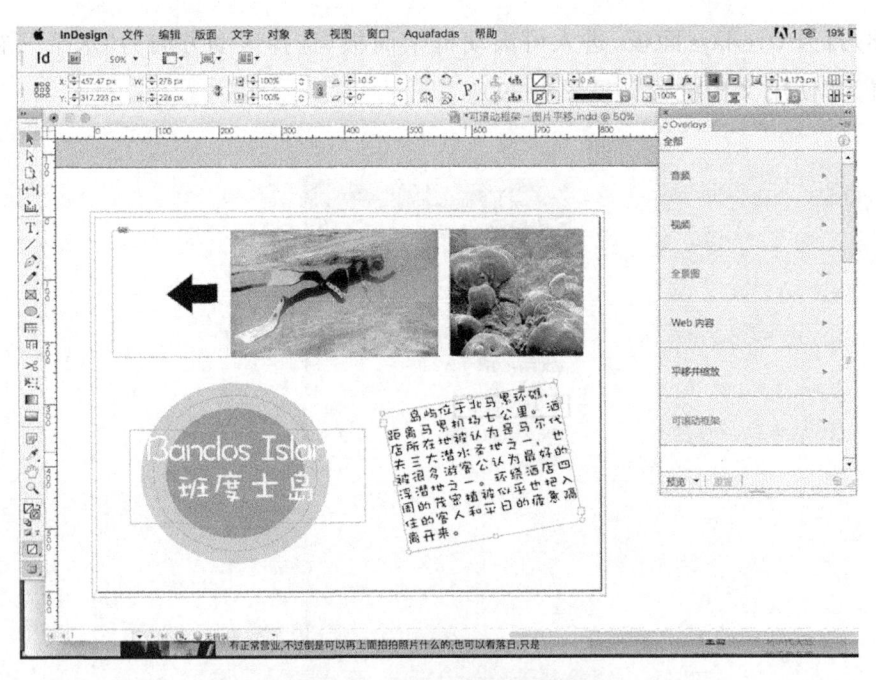

图 3-41　添加二级文字信息

（11）完成预览整体效果（见图 3-42）。

图 3-42　桌面预览

(二)滚动页面案例

滚动页面,用于页面内互动,模拟页面中有多层内容,用户可以在滚动中发现更多内容,这样增加了用户的自主感受(自身决定是否继续接收更多的信息)这种形式一定程度上缓解阅读疲劳,增加了用户的阅读自主性。

这个案例中我们设计了一个关于潜水的主题,首先看到的是对潜水的初步介绍信息,当用户有兴趣,可以拉开隐藏页面进入潜水小故事的板块中,也可以在阅读后折叠起来。

(1)在 PS 中新建文档,1024px×1536px,这个数值刚好是 InDesign 中新建文档 1024px×768px 高度的两倍(见图 3-43)。

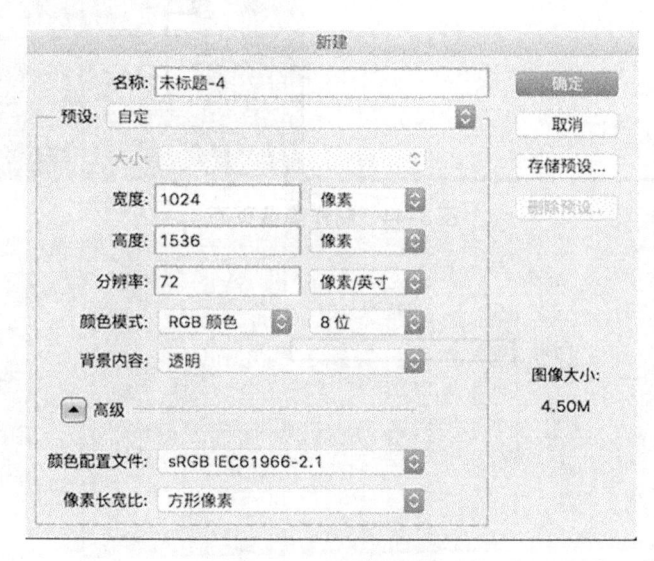

图 3-43　新建文档

(2)制作准备"拉出来"的隐藏页面,内容放在上半部分,下面为空白透明区域,在图片的下方添加手势图标,以此引导用户滑动页面,可以看到更多内容(见图 3-44)。保存为 png 文件(见图 3-45)。

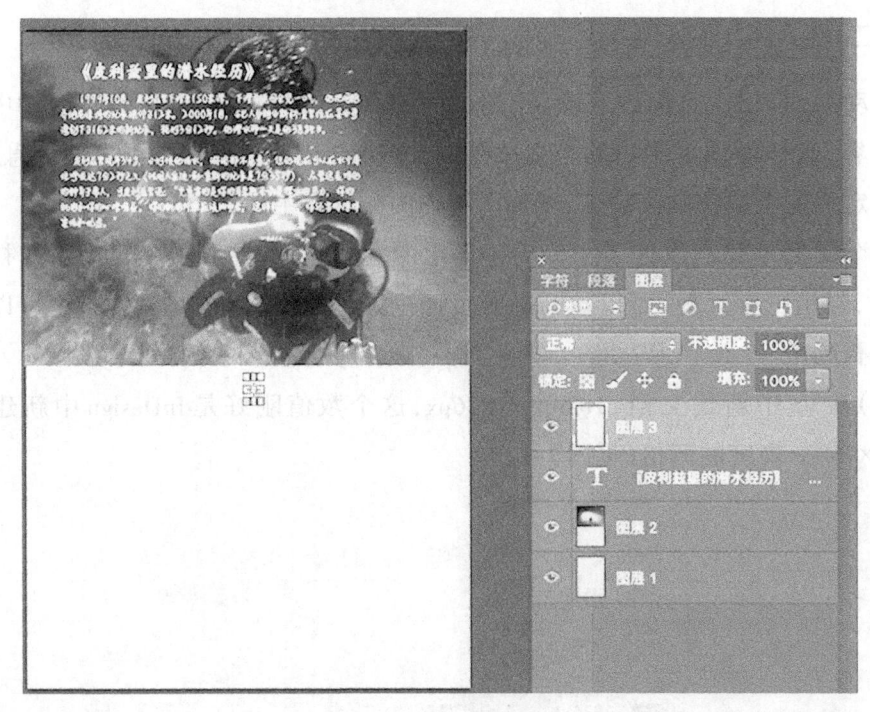

图 3-44　制作隐藏页面

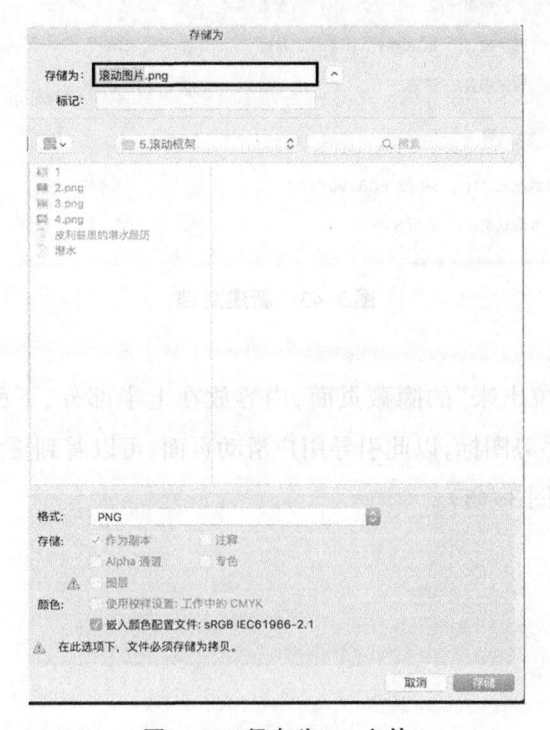

图 3-45　保存为 png 文件

(3)在InDesign中新建文档1024px×768px(见图3-46)。

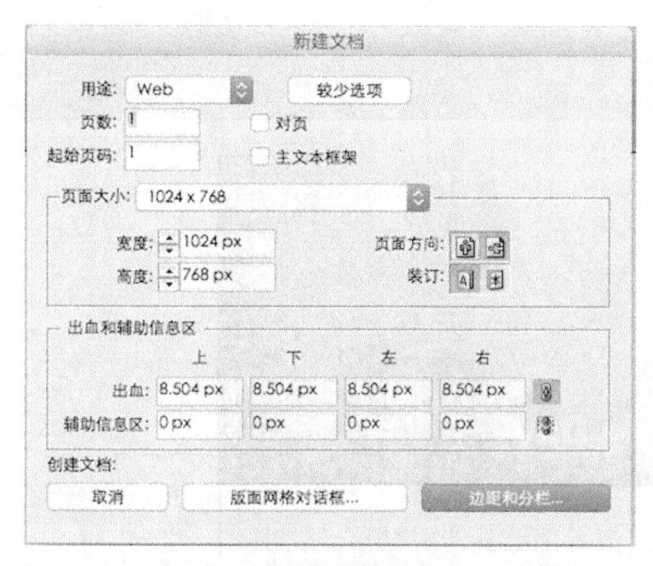

图3-46　新建文档

(4)置入图片素材(见图3-47)。

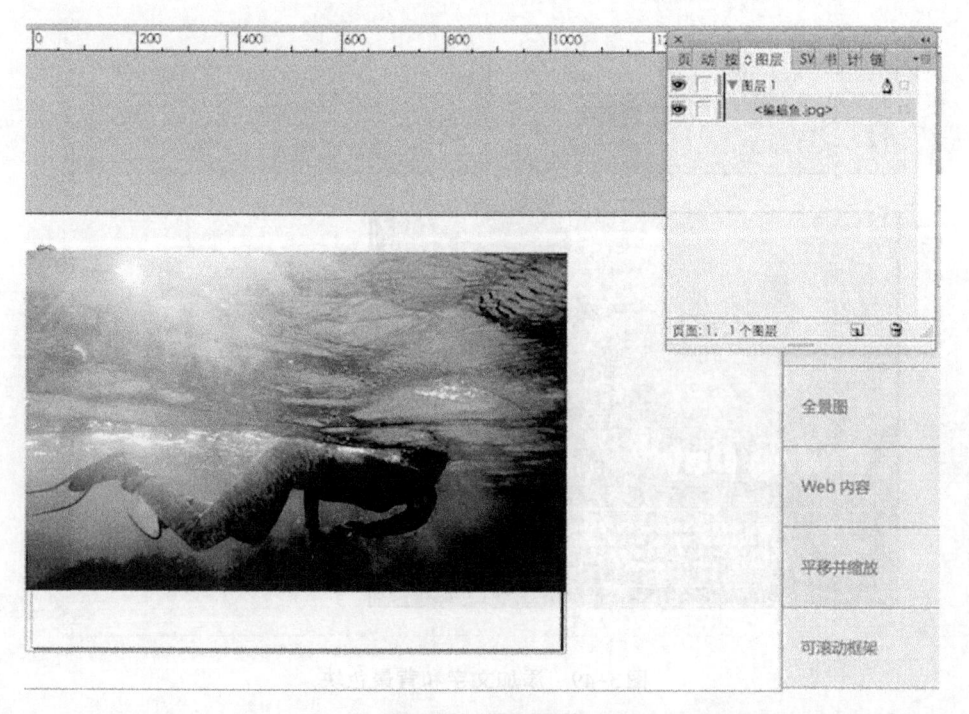

图3-47　置入图片

（5）添加标题文字"Diving day"（见图3-48）。

图3-48　添加标题

（6）添加介绍性文字，黑色色块作为文字介绍的背景（见图3-49）。

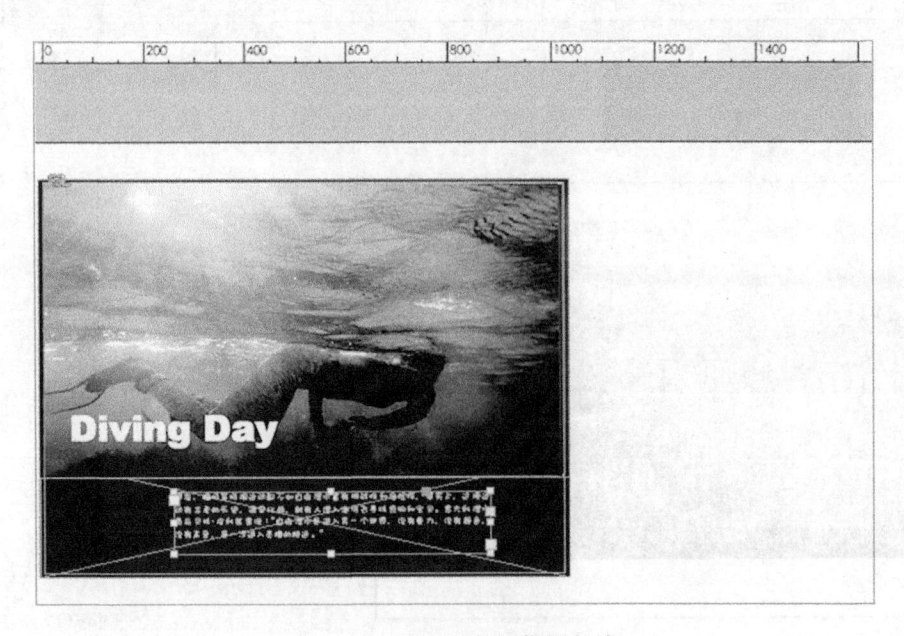

图3-49　添加文字和背景色块

(7)在图层面板锁定所有图层(见图3-50)。

图 3-50　锁定图层

(8)绘制矩形框架,占满整个页面。在图层面板中,把矩形框架放在"图层2"中(见图3-51)。

图 3-51　矩形框架放在"图层2"

(9)选择矩形框架置入图片"滚动图片"(见图3-52)。

(10)调整图片位置,使"滚动图片"的透明部分完全占满画面。

(11)进入Overlays面板,选择可滚动框架选项,选择滚动方向"垂直",初始内容位置"使用文档位置"(见图3-53)。

图3-52 置入图片　　　　　　　　图3-53 调整参数

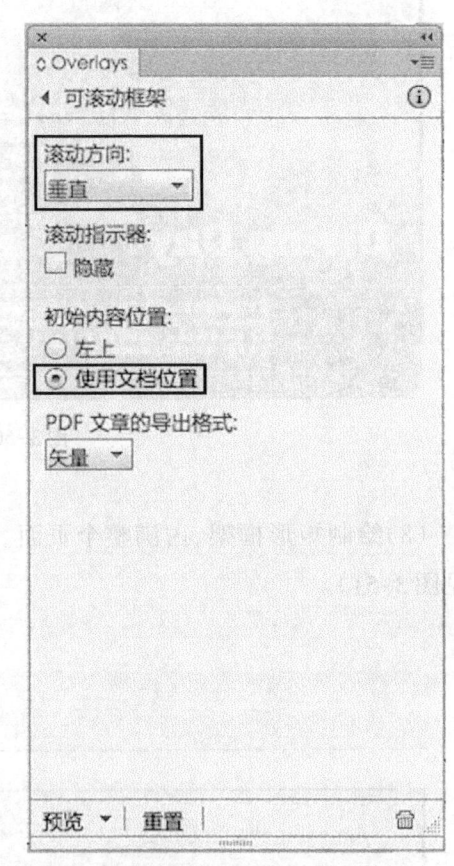

完成后预览整个页面的交互效果。

这个案例中,首先要进行初步的设计规划,素材的组织构建不是按照文档文件的实际页面来排布,而是根据交互层级关系排布。设计师需要设计出哪一个是首先出现的页面,哪一个是根据互动行为而产生的页面。而在内容填充上需要考虑到阅读习惯和图标导航。

五、音视频

添加音视频文件可以丰富内容类型,使用户感受信息的立体性、多维性。

置入音频和视频素材要有所选择,例如电影选题的数字产品中,设计师要根据主题有针对性地选择素材。也就是说不加选择全部置入音视频,对于用户而言相当于直接去看一部电影。产品设计的边界不够清晰,无疑会给用户带来阅读上的混淆感。

音频要求为MP3格式,视频要求为MP4格式,控制类型分为播放和暂停。

(一)音视频实例1

这个案例中按照电影中的空间关系,把不同空间场景视频在软件中裁切成一个个独立的片段。通过一张古代地图将电影中的场景串联起来,设计一个"按图索骥"的场景导航。用户可以直观地看到各个场景之间的位置关系,便于用户直观感受到场景内容关联和空间位置关系。第1页作为菜单,其功能是将空间上有联系的场景在地图上串联起来,成为交互的第一层入口,第2、第3、第4页看似页面,实际上是地图上显示的地名对应影片中相关视频片段(第二层级的信息)。用户可以点击地点从而跳转到相应的视频上,这个过程由用户自行选择。场景导航作为电影场景入口,可以提升用户与场景互动,帮助用户更好地理解叙事内容。

本案例沿袭电影素材的视觉风格,设定地图为"中国风""古代地图"的样式。展现形式借鉴中国山水画的样式。重点场景设计为交互入口,用户可以通过这些入口进入相应的"地点"进行影像欣赏体验。

(1)新建文档,web模式,1024px×768px。

(2)置入图片素材,"地图"(见图3-54)。

(3)置入"手势"素材,复制三个手势素材放置在"承启楼""渡口""如升楼"三个地名上(见图3-55)。

(4)进入页面面板,新建三个页面,第2~第4页(见图3-56)。

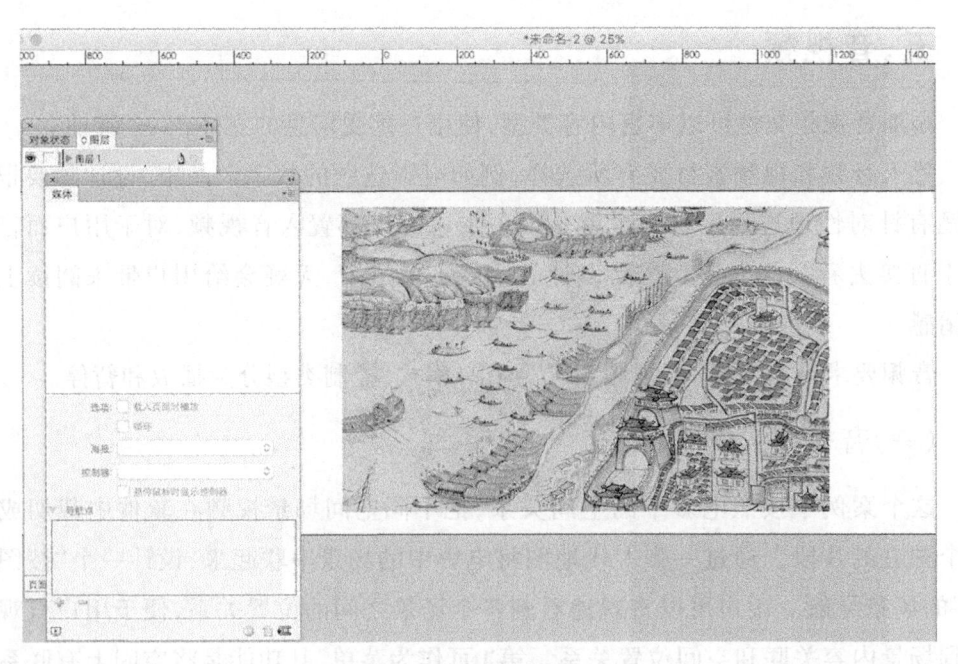

图 3-54　置入素材

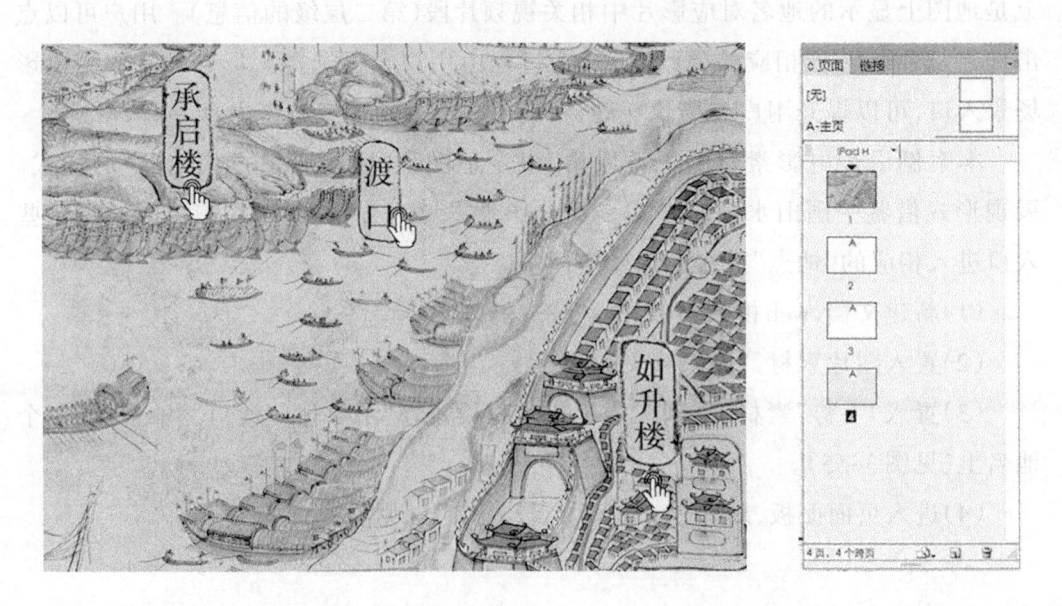

图 3-55　置入"手势"素材　　　　　　图 3-56　新建 3 个页面

（5）在页面 2 中添加视频"如升楼"，媒体面板中勾选"载入页面时播放"，Overlays 面板中勾选"自动播放"（见图 3-57）。

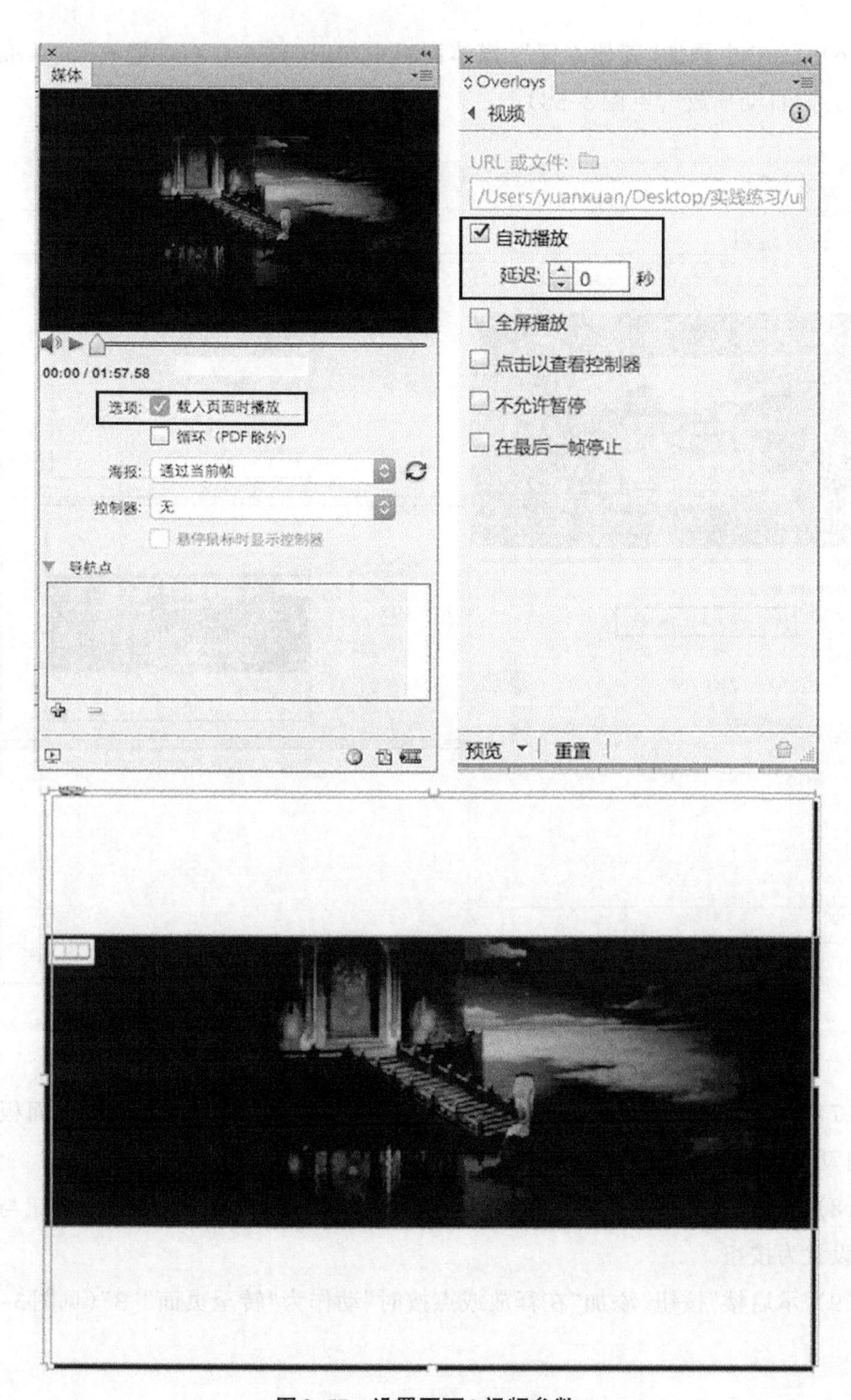

图 3-57　设置页面 2 视频参数

(6)页面3中添加"其他人区",媒体面板中勾选"载入页面时播放",Overlays面板中勾选"自动播放"(见图3-58)。

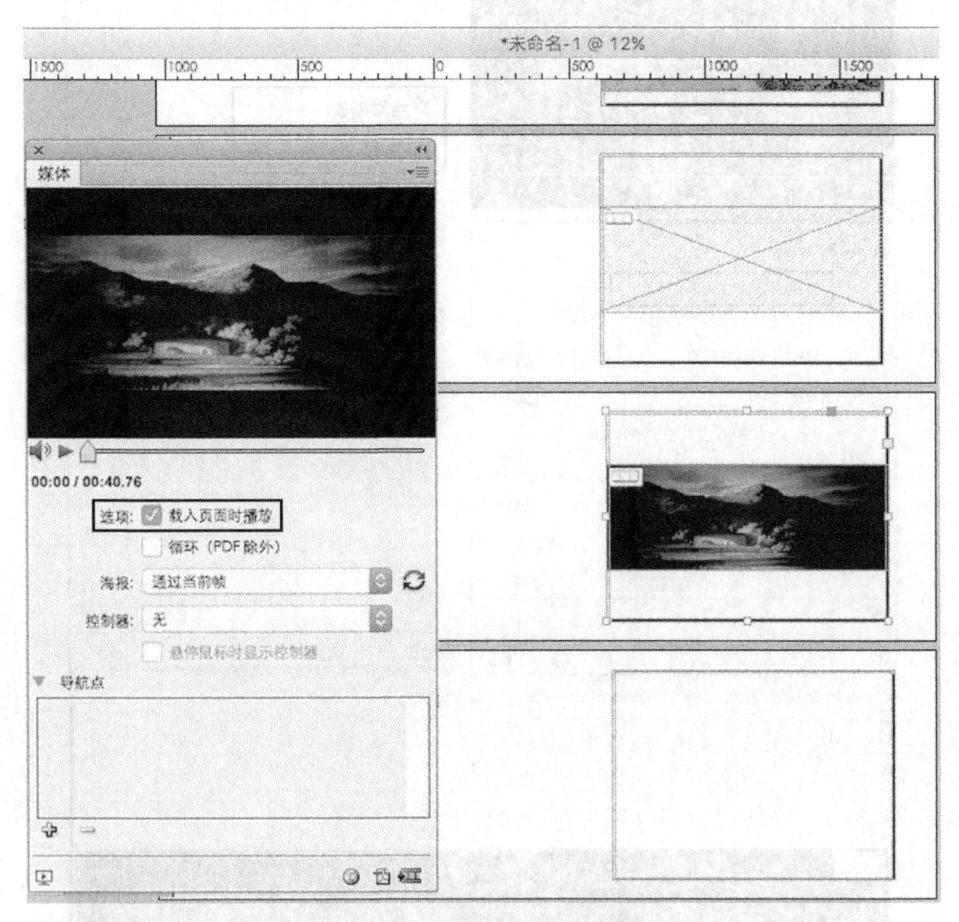

图3-58 设置页面3视频参数

(7)页面4添加"渡口",媒体面板中勾选"载入页面时播放",Overlays面板中勾选"自动播放"(见图3-59)。

(8)回到第1页,绘制矩形框架放置在"承启楼""如升楼""渡口",在按钮与表单面板设置为按钮。

(9)"承启楼"按钮,添加"在释放或点按时"动作为"转至页面""3"(见图3-60)。

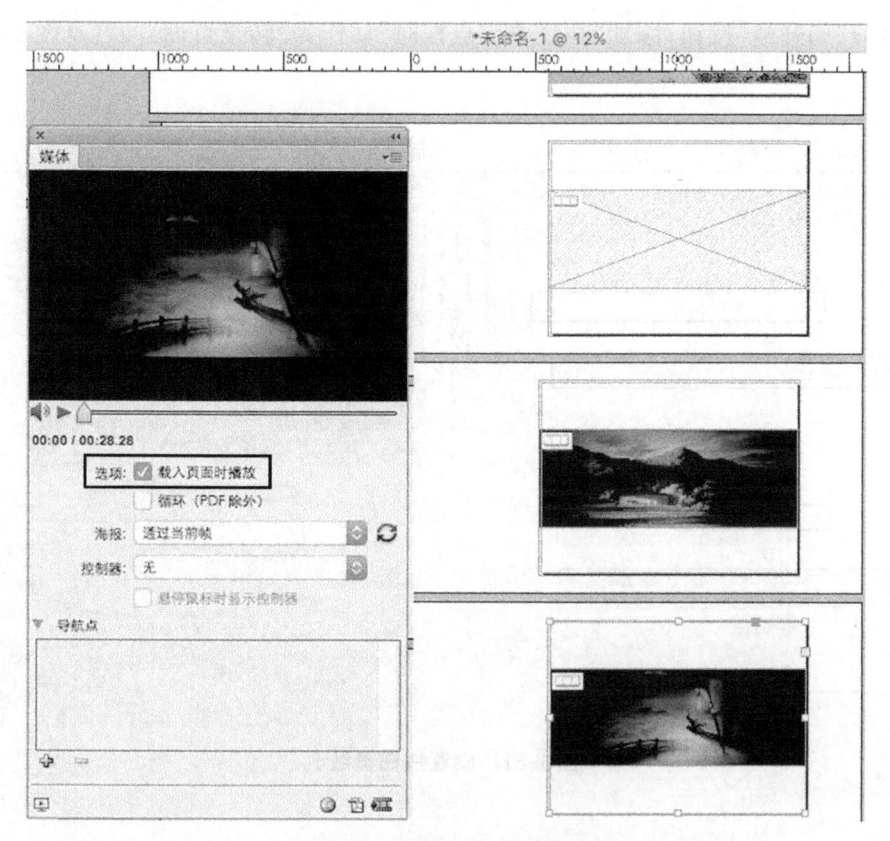

图3-59　设置页面4视频参数

图3-60　设置按钮参数2

(10)"如升楼"按钮,添加"在释放或点按时"动作为"转至页面""2"(见图3-61)。

图3-61 设置按钮参数1

(11)"渡口"按钮,添加"在释放或点按时"动作为"转至页面""4"(见图3-62)。

第一页相当于一个地图导航,像菜单一样展示不同场景之间的关系,给用户形成直观的空间概念,便于用户理解电影中的空间叙事。当用户点击地点名字时会进入第二层级中(跳转到相对应的视频)。

(12)在第2、第3、第4页中,添加返回按钮(见图3-63),置入"手势"素材给用户设置一个交互"出口",这样便可以使其自如地在内容中进行选择和转换。在用户看完之后可以从返回的按钮找到开始的位置。

(13)新建矩形框架,填充为黑色,放置在每一个页面的最下层作为背景,衬托视频和图片(见图3-64、见图3-65)。

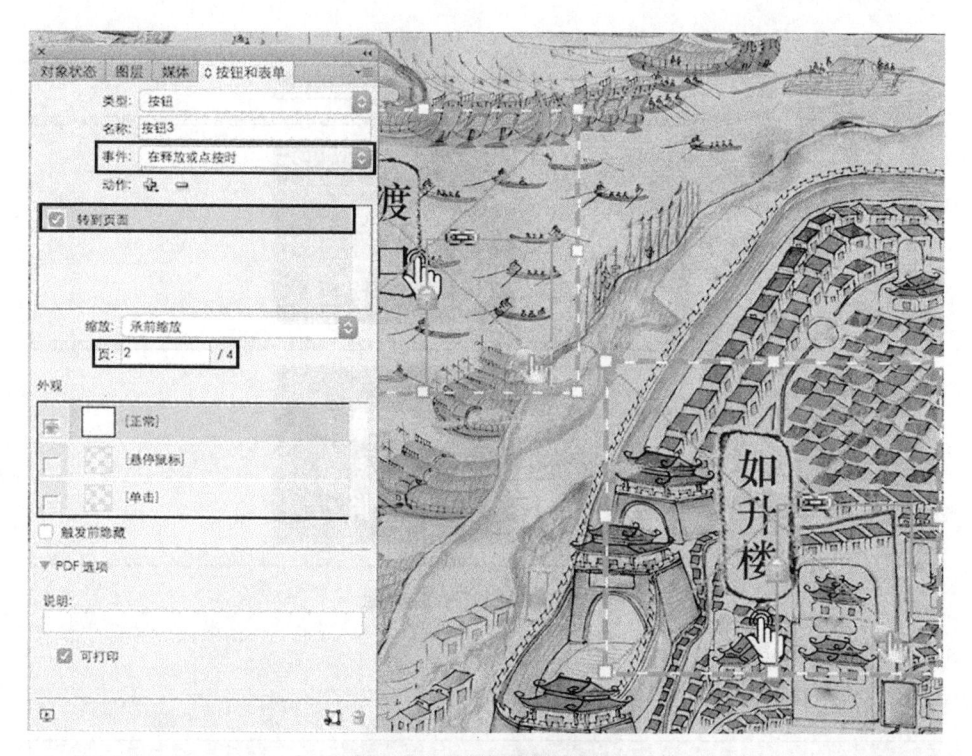

图 3-62　设置按钮参数 3

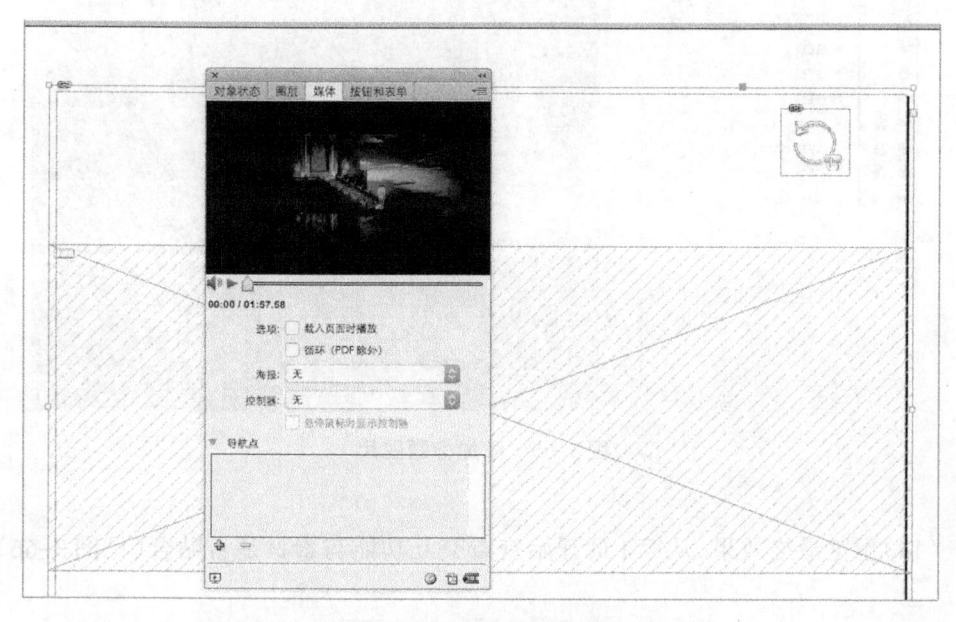

图 3-63　置入返回按钮

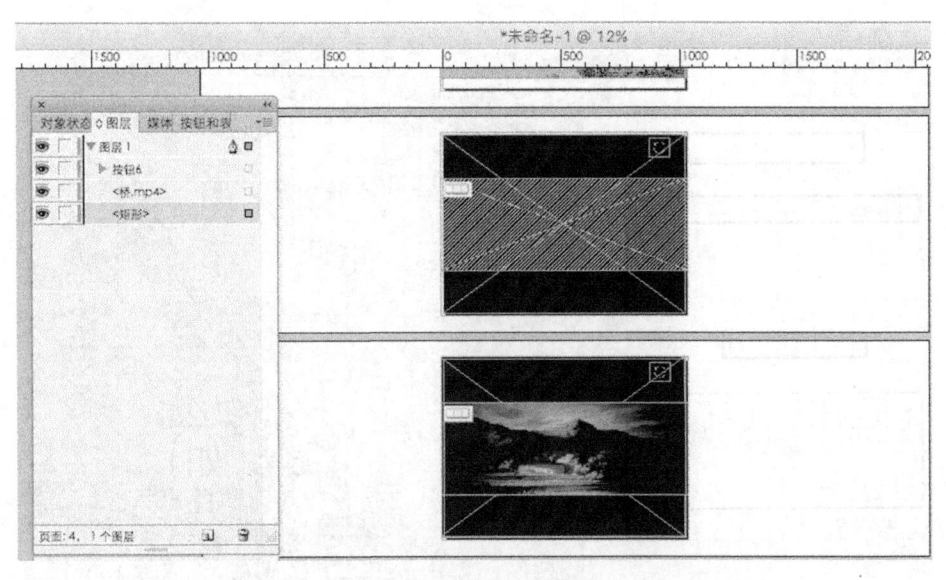

图 3-64　新建矩形框架

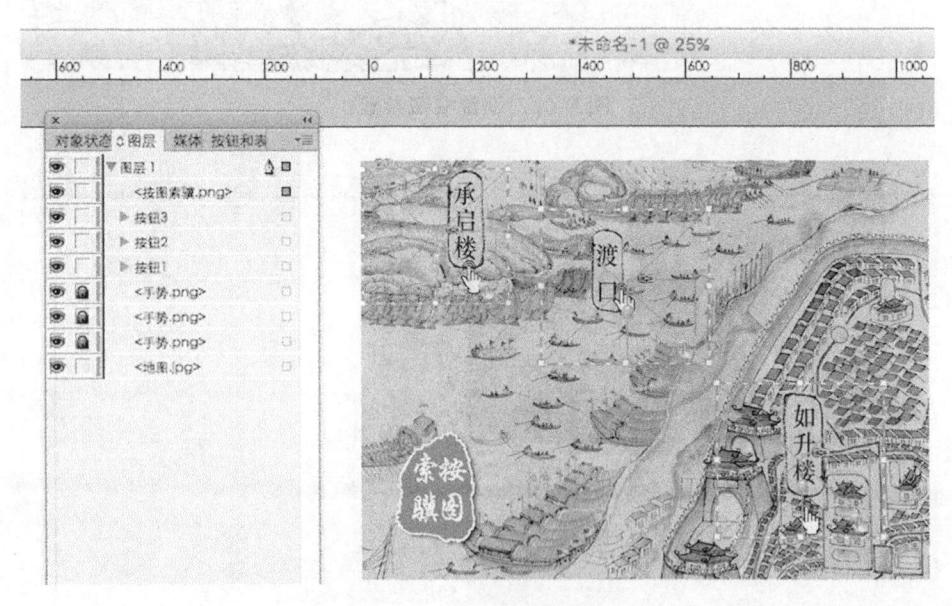

图 3-65　添加标题图片

（14）预览最终效果,从第 1 页开始查看交互功能与素材是否贴合（见图 3-66）。

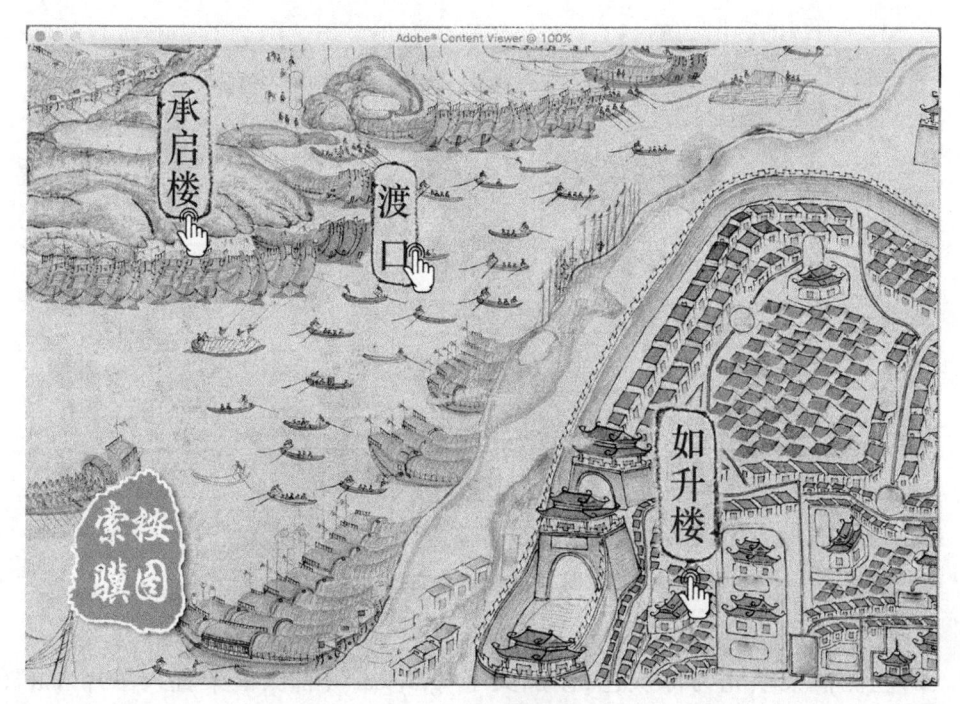

图3-66 桌面预览

六、多滚动框架

多滚动框架案例

在一个页面中不仅可以设计一个可滚动框架,也可以设计多滚动框架,以此扩展页面的内容,同时也可以实现素材相互弥合。比如在一个页面中我们设计几个一样大小的滚动框架,这几个滚动框架之间的内容相互组合、互相补充。适用主体如拼图游戏、猜字游戏等。

本案例中以滚动框架原理为基础,制作两个可滚动框架,形成儿童识别图形的配对游戏。首先我们将画面划分为两个相等的长方形区域,一边作为文字展示区,另一边作为图像展示区,文字和图像都可以上下滚动。儿童用户看到页面一侧单词来匹配页面另一侧相应的图片(看到图片后去找对应的英文单词)。这种互动形式不仅便于儿童内容识别,还能让儿童用户在参与互动中完成对文字和图形的理解。两个滚动框架在垂直方向上延伸了页面可视范围,增加了页面的可操作性,增强了儿童用户与互动属性的粘合度。下面来看一看这个案例是如何实现的。

(1)目标产品是在iPad上投放,因此新建文档,1024px×768px,web文档,绘制2个相同大小的矩形框架(见图3-67)。

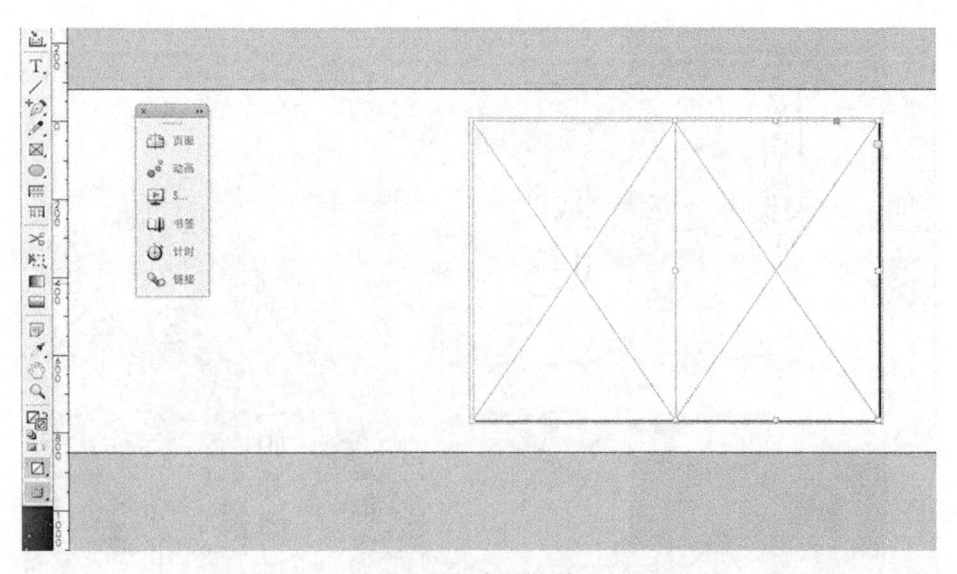

图3-67　新建文档

（2）左侧框架填充为深灰色，添加文字"grey cat"，右侧框架置入图片"cat"（见图3-68）。

图3-68　左侧添加色块、文字/右侧置入图片

(3)按照上述方式,添加鸭子、鸡、奶牛、青蛙、奶牛等图片,配上相应的单词(见图3-69)。

图3-69 左侧添加色块、文字/右侧置入图片

(4)所有的文字框架一起选中,单击右键编组(见图3-70)。

(5)右侧所有的动物图片一起选中,单击右键编组。

图3-70 左侧编组

185

（6）绘制矩形框架，大小为页面的一半（见图3-71）。

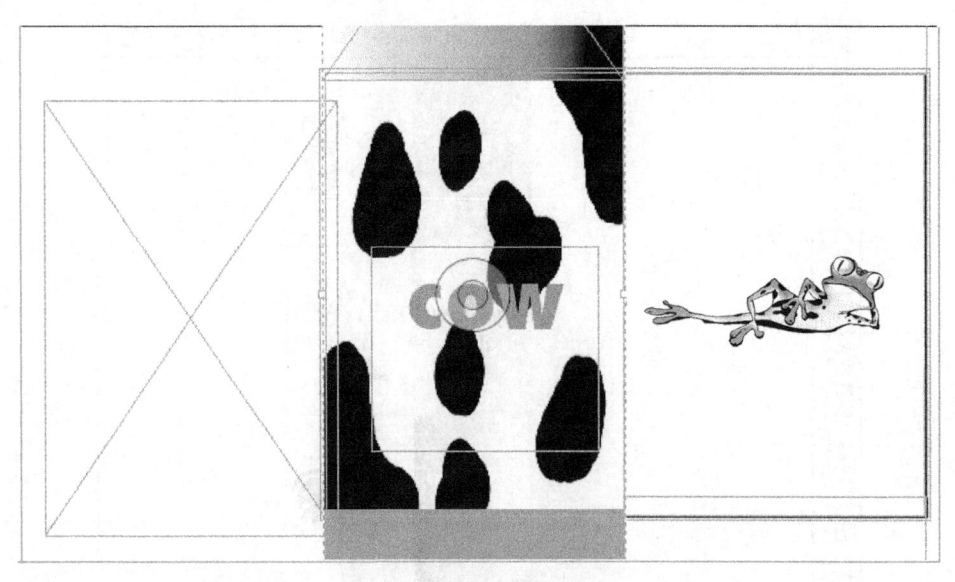

图3-71　绘制矩形框架

（7）选择文字编组的框架，执行剪切（见图3-72）。

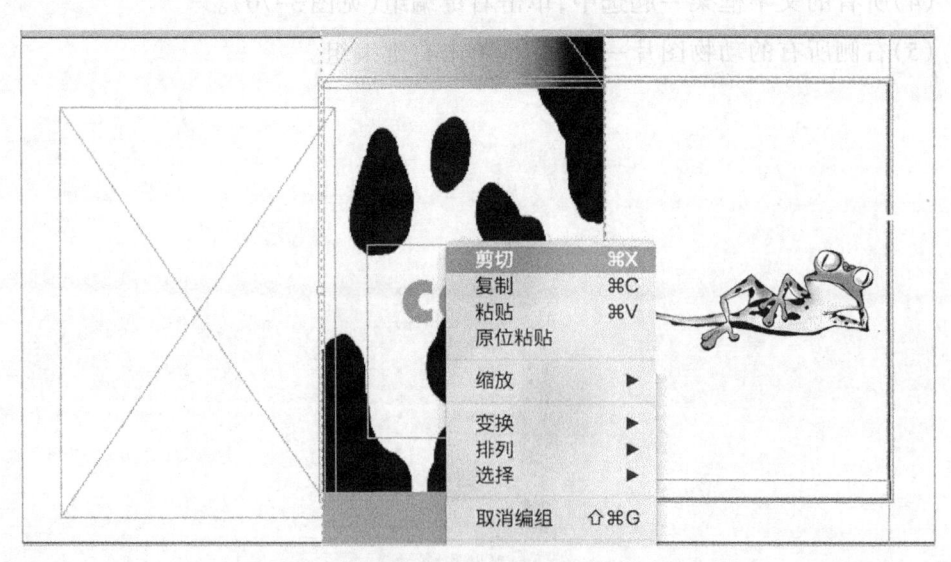

图3-72　执行剪切

（8）选择矩形框架，单击右键执行"粘入内部"（见图3-73）。

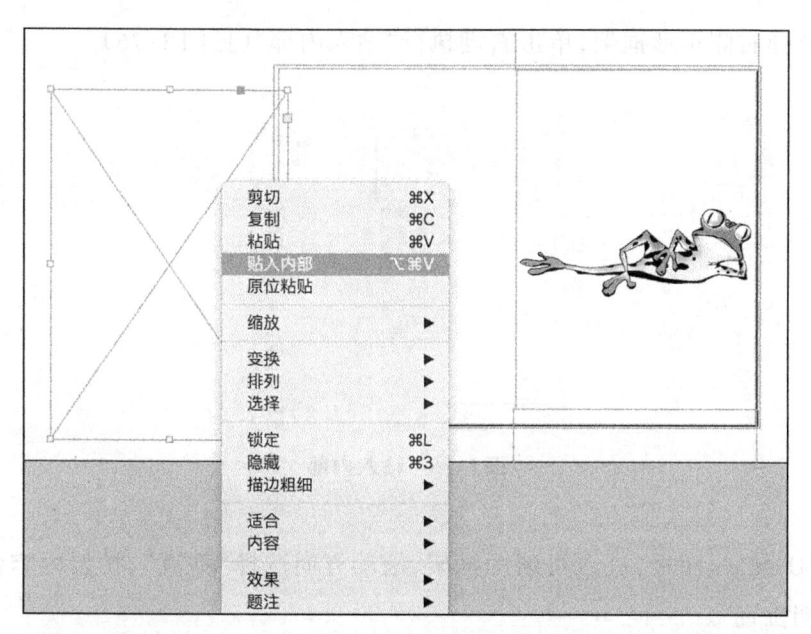

图3-73 粘入内部

（8）Overlays面板，进入可滚动框架，滚动方向选择"垂直"，初始内容位置选择"使用文档位置"（见图3-74）。选择动物图片编组的框架，执行剪切（见图3-75）。

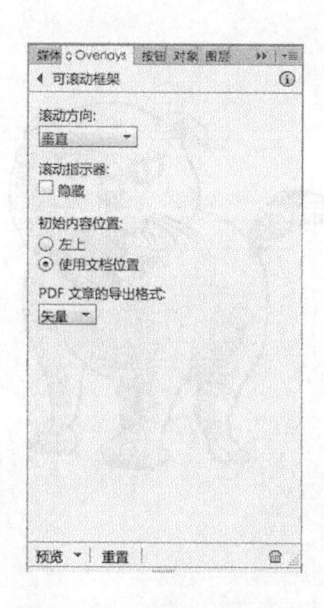

图3-74 设置可滚动框架　　　　　图3-75 执行剪切

（9）选择右侧矩形框架，单击右键执行"粘入内部"（见图3-76）。

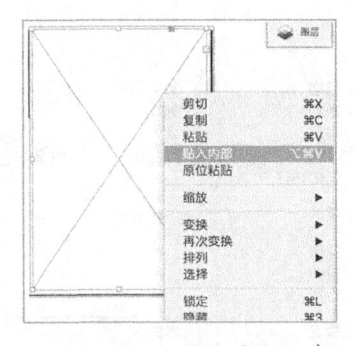

图3-76　粘入内部

（10）Overlays面板，进入可滚动框架，滚动方向选择"垂直"，初始内容位置选择"使用文档位置"。

（11）进入adobe content viewer测试，分别从左右两边滑动屏幕，尝试匹配单词与动物图像，体验滚动是否流畅（见图3-77）。

图3-77　预览

七、全景图

全景图案例

全景图是以平面为入口,将六面信息集成在一起形成虚拟六面空间,这种交互形式强化了用户的浸入感,营造出一种身临其境的感受。适合用于模拟空间场景如博物馆虚拟展厅展示,室内设计展示等。从全景图的特性可以发现在闭合的空间中适合运用这种形式,我们来设计一个参观动物园的主题,模拟一个动物的聚合空间,以参观者的身份进入虚拟动物园,参观各种彩绘的动物。这种形式可以作为儿童主题中的科普类数字出版物,一方面在浸入式的互动中带入科普性知识点,一方面以生动有趣的画面带领用户进入设定的情景主题。

(1)新建文档,600×600,web模式(见图3-78)。

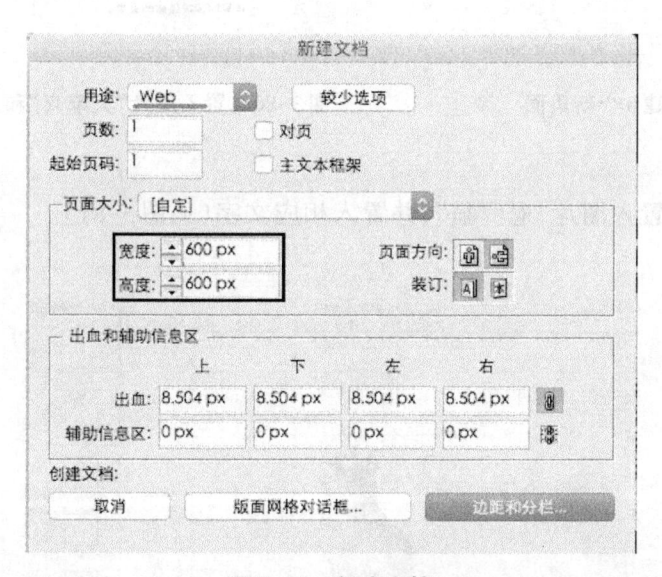

图3-78 新建文档

(2)进入页面面板,创建5个新页面,一共是6个页面(见图3-79)。
(3)第6页置入图片"大嘴鸟",置入相应文字(见图3-80)。

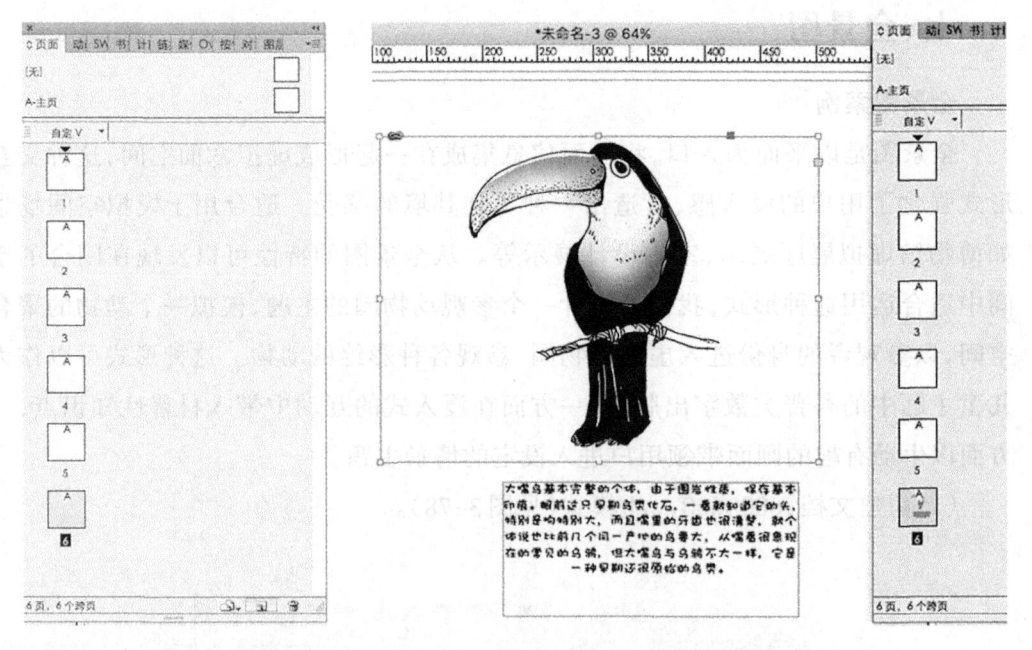

图3-79 创建5个新页面　　　　图3-80 置入图片"大嘴鸟"和文字

(4)第5页置入图片"暹罗猫",并置入相应文字(见图3-81)。

图3-81 置入图片"暹罗猫"和文字

(5)第4页置入图片"麋鹿",并置入相应文字(见图3-82)。

图3-82 置入图片麋鹿和文字

(6)按照上述方法在第3页、第2页、第1页置入剩余素材。

(7)新建文件夹命名为"全景图",6个页面编辑完成后,导出图片到"全景图"文件夹(见图3-83)。

(8)导出选项范围为"所有页面",设置分辨率为72(见图3-84)。

图 3-83　导出图片到"全景图"　　　　图 3-84　设置导出选项

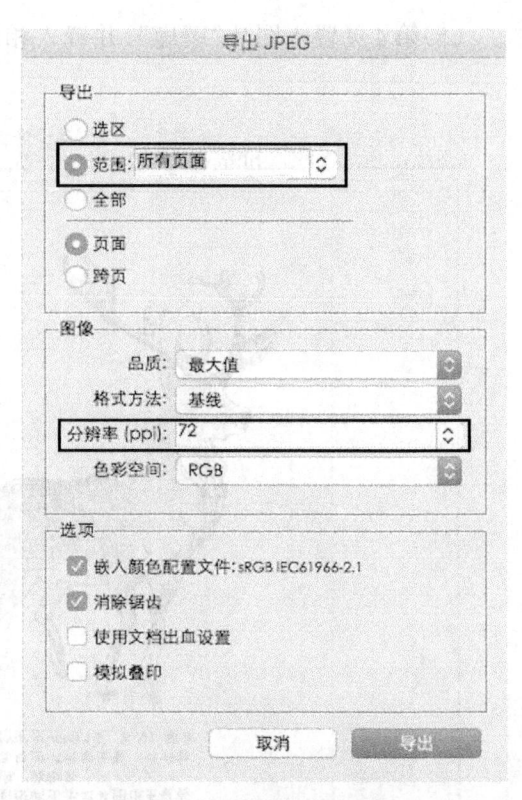

(9)新建文档,1024px*768px,web模式,在页面中央绘制矩形框架(见图3-85)。

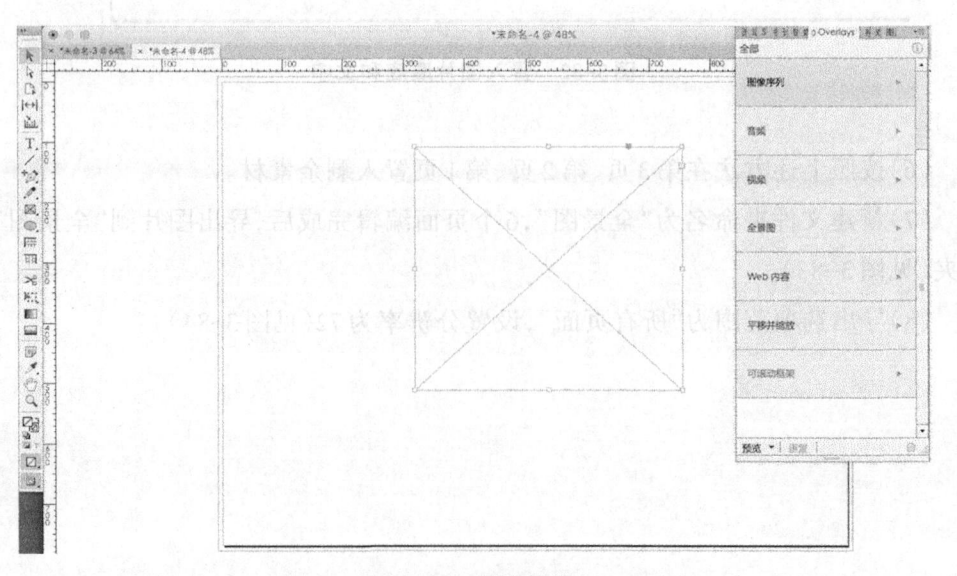

图 3-85　新建文档

（10）Overlays面板进入全景图选项，点击"载入图像"后面的文件夹，选择刚才创建的"全景图"文件夹（见图3-86）。

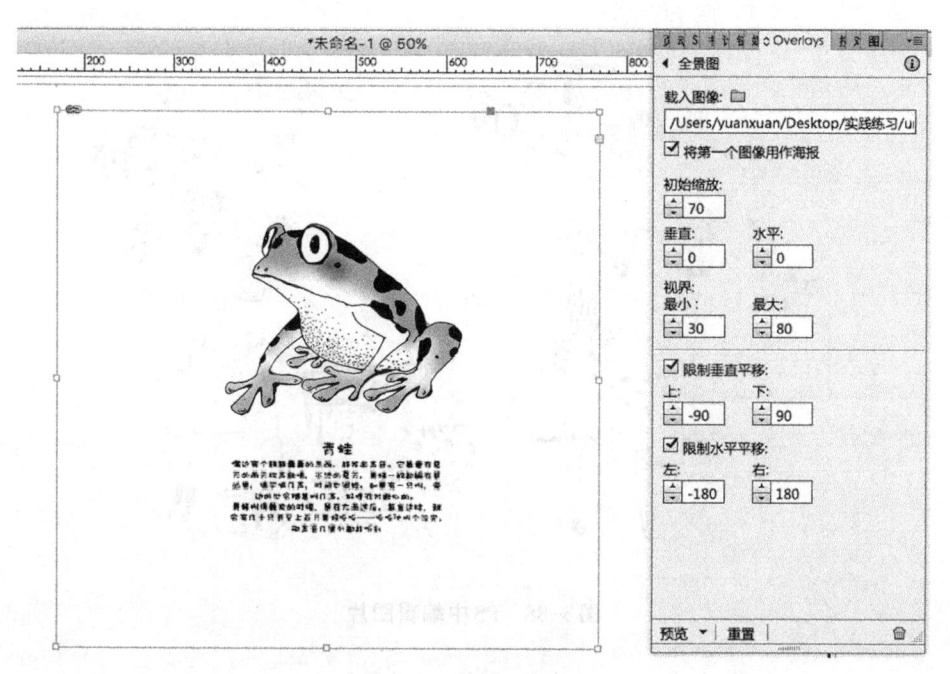

图3-86　设置全景图

（11）根据选题内容，在PS中制作动物园大门入口，用于全景图前（见图3-87）。

图3-87　PS中编辑图片

（12）将图片"zoo"设计为中间镂空，四周为动物环绕的动物园入口，保存为png文件（见图3-88）。

图3-88　PS中编辑图片

（13）将图片置入文档，并设为第1层显示，添加文字"欢迎来到水彩动物园"（见图3-89）。

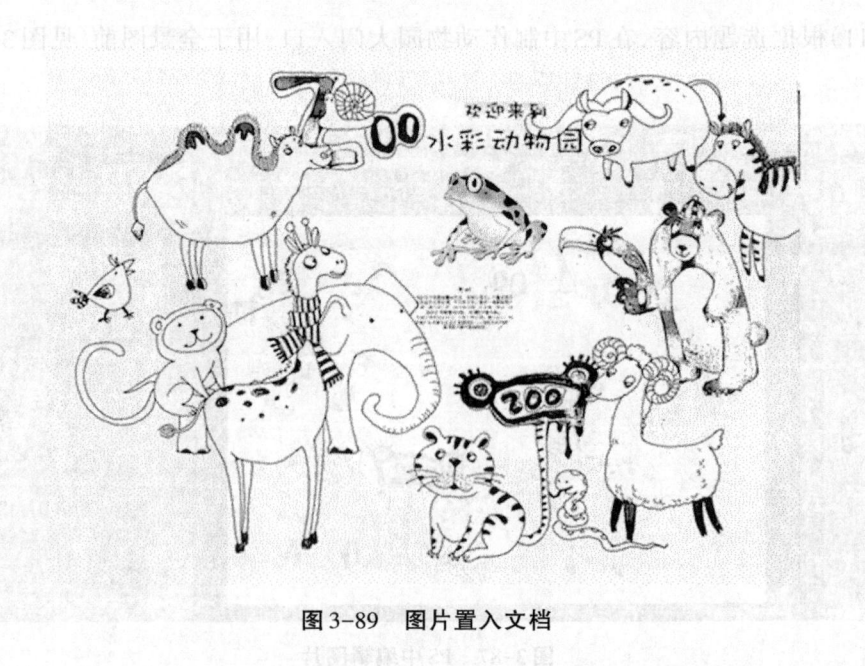

图3-89　图片置入文档

(14)全景图入口处添加"手势"图片,指示从这里拖拽画面可以开始进入交互环节(见图3-90)。

图3-90 添加"手势"图片

(15)在adobe content viewer预览全部效果(见图3-91)。按照手势滑动画面,进入全景图窗口,可以看到水彩动物园中的各种动物出现在这个虚拟空间中(见图3-92)。

图3-91 预览全部效果

图 3-92　预览

从结构上来看，这个案例分为两个层级，第一层级是动物园入口（静态图片）。手势图标引导用户点击页面的中心位置（进入第二层级的交互入口），然后进入第二层级。第二层级是全景图，全景图中呈现给用户的是一个封闭的六面体，这个空间中的 6 个面成为动物的展示窗口。用户自行拖拽画面，自主选择感兴趣的内容阅读。

八、按钮

（一）色彩切换+按钮案例 1

DPS 中的按钮与对象状态功能和 SWF 中基本一致，按钮作为触发器可以给用户提供交互入口和跳转选项。按钮支持页面跳转，也支持页面内的状态切换。本案例以上一案例为基础，第一层级是一张图片素材，没有支持交互的元素，因此我们在第一层级上设置按钮与对象状态，增加第一层级的互动性和趣味性。

这里的对象状态设计为无色的线稿动物，在交互中能变为彩色动物。当用户触发屏幕上的控制区域，会直接看到彩色的动物浮现，仿佛被瞬间上色了一样。

首先需要先对蜗牛、长颈鹿、斑马、老虎、犀牛等素材进行抠像。然后进行色彩加工：在 PS 中给每一个动物上色，将每种动物分别存储为一个没有背景的 png 文件。

(1)打开全景图案例zoo1项目文档,添加"骆驼"素材,调整大小使其与zoo图片中的骆驼大小一致(见图3-93)。

图3-93　调整"骆驼"图片大小

(2)添加矩形框架,使其与骆驼叠加在一起,全选创建对象状态,状态1为空,状态2为彩色的骆驼(见图3-94)。

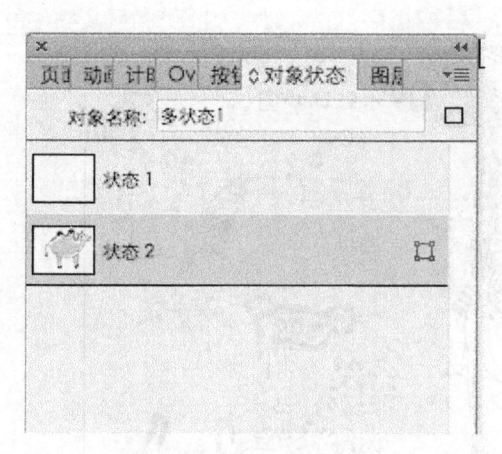

图3-94　创建对象状态

（3）把多对象状态挪到zoo图片骆驼上方，使其完全重合。在骆驼图形上创建矩形框架，转换成为按钮，设置按钮属性为"在释放或点按时"，动作—转至状态—多状态1（见图3-95）。

（4）将按钮叠加在图片上方，放在对象状态图层之上（见图3-96）。

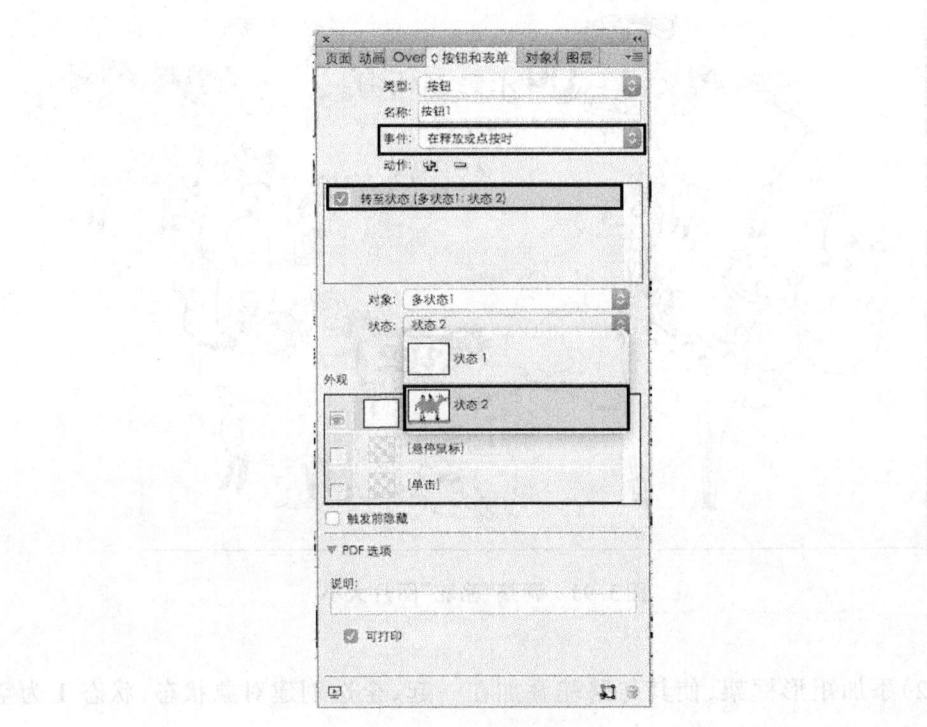

图3-95　设置按钮属性

图3-96　调整按钮位置

(5)置入图片"长颈鹿",使其大小与图片zoo中的长颈鹿大小保持一致(见图3-97)。

图3-97 置入图片"长颈鹿"

(6)在长颈鹿图片上添加矩形框架(见图3-98)。

(7)框选矩形框架与长颈鹿,创建对象状态(见图3-99)。

图3-98 添加矩形框架　　　　图3-99 创建对象状态

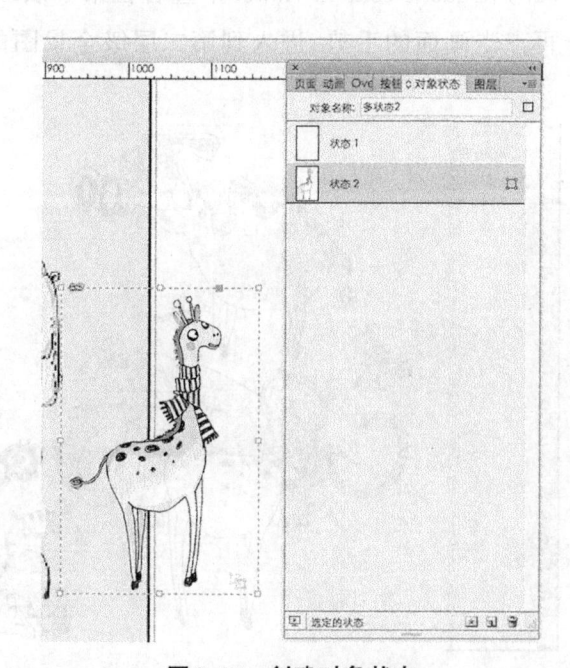

（8）用同样的方法添加按钮控制长颈鹿对象状态。

（9）按照上述方法设置犀牛、熊、老虎、斑马等动物的多对象状态，并用按钮控制。当用户点击某一种动物的时候，该动物的彩色画面就会浮现出来（见图3-100）。

图3-100　设置其他动物

（10）在adobe content viewer中查看在第一层级中，按钮与对象状态是否设置成功。再点击画面的手势，进入到第二层级全景图的互动环节中（见图3-101）。

图3-101　预览

第三章　DPS交互技术

（11）运用已有按钮控制每一种动物的声效。置入"骆驼"声效素材，放置在骆驼图片素材一侧（见图3-102）。

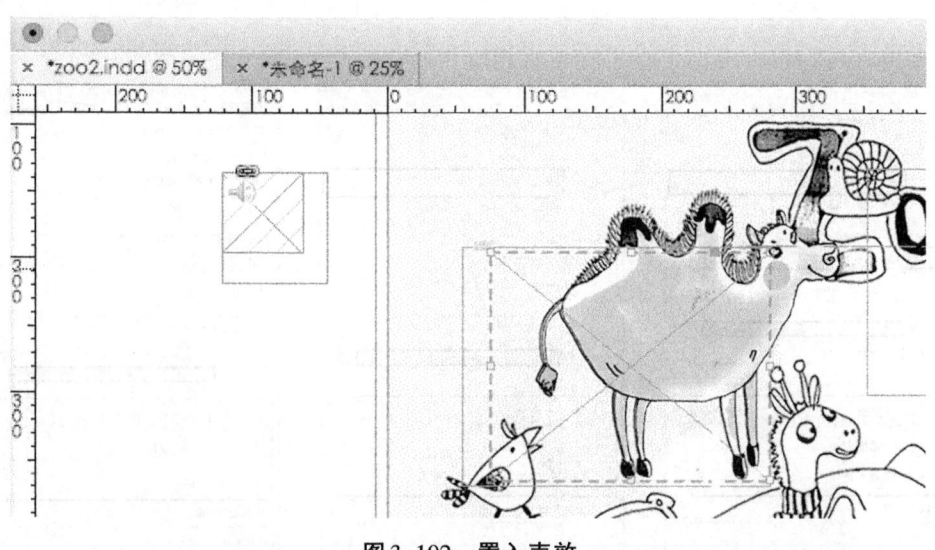

图3-102　置入声效

（12）选择骆驼的按钮，在按钮与表单面板中添加动作——声音，声音选项中选择"骆驼.MP3"（见图3-103）。

图3-103　按钮控制声音

201

（13）按照上述方法设置长颈鹿按钮控制"鹿"音效播放（见图3-104）。

（14）按照上述方法设置老虎按钮控制"老虎"音效播放（见图3-105）。

（15）按上述方法设置熊按钮控制"熊"音效（见图3-106）。

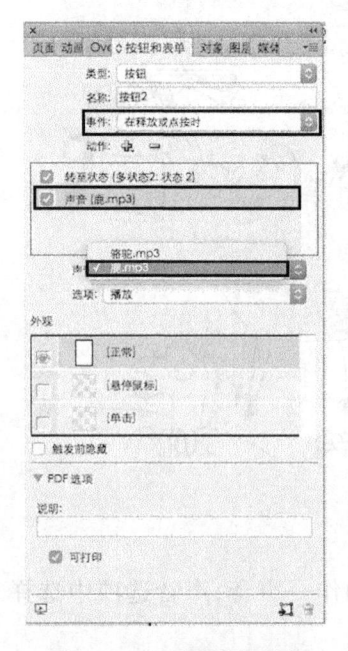

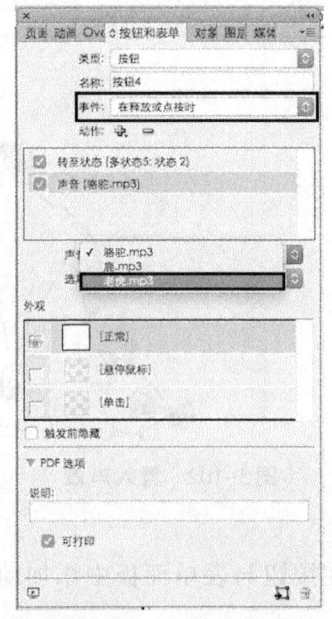

图3-104　设置按钮参数　　图3-105　设置按钮参数　　图3-106　设置按钮参数

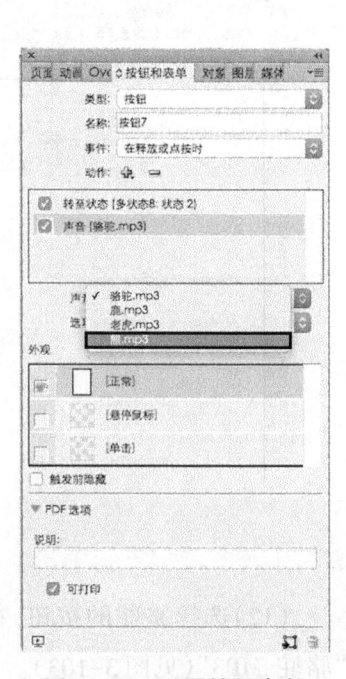

按照上述方法设置其他动物的按钮，使其控制相应音效播放。

在adobe content viewer中查看第一层级（触发按钮后声音播放情况、彩色版动物图片是否出现）最终呈现效果，应该是在用户打开页面时，界面稍作停留，点击屏幕的特定区域产生互动效果——点击长颈鹿，随之出现长颈鹿的叫声，长颈鹿变成彩色。这个体验过程会形成由视觉信息、听觉信息构成的动物园之初印象。当儿童用户在互动中获得听觉、视觉等多重信息后，会更愿意继续停留在页面进行下一步的交互。因此第一层级和第二层级相关联可以更好地引导儿童用户进入设定好的交互场景中。这样的层级结构能够聚合儿童的注意力，使他们在内容探索中层层递进地发现未知。

九、对象状态

对象状态在触发按钮的情况下产生状态内容切换。切换的过程中，页面会出现不同的元素，可以大大提高页面空间的利用率，也可以将内容进行显示或隐藏。多对象状态有两种呈现形式，一种是自动播放幻灯片，另外一种是用按钮来控制状态转换。

对象状态（幻灯片）案例一

（1）新建文档，1024px×768px，web模式，2页（见图3-107）。

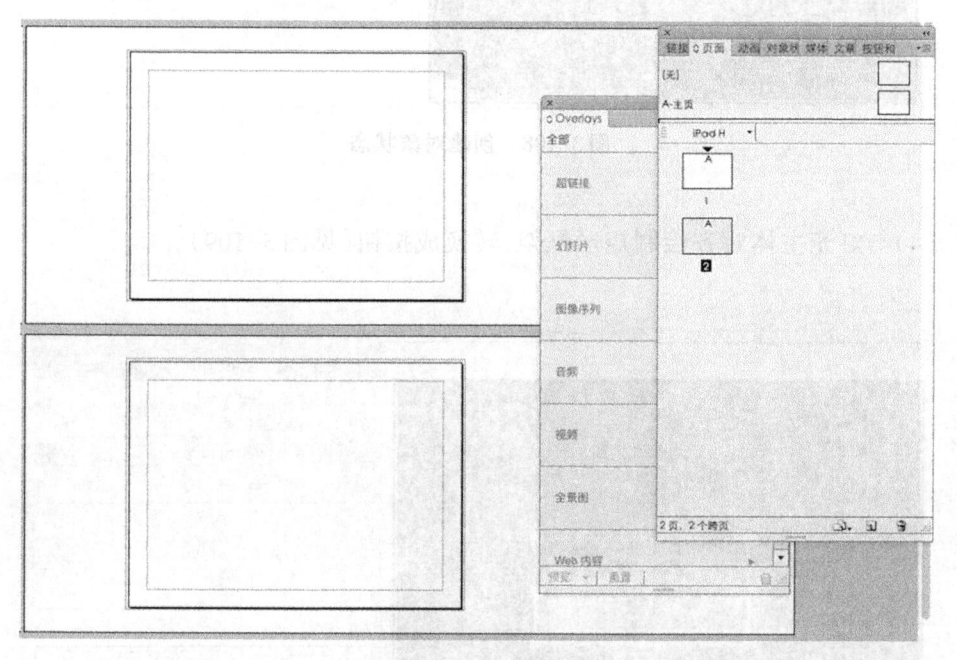

图3-107　新建文档

（2）在空白页面添加素材灯笼A、灯笼B，大小比例等一致，前后整齐排列。
（3）选择素材灯笼A、灯笼B，创建对象状态（见图3-108）。

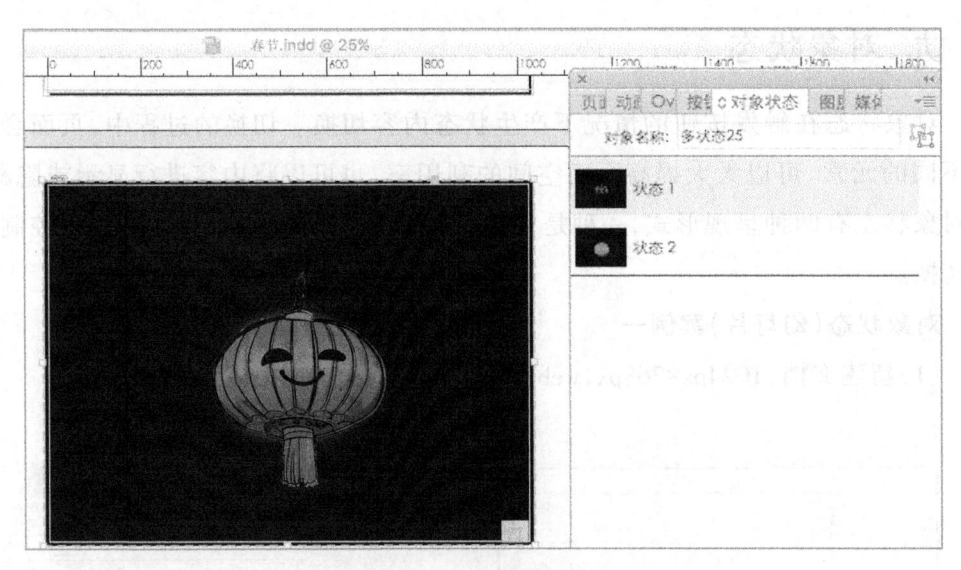

图 3-108　创建对象状态

(4)与灯笼主体对齐绘制矩形框架,转换成按钮(见图 3-109)。

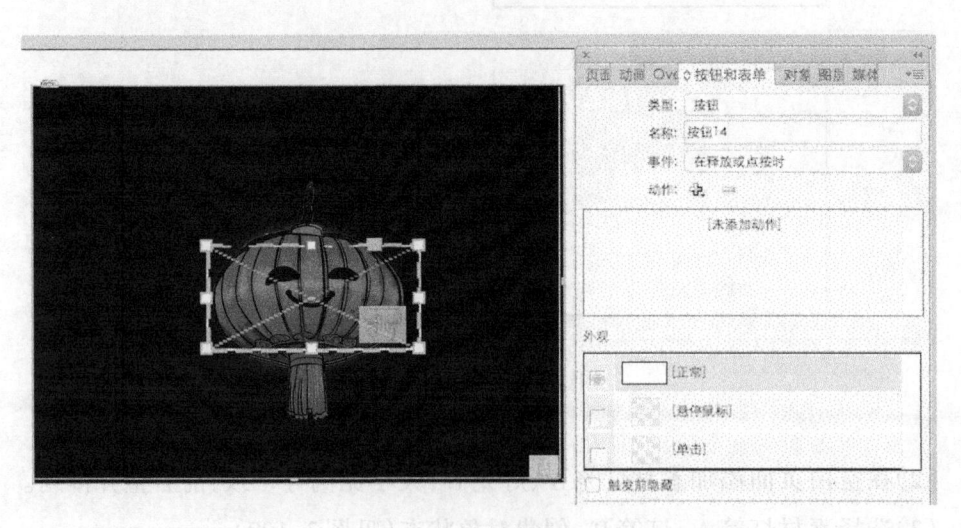

图 3-109　制作按钮

(5)将按钮命名为"按钮14",添加动作,设置声音(开灯1.MP3),设置转至状态(多状态25:状态2)(见图3-110)。

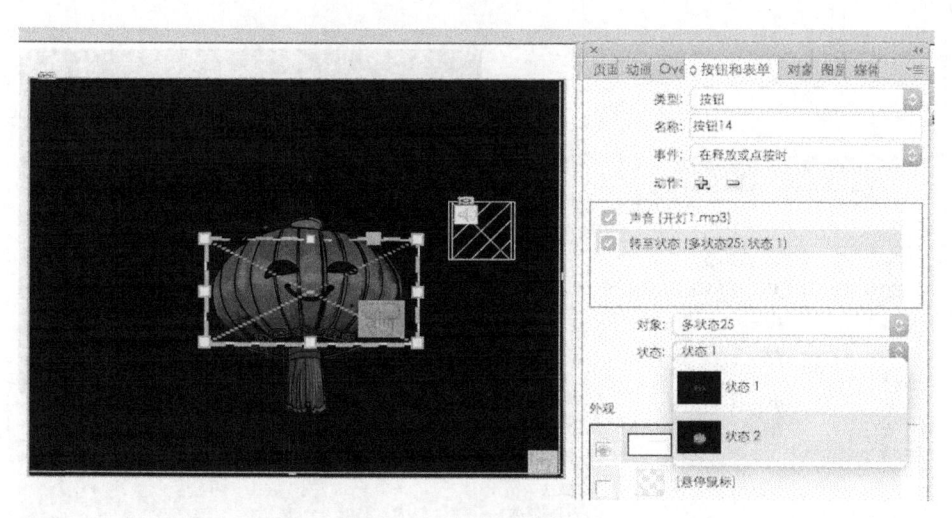

图3-110　设置按钮参数

（6）在灯笼上方绘制矩形框架（见图3-111）。

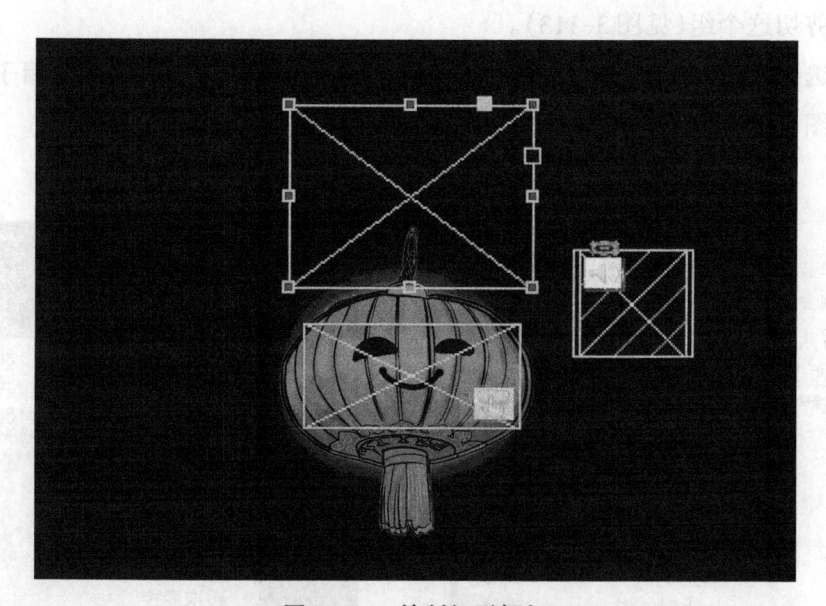

图3-111　绘制矩形框架

（7）置入虎头帽子素材，绘制矩形框架并将其编组（见图3-112）。

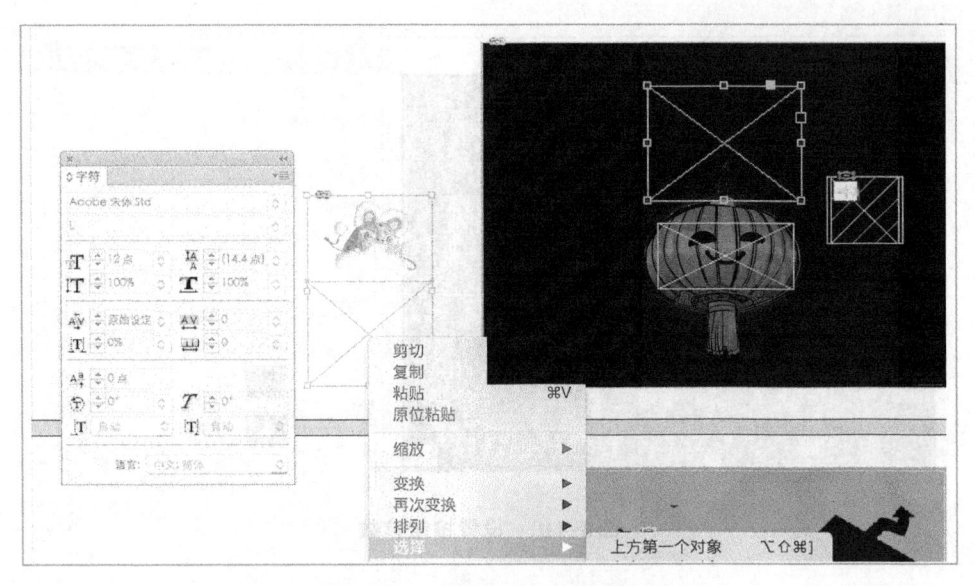

图3-112 置入帽子素材编组

（8）剪切这个组（见图3-113）。

（9）选择页面中灯笼上方的矩形框架，贴入内部，调整位置，使虎头帽子图像不可见（见图3-114）。

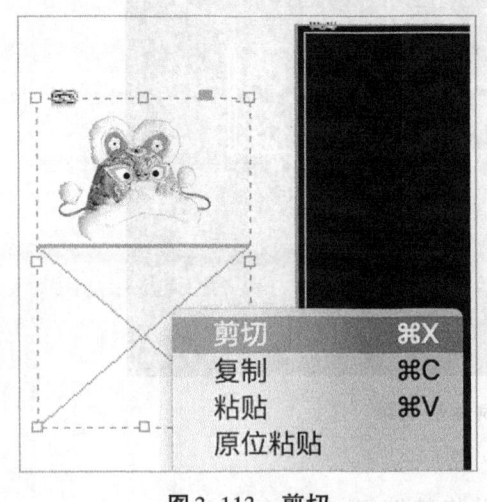

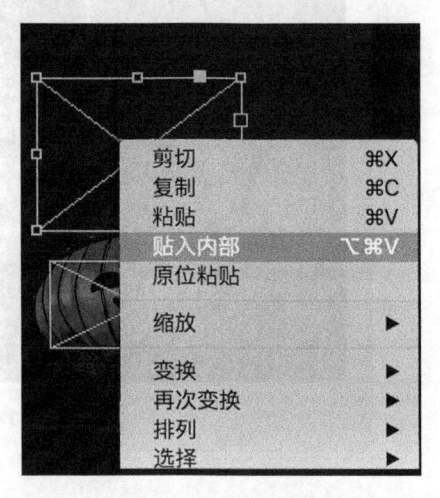

图3-113 剪切　　　　图3-114 贴入内部

（10）选择矩形框架，在可滚动框架中选择滚动方向为垂直，初始位置为使用文档位置。置入音频素材"开灯1.MP3"（见图3-115）。

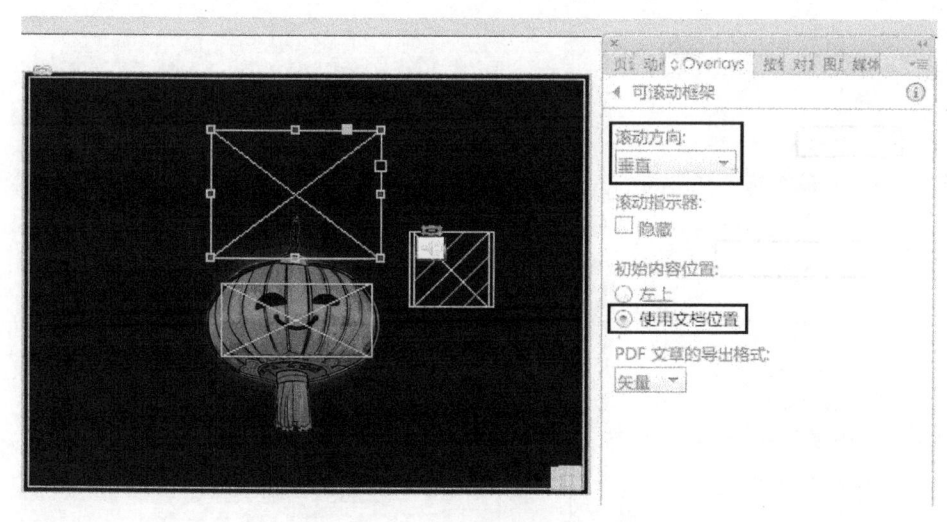

图3-115 选择滚动方向为垂直

（11）置入素材标题 a（Happy Chinese New Year）、标题 b（Happy Chinese New Year），创建对象状态（见图 3-116）。

图3-116 置入素材

（12）在幻灯片中设置自动播放，间隔 0.125 秒（见图 3-117）。

（13）在标题"Happy Chinese New Year"字样上绘制矩形框架，设置为按钮，动作为"转至下一页"（见图 3-118）。

207

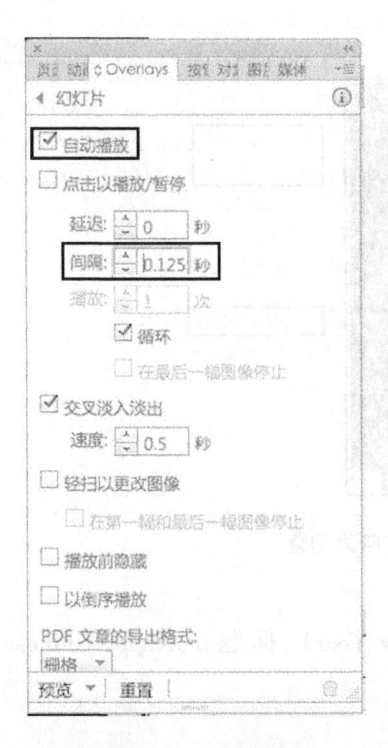

图 3-117　自动播放　　　　　　　　　图 3-118　设置按钮

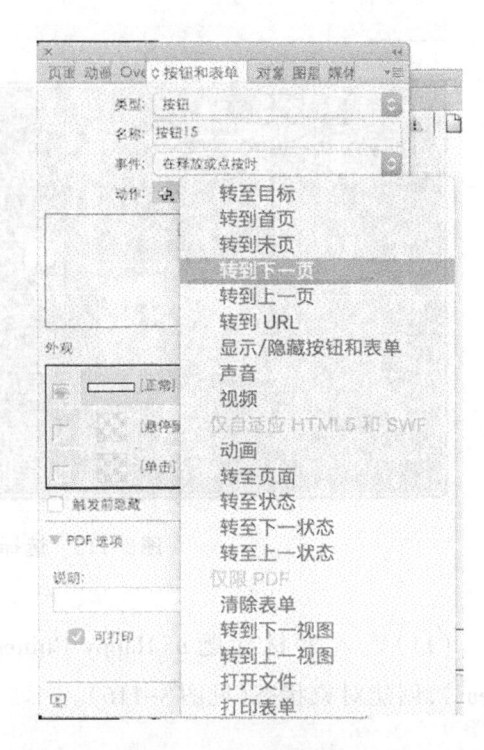

（14）在第二页置入图片"房子1""房子2"（见图3-119）。

图 3-119　置入图片

(15)框选两张图片,创建对象状态(见图3-120)。

图3-120　创建对象状态

(16)置入"灯笼A""灯笼B"创建对象状态(见图3-121)。

图3-121　创建对象状态

(17)置入"灯笼C""灯笼D"创建对象状态(见图3-122)。

图3-122　置入图片

(18)在Overlays面板,进入幻灯片设置,选择灯笼素材的对象状态(多状态23),设置"自动播放""间隔1秒""在最后一幅图像停止"(见图3-123)。

图3-123　幻灯片设置

（19）选择房子素材的对象状态（多状态22），"自动播放""间隔2秒""在最后一幅图像停止"。

（20）选择灯笼素材的对象状态（多状态24），设置"自动播放""间隔3秒""在最后一幅图像停止"。

（21）在第二页绘制对话框图形，填充为土黄色，黑色描边，4个像素圆点形。置入"文字1"，绘制矩形框架，选择文字与矩形框架创建对象状态（见图3-124）。

（22）置入"加号"素材，设置为按钮，添加动作"转至状态"（多状态29：状态2）（见图3-125）。

图3-124　创建对象状态

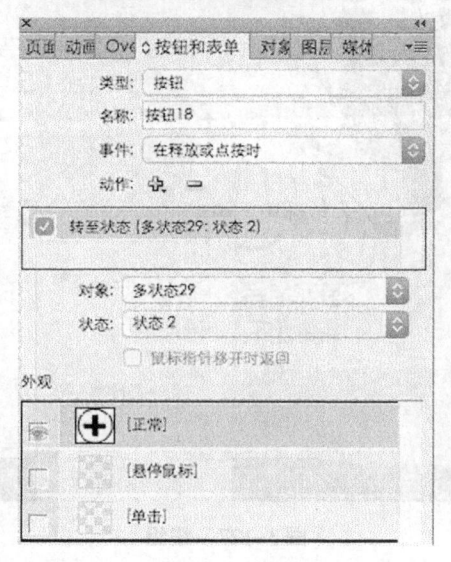

图3-125　转至对象状态

（23）按上述方法绘制对话框，放在下面的灯笼右上方（见图3-126）。

图3-126 绘制对话框

（24）将文字与对话框图形编组（见图3-127）。

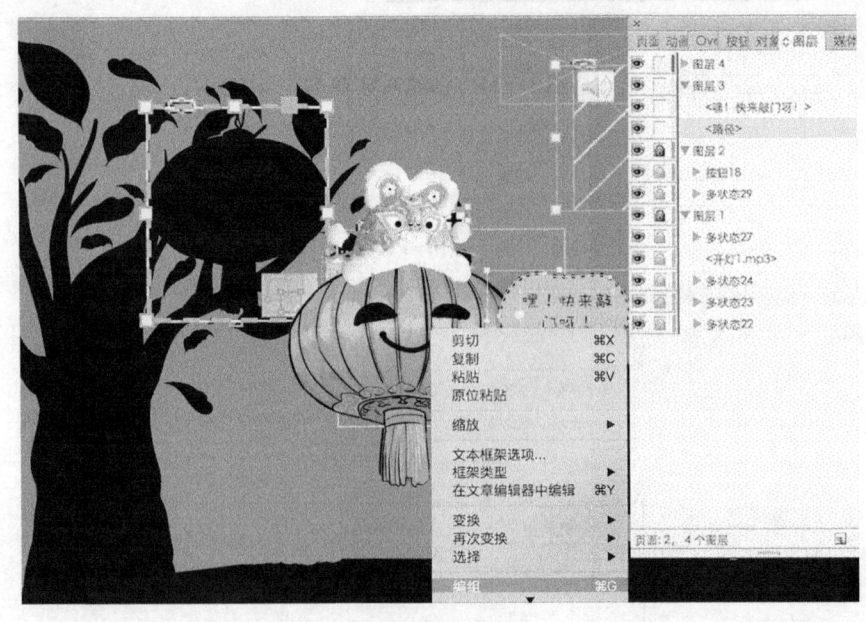

图3-127 编组

(25)绘制矩形框架,选择矩形框架和对话框图形,创建对象状态(见图3-128)。

图3-128 创建对象状态

(26)置入"加号"素材,转换为按钮,添加动作"转至状态"(多状态31),选择状态2(见图3-129)。

图3-129 转至对象状态

（27）按照上述方法制作第三个灯笼，放置在树上，添加文字："哈哈，怎么还不来？"创建对象状态（见图3-130）。

图3-130　创建对象状态

（28）添加素材"加号"，转换为按钮，运用"加号"按钮控制文字出现（见图3-131）。

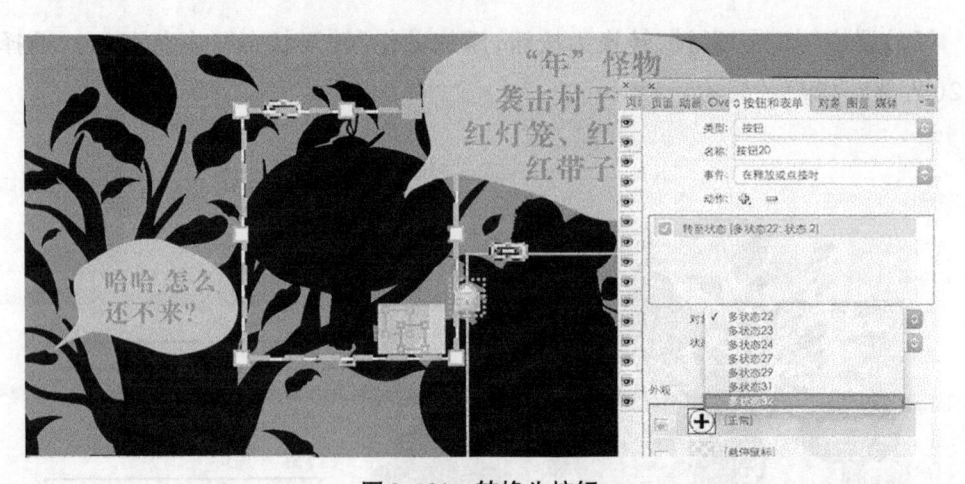

图3-131　转换为按钮

（29）置入音频素材"风.MP3"，在Overlays面板勾选"自动播放""在背景中播放"（见图3-132）。

图3-132 置入音频素材

（30）选择第一个灯笼的加号，在动作中添加音频素材"咚.MP3"（见图3-133）。

图3-133 在动作中添加声音1

（31）选择第二个灯笼的加号，在动作中添加音频素材"咚.MP3"（见图3-134）。
（32）选择第三个灯笼的加号，在动作中添加音频素材"咚.MP3"（见图3-135）。

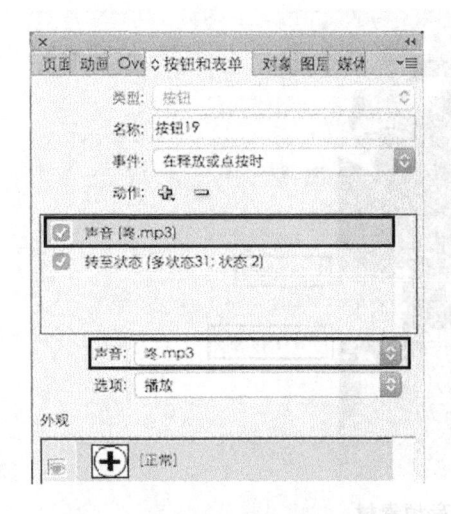

图3-134　在动作中添加声音2 　　　　图3-135　在动作中添加声音3

（33）预览这个页面，测试按钮对状态的控制（见图3-136）。

图3-136　预览

（34）在adobe content viewer中查看最终效果（见图3-137）。

图 3-137　查看最终效果

这个案例中应用了多个对象状态，对象状态的切换方式为自动播放和按钮控制：自动播放的对象状态如第二页中点亮灯笼，房子、灯笼依次点亮增加了页面的动感元素。这里的自动播放不需要用户做任何操作，当用户阅读首页时更容易被带入设定的节日气氛中。首页中的"Happy Chinese New Year"字样不断闪烁，给用户引导提示，暗示这里是一个交互的出口，点击这里跳转到下一页。按钮控制对象状态如首页中灯笼，在初步载入页面时是黑灰色的（第一种状态），当用户点击这一图像区域，随之而来的是开灯的声音，然后出现被点亮的灯笼（第二种状态）。在第二个页面中用户点击"加号"看到灯笼之间的对话出现，运用对象状态层层递进的方式增加页面的信息量。自动播放的对象状态在这个案例中适合用来营造气氛、引导交互行为，按钮控制对象状态则给用户一些参与交互的可能，让其感受到自身互动行为引导下一步内容呈现的乐趣。

十、Web 内容

Web 内容（网页内容）是给页面内容提供了一个连接外部网站的入口，丰富来源内容，扩展用户的浏览范围。网页的内容可以作为数字出版物内容的补充。Web 内容借助按钮控制器功能进行跳转，因此和按钮是联系在一起应用的。在实际案例中 web 的应用方式是作为相关主题内容的扩展信息，如小贴士信息、名词解释，以及作为相关主题产品销售网站。

(1)打开"春节"web文件,在第二页添加图片素材"web"(见图3-138)。

图3-138　图片设置为按钮

(2)将这个图片设置为按钮,设置动作"转至URL"(图3-139)。
(3)在URL选项中输入网址,回车(见图3-140)。

图3-139　转至URL　　　　　　　　图3-140　输入网址

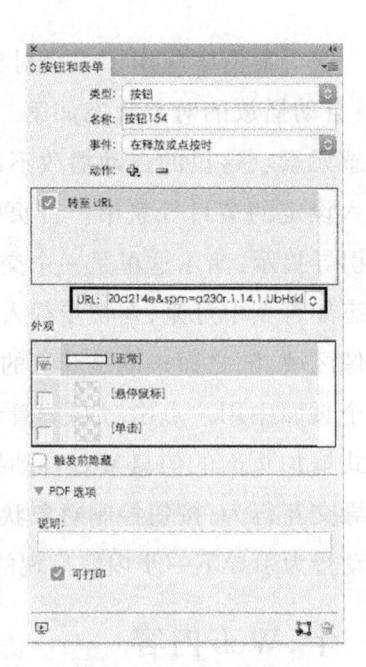

(4)在第一页添加图片素材"web",添加文字"你所不知道的典故"(见图3-141),并将这个图片设置为按钮,设置动作"转至URL",输入网址,让外部网站的介绍作为本页内容的补充(见图3-142)。

图 3-141　添加文字　　　　　　　　图 3-142　设置按钮并输入 URL 网址

（5）打开 adobe content viewer 中查看最终效果。预览并测试跳转网页是否成功（见图 3-143）。

图 3-143　预览并测试

第三节　设计案例

一、设计思路

设计数字出版物不同于传统出版物,数字出版物构成元素为多媒体素材,其内容的组织构建应该基于数字素材的多媒介特点。这个案例中以春节为主题,以多媒体互动的方式呈现春节信息点,将春节常见的节日介绍、代表事物、典故传说作为三个并列结构板块,展开这三个并列板块也就是传统意义上的目录结构,根据目录主题设计相应的情景模式,以此引导用户进入相应的情境中。

(1)可视化元素代替文本性叙述。对于移动端面对屏幕的用户而言,视觉化元素可以更加直观、轻松地获得信息。相对于抽象的文字,图形图像化的内容更易于阅读,能够在短时间内快速地把内容传递给用户,给用户留下深刻的印象,同时在第一时间聚合内容接收方的注意力。例如,这个案例中,第一页是提炼主题的首页封面,如果用"春节"或者"Happy Chinese New Year"字样,对于没有体验过这个节日的用户来说,这只是一个中性的节日名称,很难感受到其特点和含义。本案例选择春节有代表性的事物——灯笼为主题传达节日含义,运用红色、灯笼烘托喜庆的气氛,烘托该节日喜庆的氛围。这样图片素材将节日的特点都可视化地呈现出来,尽管没有文字叙述,用户也已经对春节产生了直观的印象,而且这种印象相比较于文字性的素材更加容易理解。

(2)交互形式增强内容的互动性。数字出版物核心是内容,内容呈现方式直接影响内容的传播效果。页面的互动形式往往可以缓解阅读疲劳,增加趣味性。本案例中的第二页设定内容为目录,将其设计为不同内容板块的交互入口,当点击目录中的一个内容时可以直接跳转到相关的部分。对于用户而言,这样的交互入口不仅带来了导航式的体验,在阅读过程中明确自己所处的信息位置,也可以更加自如地跳转到自己感兴趣的部分。对于内容较多、信息量大的文字和图片,转换成可滚动框架(外观上显示内容短小,实际内容量较大),即将阅读的自主权交给用户,增强用户的自主性和参与感。

二、提案策划

(一)策划内容

案例策划内容包括内容简介、内容来源、上线时间等,本案例策划内容如下。

项目	内容
内容简介	选题主题为春节,科普介绍性质,以春节的介绍、基础概念为核心内容,旨在面向儿童、青少年用户推广中国传统节日文化知识,并且在主题内容的沉浸式阅读过程中推广春节相关产品和活动信息
内容来源	与春节相关的图片、文字资料、史料、传说故事
上线时间	在春节前一周投放市场
功能特色	交互性电子书,基于交互情景的阅读类产品
目标人群	对中国传统节日文化有一定的兴趣和参与度,有意愿了解春节文化背景,是春节活动、相关产品的潜在客户群;熟悉数字媒体互动方式
产品形式	基于DPS的App
版面	版面尺寸:iPad,1024px×768px
制作平台	Adobe digital publishing suites
设计原则	针对目标群体浅阅读、视觉阅读优先的习惯,在设计中体现相关要求
竞争产品	春节主题游戏App
商业模式	形成中国传统节日系列主题,免费下载,内置购物链接。在交互电子书中设置与节日相关的软广告链接,例如春节服装、道具、玩偶等商品
营销策略	在春节前预热,通过自媒体平台推送,主题宣传
预估下载量	根据推广渠道和受众范围进行估测

(二)章节大纲规划

本案例章节大纲如下。

结构设定		主题范围	情境定位
辅文	封面	全篇标题提炼	黑暗中的灯笼灯被点亮,暗示故事开始
	使用说明	图标导航、功能说明	路口前的树上挂着灯笼、葫芦、铃铛、福字,作为目录跳转的入口。使用说明隐藏第二层级中
	目录	内容分类导航	

续表

结构设定		主题范围	情境定位
内容页	春节	春节科普	镌刻着古老传说,将其历史性与春节相关的特点凸显出来
	灯笼	春节代表造型简介	挂在一户人家门前的灯笼,在对话中展开灯笼在该节日中的重要意义
	葫芦、福字	节日常见符号展示	营造热烈愉悦的喜庆场景
	版权页	版权方	制作团队信息

三、制作流程规划

开始设计与制作之前,应该按照前期创意策划思路梳理出制作流程规划表,根据规划进行实际设计初稿、素材编辑、设计交互。

一、制作准备

	技术准备	说明
1	Folio Builder	建立文章的工具面板
2	Folio Overlays	制作互动效果的面板
3	Viewer	Desktop Viewer:在计算机端检视出版品 Content Viewer:iPad、Android装置的预览器
4	版面尺寸大小	iPad:1024px×768px
5	多媒体素材规格	影片:MP4 图片:png、jpg、ai、psd 音乐:MP3

二、设计与制作

(一)第一页

1. 内容设定:首页、主题的表达

风格设定:暗夜中被点亮的一盏灯笼,烘托出喜庆的气氛。主体是春节代表饰物灯笼。黑色、红色、橘黄色为主题色调。

交互设定:①将灯笼设计为在黑暗中隐隐约约可见,随着拉灯音效播放之后,灯笼被点亮,露出可爱的笑容。②跟着闪烁的手势引导,用户向下滑动,帽子落在灯笼上。③"Happy Chinese New Year"设计为不断闪烁发光的字体,作为用户进入下一内容的交互入口。

第一页规划内容如下。

主题	素材类型	说明	制作形式
首页封面功能	文字	标题呈现	幻灯片闪现 跳转目录的入口
	图片	图形(灯绳)	灯绳素材幻灯片闪现 控制开灯音效的按钮
		图片(选择春节有代表性灯笼、虎头帽子)	灯笼点亮幻灯片 虎头帽子可拖拽的滚动框架
	音频	开灯音效	由灯绳素材控制

2. 素材加工:紧紧围绕主题

(1)选定主题为"春节",根据主题来加工已有素材。根据风格设定,需要设计黑暗中的灯笼和点亮的灯笼两个图片素材,为制作幻灯片做素材准备(见图3-144)。

(a)黑暗中的灯笼　　(b)点亮的灯笼

图3-144　加工已有素材

(2)收集帽子素材。选择符合春节风格的虎头帽子,抠像剔除帽子背景,添加绳子素材,形成png文件(见图3-145)。

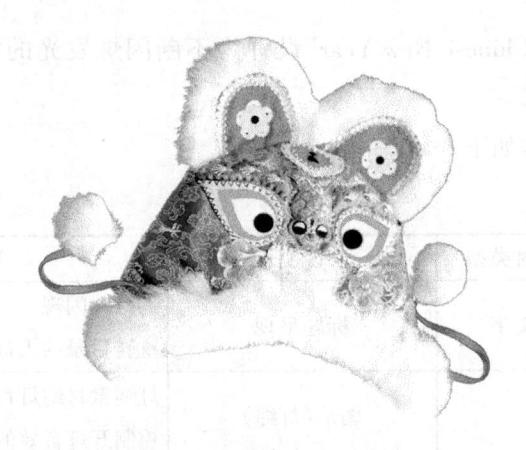

图3-145　形成png文件

（3）绳子末端设定为闪烁的拉手，因此我们制作圆形拉手为白色，闪烁时为黄色发光，形成两个png文件（见图3-146）。

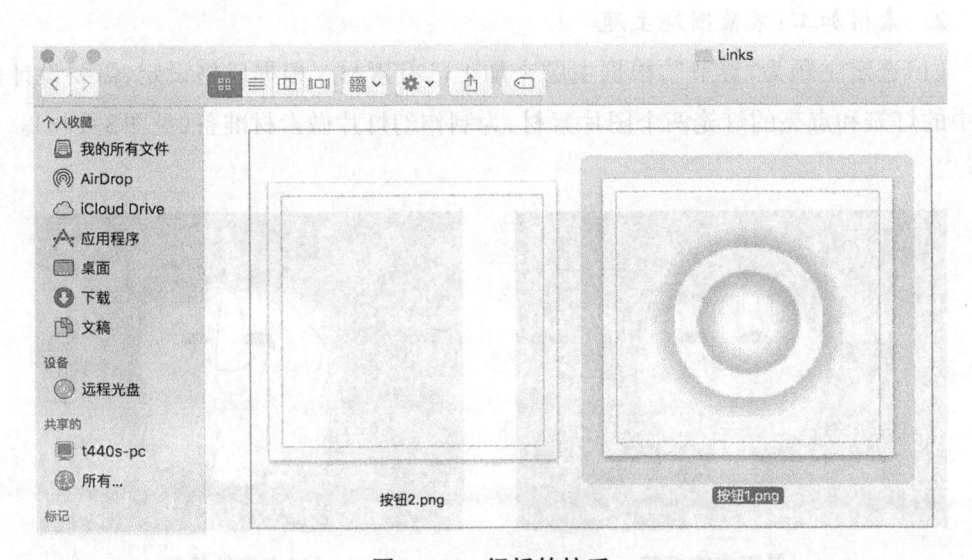

图3-146　闪烁的拉手

（4）输入"Happy Chinese New Year"，作为标题，选择娃娃体，一个存储为橘红色，一个设置为橘红色外发光（见图3-147）。

图 3-147　设置标题

（5）设计灯笼被点亮后周边环境也同时被照亮，创建 1024px×7768px 尺寸的页面，在中心位置绘制橘红、橘黄、黑色渐变的圆形，模拟灯笼点亮后的环境颜色变化（见图 3-148）。

图 3-148　模拟灯笼点亮后的背景

3. 面稿设计

根据前期策划把创意转化为页面内容，以可视化的设计稿呈现出来，形成初步的界面设计（见图 3-149）。以黑暗中的灯笼为主体，灯笼头顶上有一个提示的灯绳素材，灯笼下方运用文字标题提点页面主题，黑色、橘红色、橘黄色为主色调。

图3-149　形成初步的界面

4. 交互稿设计

按照平面稿的界面设计开始创建内容、设计交互。

(1)新建文档，1024px×768px，web模式。

(2)置入图片灯笼C，作为背景锁定图层，置入灯笼A、灯笼B素材(见图3-150)。

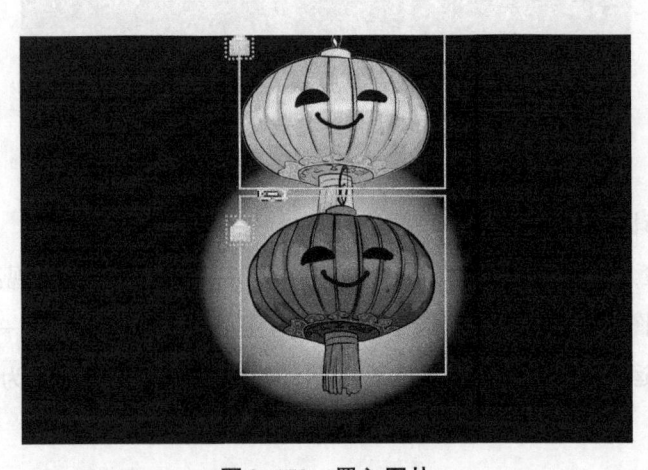

图3-150　置入图片

(3)框选,创建对象状态,命名为"灯笼"(见图3-151)。

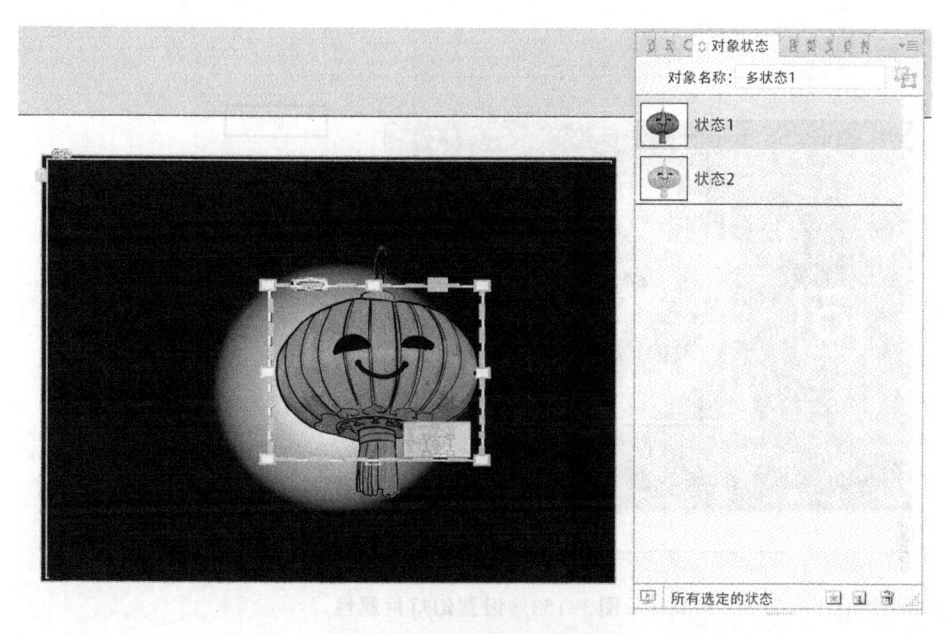

图3-151 创建对象状态

(4)置入按钮1和按钮2,框选设置对象状态(见图3-152)。

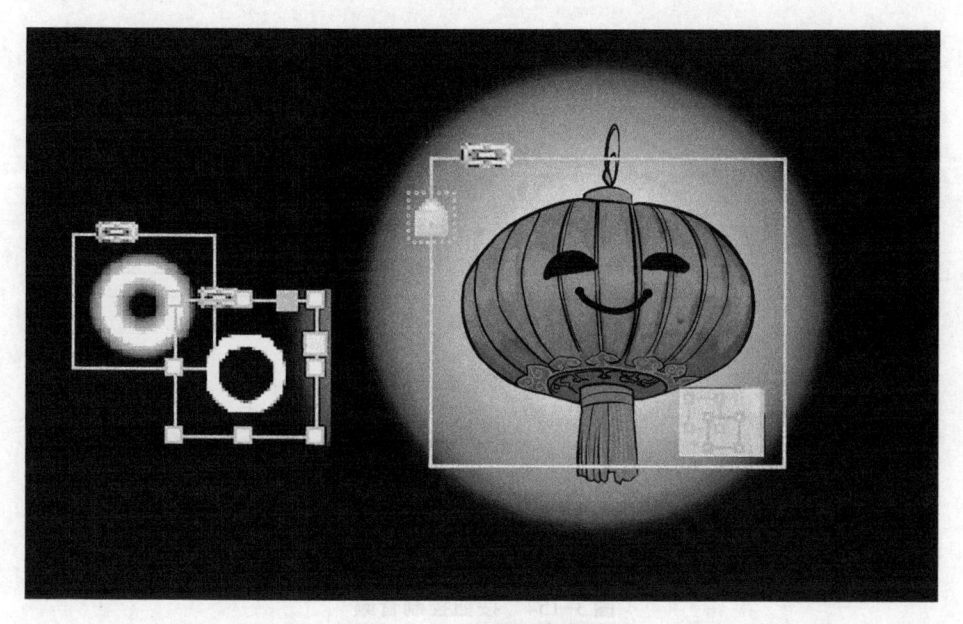

图3-152 设置对象状态

227

（5）Overlays面板设置幻灯片属性，自动播放，时间为0.25秒（见图3-153）。

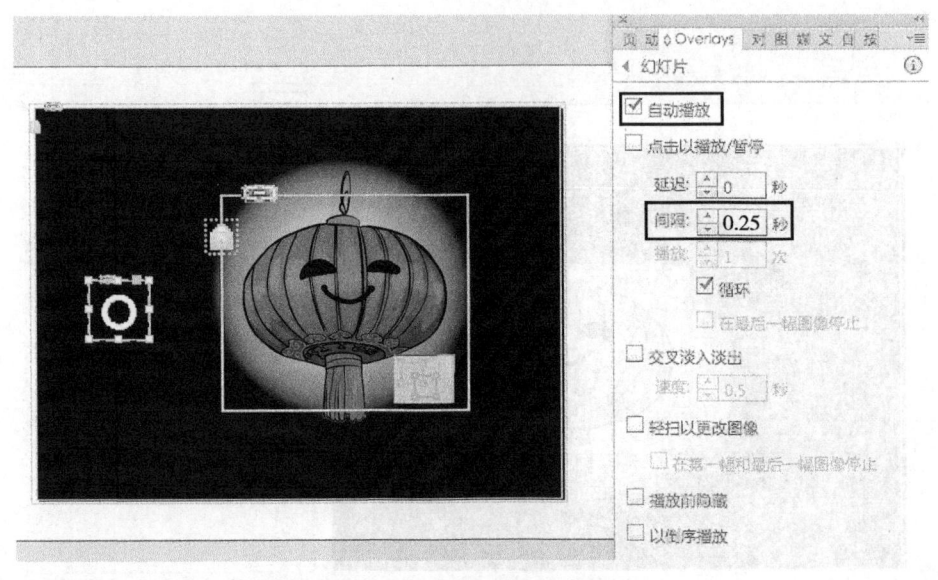

图3-153　设置幻灯片属性

（6）置入音频素材"开灯1.MP3"。在"按钮"幻灯片上绘制矩形框架，转换成为按钮，控制"开灯1.MP3"（见图3-154）将两者编组。

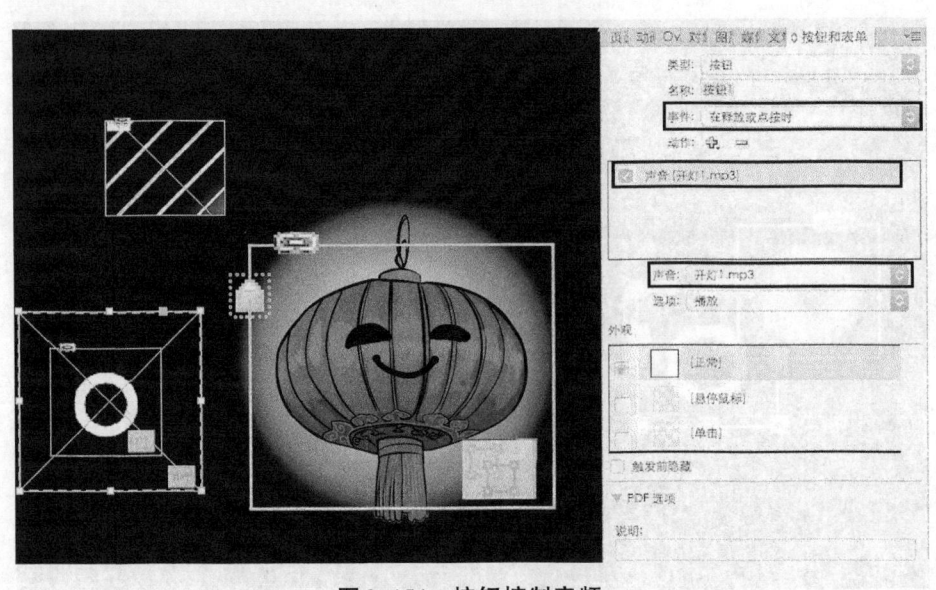

图3-154　按钮控制音频

（7）置入虎头帽子素材，调整大小使其与"按钮"匹配，一起选中编组，命名为帽子组（见图3-155）。

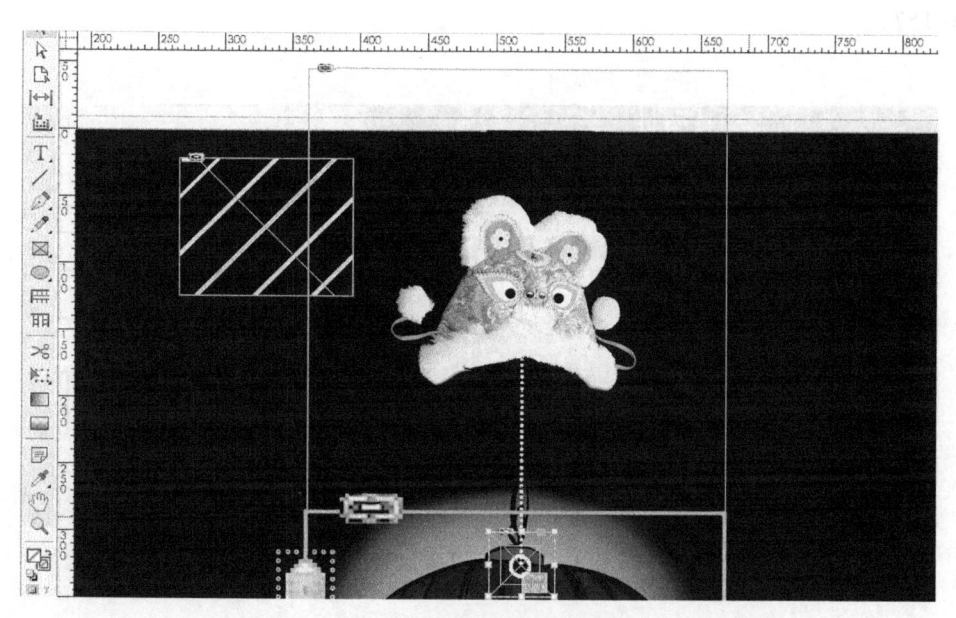

图3-155　置入素材并编组

（8）在虎头帽子上绘制矩形框架，剪切"帽子组"，粘贴入矩形框架内部，调整位置，使在框架内看不到帽子，只能看到灯绳。在Overlays面板可滚动框架中设置参数，滚动方向设为垂直，初始内容位置设为使用文档位置（见图3-156）。

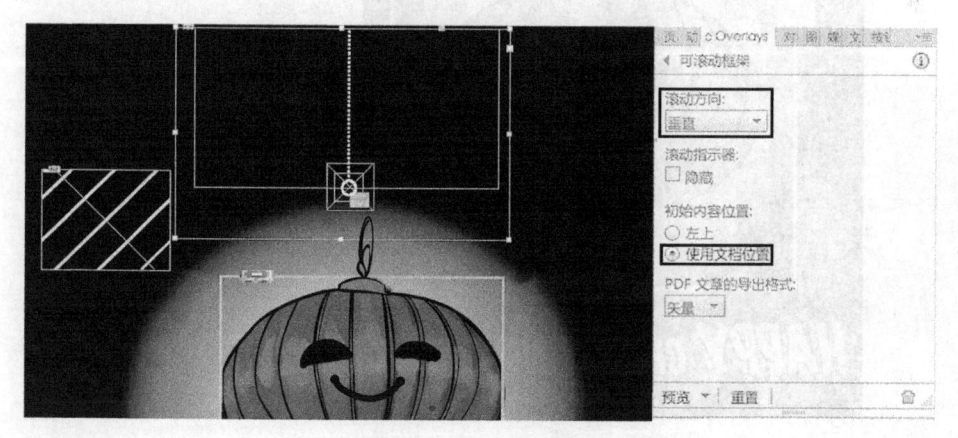

图3-156　设置参数

(9)检查"按钮"与"开灯1.MP3"之间的控制关系,如果失效,需要重新选择"按钮",设置其为控制音效播放。添加动作—转至状态,状态"灯笼"组—状态2(见图3-157)。

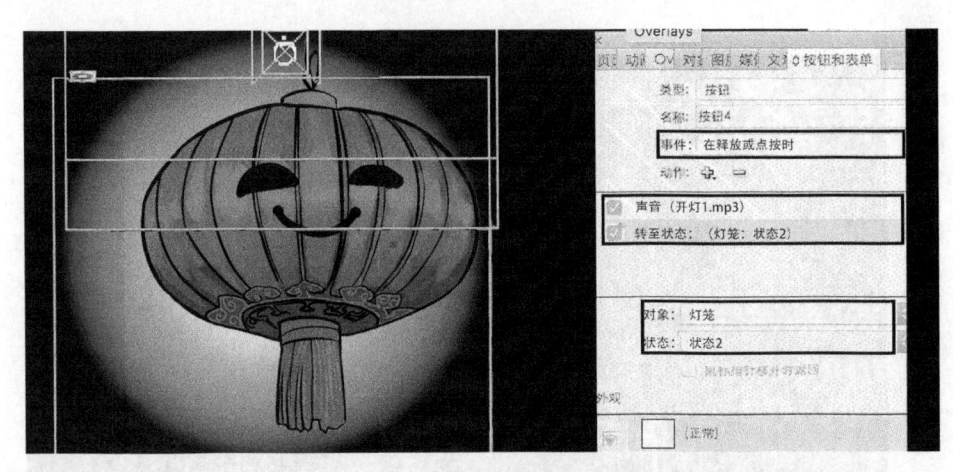

图3-157 设置音效播放

(10)置入"标题1""标题2"素材设置为幻灯片,Overlays面板设置幻灯片属性,自动播放、切换时间0.125秒循环(见图3-158)。

图3-158 设置幻灯片属性

(11) 在"Happy Chinese New Year"字样上面添加矩形框架，设置为按钮，功能为转至下一页。

(12) 在 Adobe Content Viewer 中预览交互效果。

第一页的设计运用简洁的元素（灯笼点亮、Happy Chinese New Year 标题、虎头帽、绳子、环境光晕）体现节日喜庆气氛，用户会被动画效果和互动形式引入设定好的情景主题中，在这个过程中获得对主题的初步视觉印象。以灯笼自身的特点来设计互动内容（灯笼被点亮了，暗示用户对下面内容的探索即将开始），以动画效果展现春节最具代表性的道具，同时灯笼点亮的情景、戴上虎头帽子的互动给用户带来了直观视觉体验和参与体验。对于首页而言，设计秉承简洁直观、交互引导能够在短时间给用户留下深刻的印象，以获得更多的注意力聚焦。

（二）第二页

1. 内容设定：功能页、内容目录

风格设定：选择橘黄色的邻近色——土黄色为主题色调。春节简介、灯笼、葫芦、福字等主题板块设计为树上不同方向的分叉，分别以有代表性的图标表示。运用木板剪影作为本页功能提示。视觉效果上采用剪影、卡通风格，与土黄色背景形成强烈对比反差。

交互设定：（1）春节简介、灯笼、葫芦、福字等作为跳转相应内容的交互入口，实现用户非线性浏览。（2）在目录上浮动使用说明，作为页面中所有出现图标的使用介绍，便于初次使用的用户迅速明白图标暗示的互动形式。在浏览后可以关闭。

第二页规划内容如下。

主题	素材类型	说明	制作形式
内容目录	文字	标题呈现：目录	文字静态呈现
		目录分类：春节、灯笼、葫芦、铃铛、福字	
	图片	图形：图标说明	图标功能说明作为对象状态嵌入隐含页面中
		图片：灯笼、葫芦、铃铛、福字、梅花树、目录指示牌	作为春节简介、灯笼、葫芦、铃铛、福字等板块的入口

2. 平面稿设计

本页面是目录功能页,因此设计全页内容为一棵梅花,上面挂着灯笼、葫芦、铃铛和福字,选择哪一项就意味着进入哪一个主题内容,相当于一个可视化的导航。以黄金分割线为界线,树的左侧竖立着剪影木板,作为补充信息,画面形成一种视觉平衡关系。灯笼、葫芦、铃铛、福字等形象有一定节日元素,设计中运用以喜闻乐见的风格为基调。

4. 交互稿设计

(1)新建文档,1024px×768px,web模式。背景绘制矩形框架填充土黄色,置入素材"梅花树"、指示牌框线,锁定图层(见图3-159)。

(2)添加素材"铃铛",添加文字"铃铛",两者选中编组,把这个组转换成为按钮,转至第3页(见图3-160)。

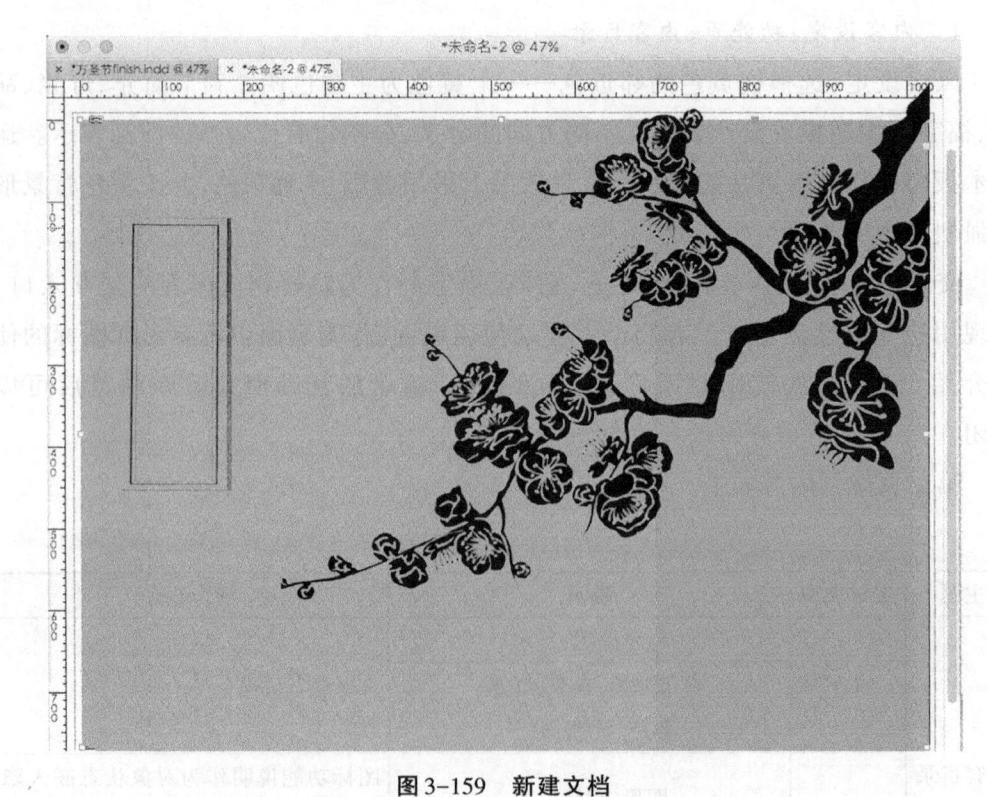

图3-159 新建文档

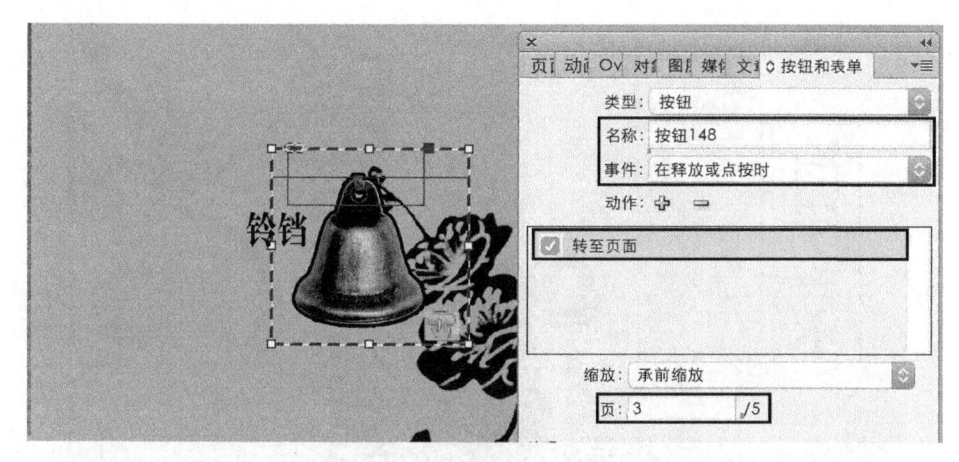

图3-160 转换成为按钮

(3)按照上述方法,添加素材"灯笼""葫芦""福字"素材,添加文字并分别对对应两者选中编组,转换成为按钮,转至第4页、第5页(见图3-161)。

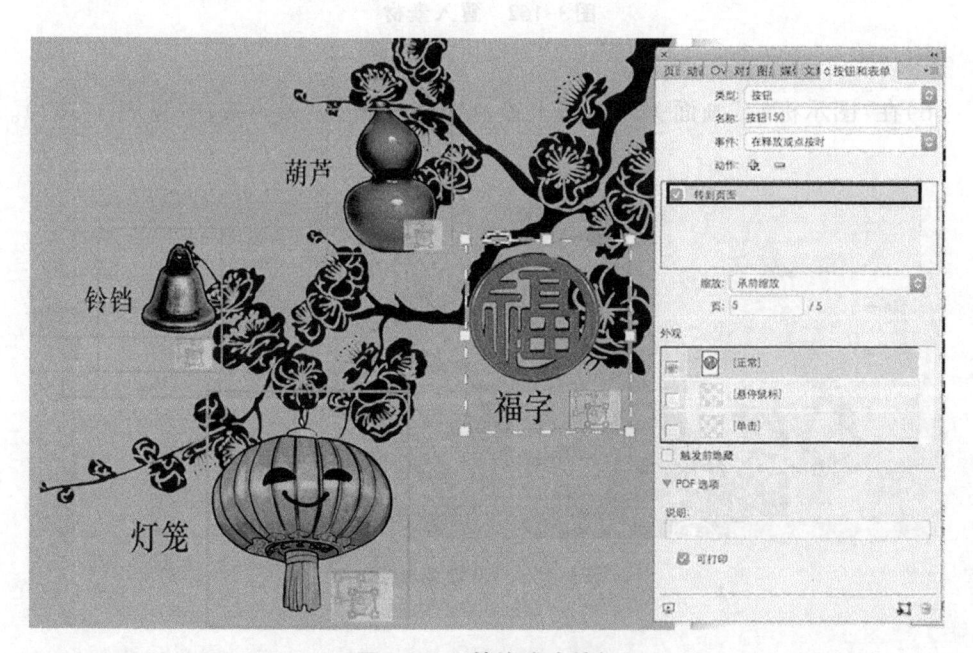

图3-161 转换成为按钮

(4)指示牌位置添加"目录"作为页面功能提示,锁定页面的所有图层。
(5)创建矩形框架,置入素材"图示示意"(见图3-162)。

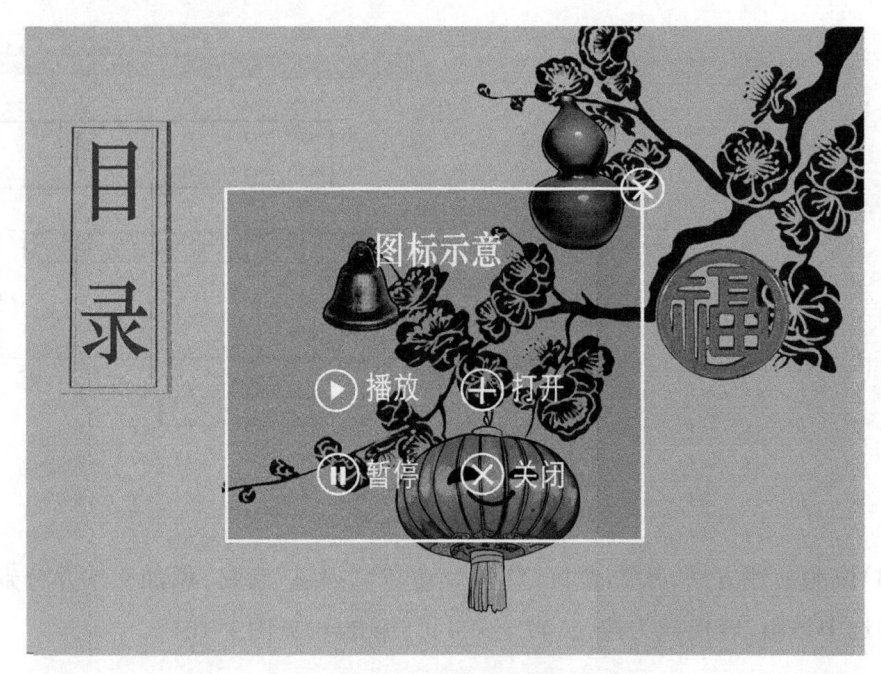

图 3-162　置入素材

（6）在"图示标示"画面关闭按钮上绘制矩形框架，设置为按钮（见图 3-163）。

图 3-163　设置为按钮

（7）按钮和"图示示意"一起选中编组，命名为"icon 组"。
（8）绘制矩形框架，与 icon 组同时选中，创建对象状态（见图 3-164）。

图3-164 创建对象状态

(9)选择对象状态中的按钮,设置为转至状态2(空白状态)(见图3-165)。

(10)在木板图像上置入"手势"素材,设置为按钮,转至状态1(icon组)(见图3-166)。

图3-165 设置为转至状态2　　　　　　　　图3-166 设置为按钮

(11)在 adobe content viewer 中预览交互效果。

在第二页的设计风格选择两个主体色调,运用剪影的强烈对比衬托出目录树的导航功能,这个页面中体现整本章节结构,给用户一个视觉导航的直观印象,并实现非线性跳转。同时在页面中隐藏二级信息,用于介绍全片出现的图标含义,便于后续用户较快熟悉图标标识。

(三)第三页

1. 内容设定:春节

风格设定:选择灯笼外观的邻近色——土黄色为主题色调。以文字介绍春节的起源、传说、历史。沿用剪影的形式,运用红色场景增加春节喜庆的气氛。为了将场景凸显出春节的特点,顶部采用灯笼(节日喜庆的含义)剪影。在界面设计上,将祥云石碑作为主体,占比例较大,用来放置文字,营造出镌刻在祥云石碑上的碑文(暗示内容既古老又有一定的历史性)。在左上角的位置添加文字,作为本页面的标题,起到提纲挈领的作用。

交互设定:(1)春节文字介绍较长,运用可滚动框架将部分文字隐藏起来,让用户在浏览的过程中自主选择是否全部观看。(2)页面左上角添加可回到菜单的标示,作为交互出口。

第三页规划如下。

主题	素材类型	说明	制作形式
春节	文字	标题呈现	文字静态呈现
		春节资料介绍,内容呈现	滚动框架
	图片与图形	图形:滚动框架上下拖拽提示	上下三角形,静态呈现
		图形:房子图标	设置为按钮,暗示回到菜单
		图片:祥云石碑、灯笼、祥云	设计图片元素的版面构成

2. 素材加工:筛选和抠像

将祥云石碑作为春节文字简介的放置处。将祥云石碑、灯笼、祥云等素材合并在一个文件里,剔除背景,形成 png 文件。

3. 平面稿设计

沿袭整体剪影风格，在这个页面中运用剪影来呈现春节中有代表性的图形，如灯笼、祥云、祥云石碑等。以祥云石碑为主体展现本页面中信息量最大的文字素材。色彩选择红色和白色形成鲜明的视觉反差，衬托出剪影图形。标题文字区分大小，在核心词汇"春节"部分进行放大处理，使标题文字形成信息层级。

4. 交互稿设计

本页面是内容页，大部分的内容素材来自文本。①大量的文本并不适合全部呈现在页面中，因此我们选择在祥云石碑的中间区域作为文本的滚动框架区。②添加回到菜单的按钮，给用户留出交互出口。

（1）新建文档，1024px×768px，web模式。置入素材"back"填充红色，锁定图层（见图3-167）。

图3-167　新建文档

（2）置入素材"祥云石碑"锁定图层，置入"主页""介绍"（见图3-168）。

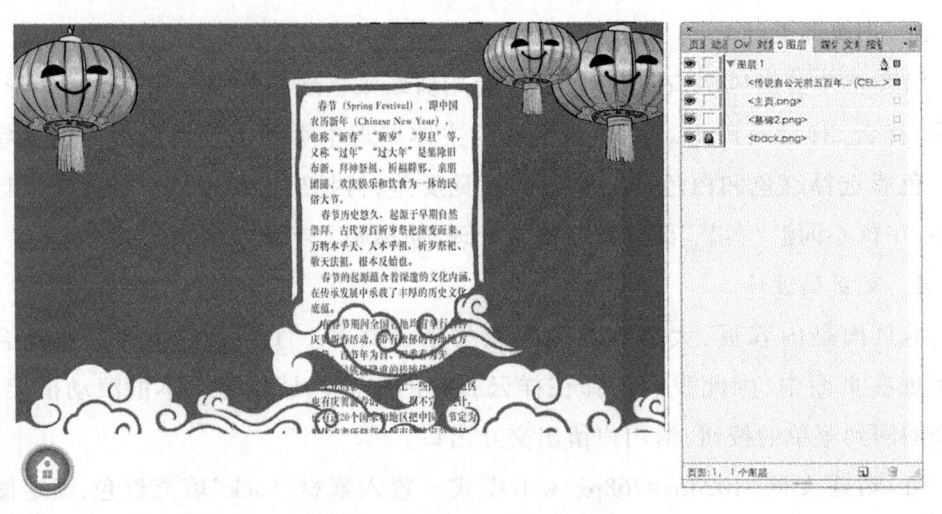

图3-168 置入"主页""介绍"

(3)绘制矩形框架,剪切文字图层,贴入内部,设置"垂直滚动""使用文档位置"(见图3-169)。

(4)选择"主页"房子形状素材,转换成为按钮,转至页面,选择第2页(见图3-170)。

(5)绘制两个三角形,代表上下页,转换成为按钮,作为进入上下页的入口(见图3-171)。

图3-169 设置垂直滚动

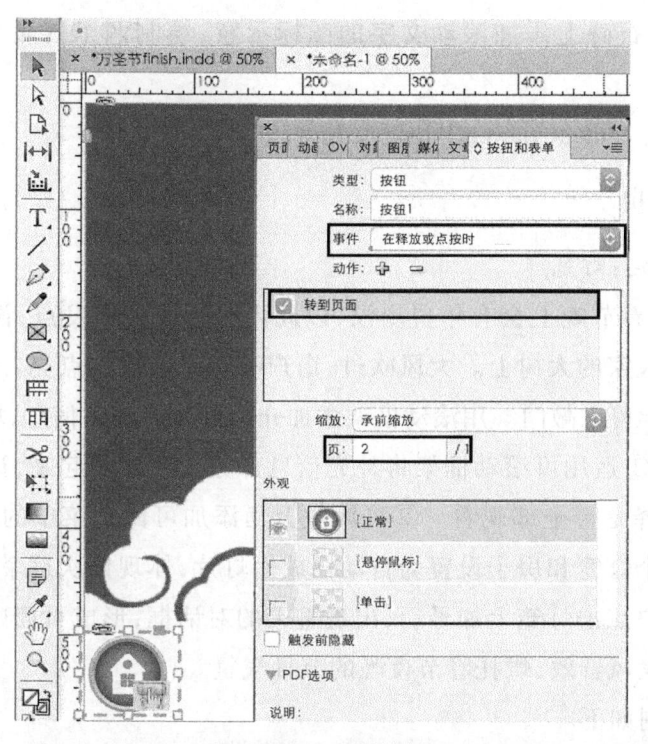

图3-170　设置按钮

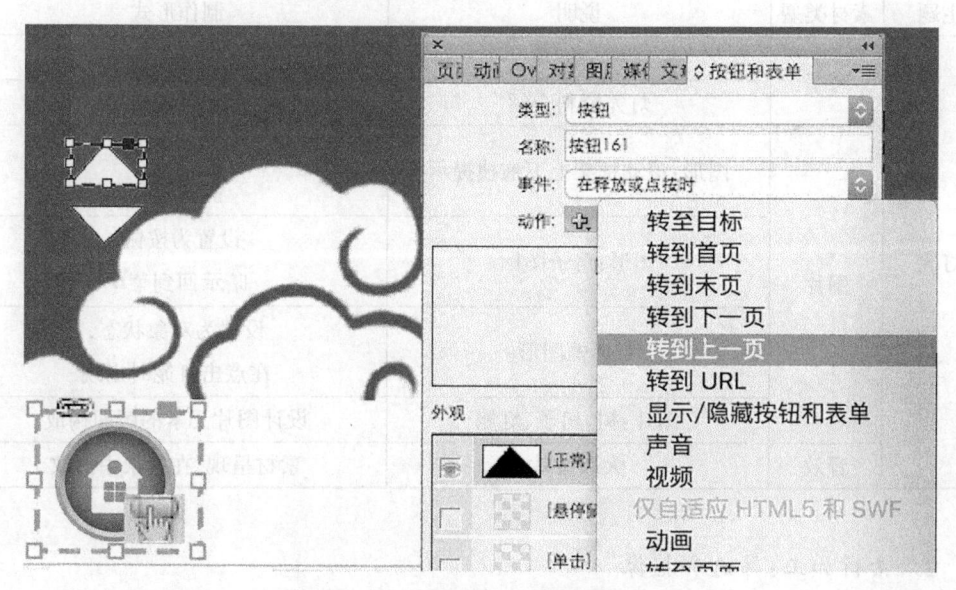

图3-171　设置上下页转换按钮

（6）在祥云石碑上添加滚动文字的图标示意，绘制两个三角形，代表上下可滚动。

（7）在adobe content viewer中预览交互效果。

（四）第四页

1. **内容设定**：灯笼

风格设定：春节晚上会有年兽出没，以此内容为设计出发点，设计情景为三个灯笼挂在一户人家的大树上。大风吹过，窗户和灯笼依次被点亮，三个喜庆的灯笼相互聊天等待年兽来敲门。用滚动框架添加介绍灯笼的辅助信息，增加信息量。

交互设定：①运用可滚动框架将补充信息部分文字隐藏起来，让用户在浏览的过程中自主选择是否全部观看。②页面左上角添加可回到菜单的标示，作为交互出口。③将三个灯笼和房子设置为自动播放幻灯片，体现依次逐个被点亮，营造节日气氛。④用户点击灯笼上加号后，出现聊天的对话框，形成页面中可互动参与的部分。⑤添加大风音效，烘托春节夜晚的节日气氛。

第四页规划如下。

主题	素材类型	说明	制作形式
灯笼	文字	标题呈现	文字静态呈现
		灯笼资料介绍	滚动框架
	图片	图形：滚动框架上下拖拽提示	上下三角形，静态呈现
		图形：房子图标	设置为按钮，暗示回到菜单
		对话框图形	设置为对象状态，在点击灯笼时出现
		图片：树、房子、灯笼	设计图片元素的版面构成
	音效	大风音效	素材呈现，在背景中播放

2. **素材加工**：筛选和抠像

（1）"房子1"为全部剪影黑房子，"房子2"为剪影，窗户有黄色光线（见图3-172）。

图3-172　筛选和抠像

（2）三个灯笼分别保存为有灯光效果的、无光线的，剔除背景形成png文件（见图3-173）。

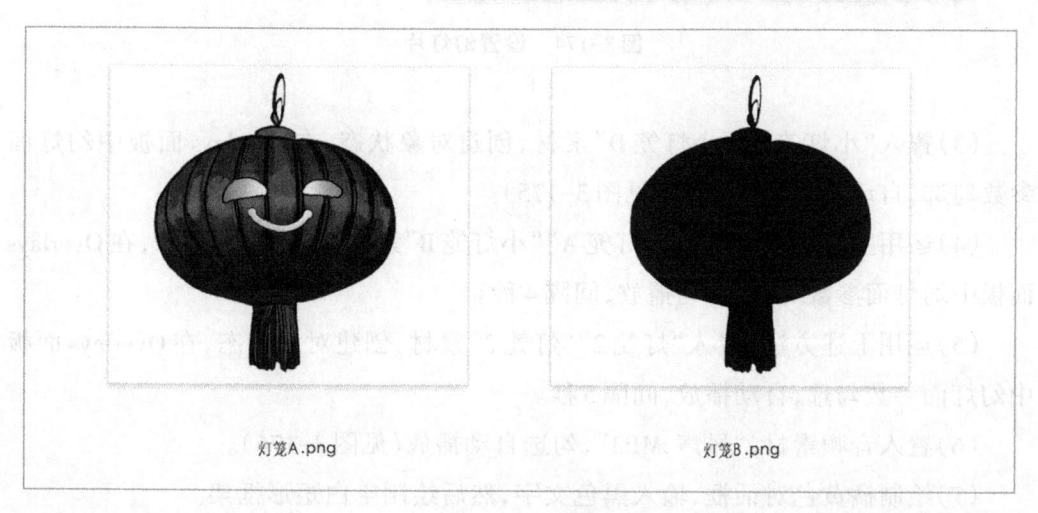

图3-173　抠像

3. 平面稿设计

沿袭整体剪影风格，在这个页面中运用剪影来呈现春节中有代表性的图形，如灯笼、祥云、祥云石碑等。平面稿内容设计为一户人家外的院子里三个挂在枯树上的灯笼在对话。字体遵循可爱风格运用娃娃体。

241

4. 交互稿设计

（1）新建文档，1024px×768px，web模式。置入素材"房子1""房子2"。

（2）框选"房子1""房子2"创建对象状态，在Overlays面板中勾选幻灯片参数，自动播放，2秒播放一次，在最后一幅图像上静止（见图3-174）。在图片下方填充黑色矩形框架。

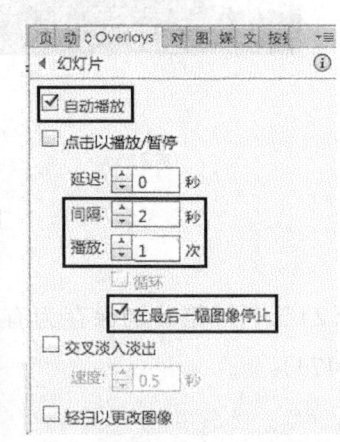

图3-174　设置幻灯片

（3）置入"小灯笼C""小灯笼D"素材，创建对象状态，在Overlays面板中幻灯面参数勾选，自动播放，间隔3秒（见图3-175）。

（4）运用上述方法，置入"小灯笼A""小灯笼B"素材，创建对象状态，在Overlays面板中幻灯面参数勾选，自动播放，间隔4秒。

（5）运用上述方法，置入"灯笼2""灯笼3"素材，创建对象状态，在Overlays面板中幻灯面参数勾选，自动播放，间隔5秒。

（6）置入音频素材，"风声.MP3"，勾选自动播放（见图3-176）。

（7）绘制橘黄色对话框，输入黑色文字，然后绘制空白矩形框架。

（8）给每一个灯笼添加加号素材转换成按钮。

（9）绘制对话框，土黄色，黑色圆点描边，内容为："哈哈，怎么还不来？"将对话框与空白矩形框架一起创建对象状态。将"加号"设置为控制该对象状态的按钮，在点击时转至状态2（见图3-177）。

（10）绘制对话框，土黄色，黑色圆点描边，内容为："'年'怪物袭击村子要挂红灯笼、红对联和红带子！"将对话框与空白矩形框架一起创建对象状态。将树杈顶端的"加号"设置为控制该对象状态的按钮，在点击时转至状态2（见图3-178）。

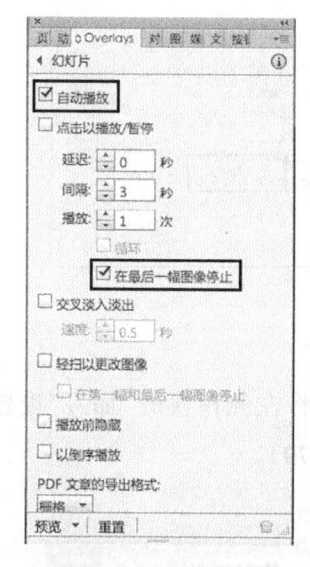

图3-175　设置幻灯片　　　　　图3-176　置入音频素材

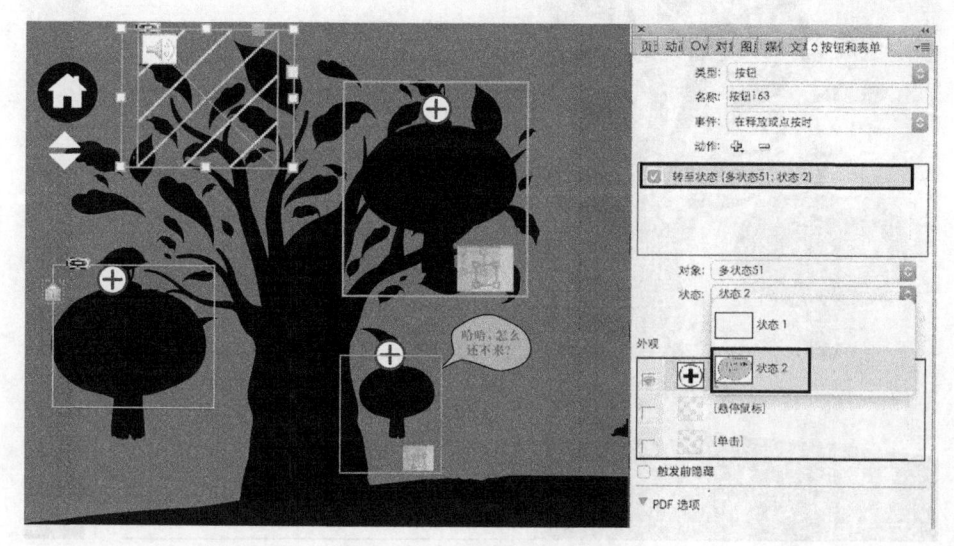

图3-177　创建对象状态

图3-178 设置对象状态

(11)将对话框与空白矩形框架一起创建对象状态。将左侧树杈的"加号"设置为控制该对象状态的按钮,在点击时转至状态2(见图3-179)。

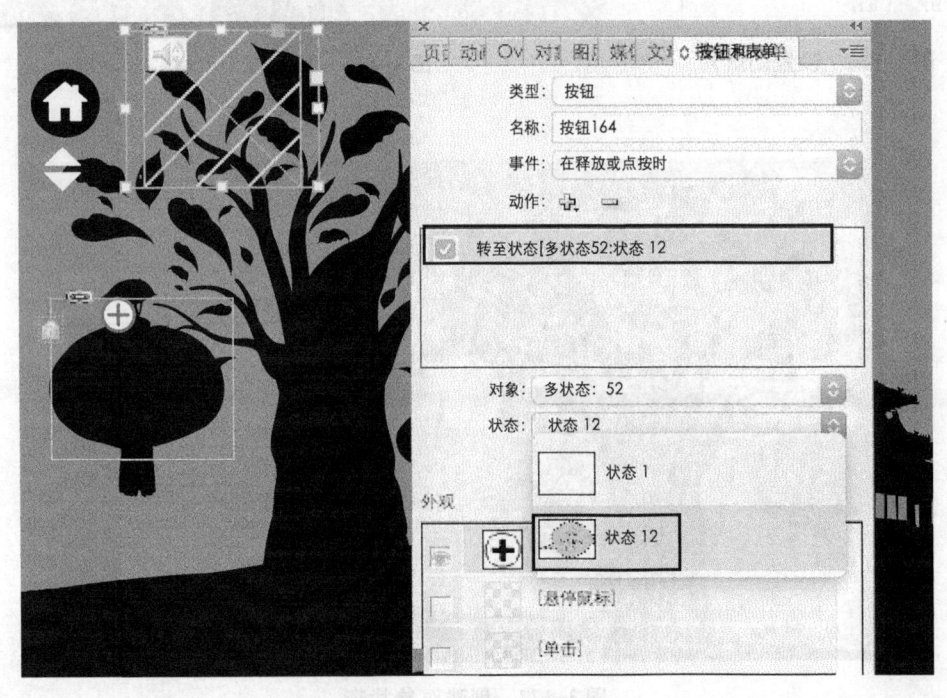

图3-179 设置对象状态

(12)添加本页标题"灯笼",选择娃娃体,起到提点页面主题的作用。

(13)在标题右侧绘制矩形框架,将灯笼的背景知识内容填充到矩形框架中。在Overlays面板选择滚动方向为"垂直",初始内容位置设置为"使用文档位置",形成滚动文字的互动形式(见图3-180)。

(14)在Adobe content viewer中预览交互效果。

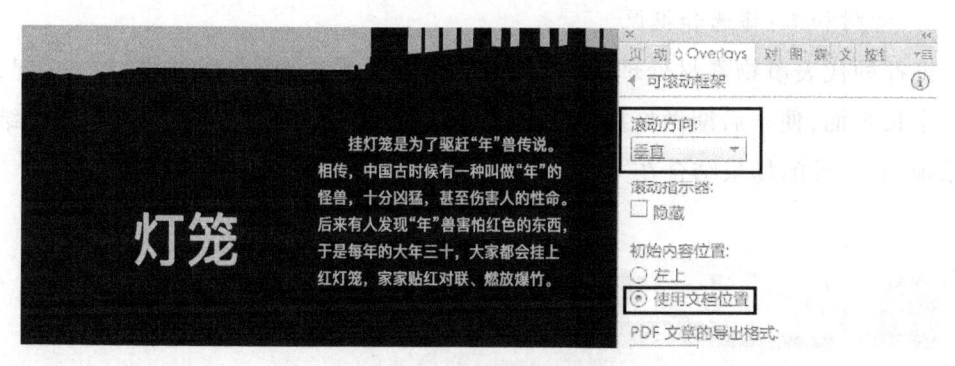

图3-180 设置可滚动框架

(五)第五页

1. 内容设定:春节代表事物

风格设定:春节的夜晚张灯结彩,以此为内容线索,将各种有代表性的元素以图形的方式呈现出来,文字介绍作为形象的辅助信息。视觉效果风格延续全片的剪影风格,将各种典型元素集合在一起以展开画卷进入视野的方式呈现出来,营造春节画卷。

交互设定:①运用平移的功能,让用户在平移界面窗口的过程中感受代表性元素逐一登场。②每一种元素添加"加号"按钮,作为文字信息的交互出口。③添加典型元素的呈现音效,营造节日气氛。

第五页规划

主题	素材类型	说明	制作形式
春节有哪些习俗?	文字	标题呈现	文字静态呈现
		各种代表事物资料介绍	把各种代表事物文字介绍放置在一个对象状态中
	图片	图形:加号暗示更多内容	设置为按钮,控制对象状态
		图形:古建筑房子图标	设置为按钮,提示回到菜单

续表

主题	素材类型	说明	制作形式
春节有哪些习俗？	图片	图片：舞龙、赏梅、福字、赏花灯、烟花、秧歌、闹元宵等	图片元素集合在一起，设计成一个可以拖动展开的长画卷
	音频	音效：喜悦感音效	素材呈现，在背景中播放

2. 素材加工：筛选和抠像

将各种代表事物素材处理为剪纸效果，剔除背景内容，在PS中拼接在一起，形成一个长页面，便于后期做拖拽平移效果（见图3-181）。以代表事物和环境相结合的原则，和户外的场景结合在一起，形成逐一展开的画面。

图3-181　长页面

3. 平面稿设计

沿袭整体剪纸风格，在这个页面中运用剪影来呈现春节中有代表性的事物。平面稿内容设计为将各种代表性事物以平面方式展开。背景选择为浅黄色，与红色剪影形成鲜明的色彩反差，突出春节的喜悦欢庆气氛。

4. 交互稿设计

（1）新建文档，1024px×768px，web模式。绘制矩形框架，填充为浅黄色，作为本页面的色彩基调。置入素材"舞龙""赏梅""放鞭炮""赏花灯""挂福字""舞狮""烟花""秧歌""闹元宵"（见图3-182）。

（2）置入"加号"素材，给每一个春节元素的添加"加号"，分别设置成为按钮（见图3-183）。

（3）在页面下方置入文字素材"舞龙""赏梅""放鞭炮""赏花灯""挂福字""舞狮""烟花""秧歌""闹元宵"，转换成为多对象状态（见图3-184）。

（4）置入文字标题"春节有哪些习俗"，点明页面主题，置入"春节"音频素材烘托喜庆气氛（见图3-185）。

第三章　DPS交互技术

图3-182　新建文档

图3-183　设置按钮

图3-184　转换成为多对象状态

247

图3-185　置入文字

(5)选择舞龙上的"加号"按钮,设置为转至多状态—状态2(对应舞龙的文字介绍)(见图3-186)。

图3-186　设置为转至多状态

(6)分别选择"舞龙""赏梅""放鞭炮""赏花灯""挂福字""舞狮""烟花""秧歌""闹元宵"一侧的"加号"按钮,设置转至状态—对应文字介绍。

(7)框选图片"舞龙""赏梅""放鞭炮""赏花灯""挂福字""舞狮""烟花""秧歌""闹元宵"素材,所有"加号"素材右键执行编组命令(见图3-187)。

图3-187　编组

(8)在页面中绘制矩形框架,将编组内容贴入内部(见图3-188)。

图3-188　贴入内部

（9）在Overlays面板中进入可滚动框架中，设置水平滚动，初始位置为使用文档位置（见图3-189）。

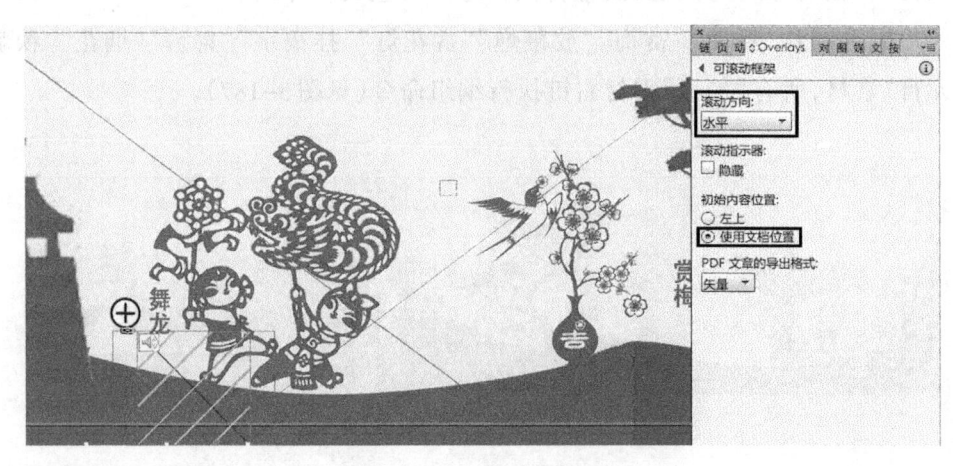

图3-189　设置水平滚动

在Adobe content viewer中预览交互效果。在这个页面中随着用户拖动画面，春节的各种民俗场景依次进入视野，营造出热闹的氛围。拖动交互的过程中，用户可以点击各民俗素材边的"加号"查看更多内容介绍。

（六）第六页

1. 内容设定：版权页

风格设定：剪影、色块与黑色剪影对比。

交互设定：运用平移的功能，让用户自己拖拽指示箭头，拉出版权页主干内容。

第六页规划如下。

主题	素材类型	说明	制作形式
版权页	文字	团队介绍、出品方介绍	文字静态呈现
	图片	图形：出品方logo	滚动框架
		图片：纸片、灯笼	

2. 素材加工

（1）进行筛选和抠像，把照片素材加工处理成剪影风格，添加版权页信息（版权方、制作团队、制作人员介绍)(见图3-190)。

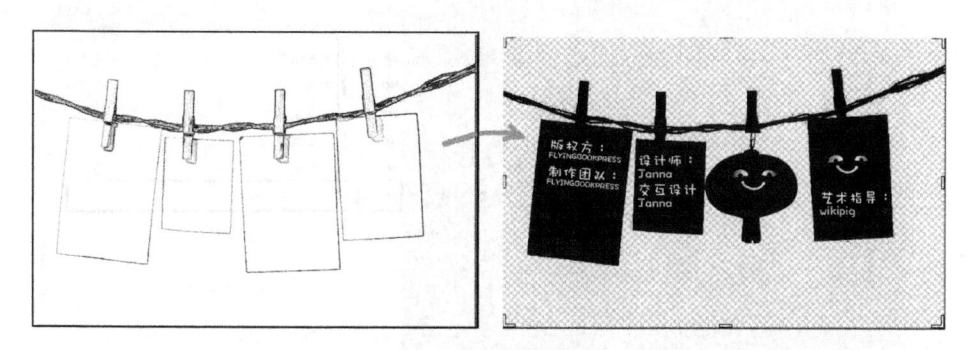

图3-190 素材加工

(2)将页面加长,延伸左侧的绳子长度,在终点处绘制方向箭头。箭头作为交互行为提示,存储为png文件(见图3-191)。

图3-191 页面加长

3. 平面稿设计

平面稿承袭喜庆风格,色块剪影,以悬挂照片的形式展示制作团队信息和版权信息。

4. 交互稿设计

以悬挂照片的绳子为线索,设置向左平移,使用户在平移的互动过程中自己拉出隐藏在页面外的主干信息。

(1)新建页面,第6页,绘制矩形框架并填充红色,锁定图层(见图3-192)。

(2)在页面上绘制矩形框架(见图3-193)。

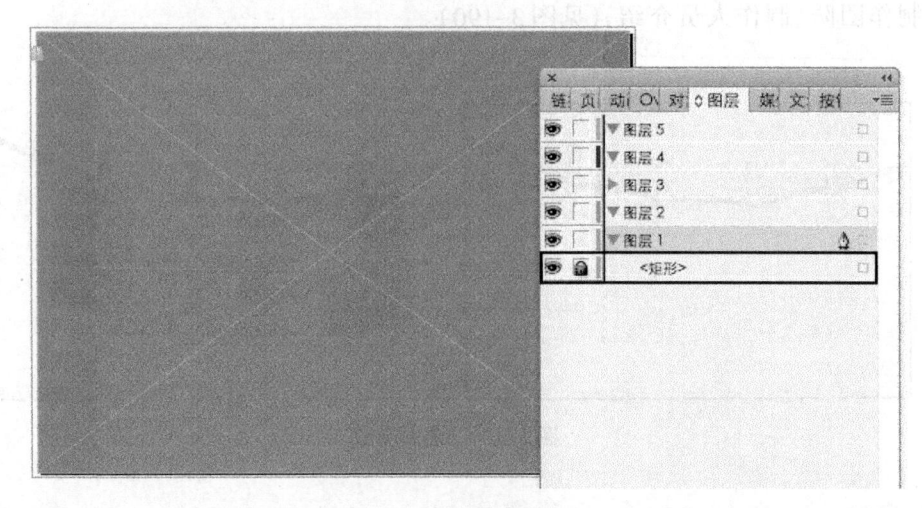

图3-192 新建页面

图3-193 绘制矩形框

（3）置入图片"版权页"，执行剪切图片命令（见图3-194）。

（4）贴入矩形框架内部（见图3-195）。

（5）在Overlays面板中设置滚动框架，滚动方向水平，初始位置为使用文档位置（见图3-196）。

（6）在页面面板中跳转到第二页，在树杈位置输入文字"版权页"（见图3-197）。

（7）选择版权页字样，在按钮与表单面板转换为按钮，设置动作为转至页面—第六页（见图3-198）。

第三章 DPS交互技术

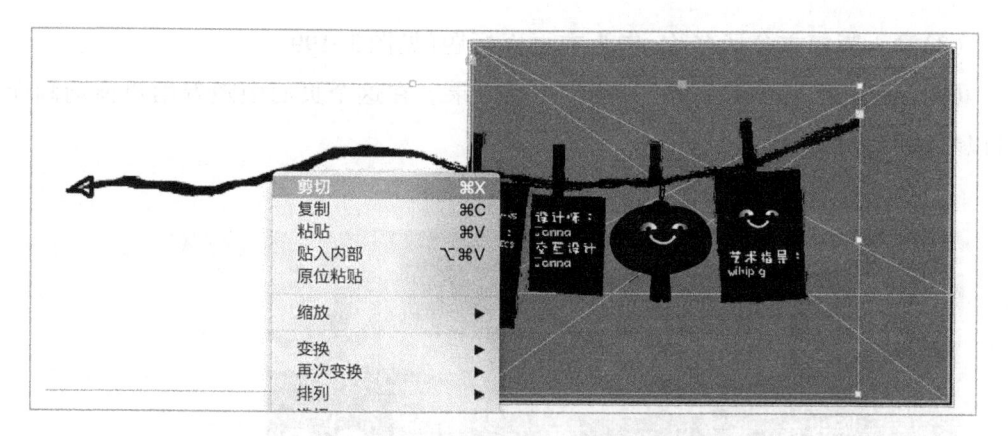

图 3-194 置入图片

图 3-195 贴入矩形框架内部

图 3-196 设置滚动框架

图 3-197 置入文字

图 3-198 转至页面

253

(8)输入版权方公司名称,作为本页面标题(见图3-199)。

(9)在 adobe content viewer 中预览交互效果。在这个页面中随着用户拖动画面,可以看到版权信息进入视野。

图 3-199　输入文字

5. 测试与上传

所设计数字出版物的查看方式如图 3-200 所示。

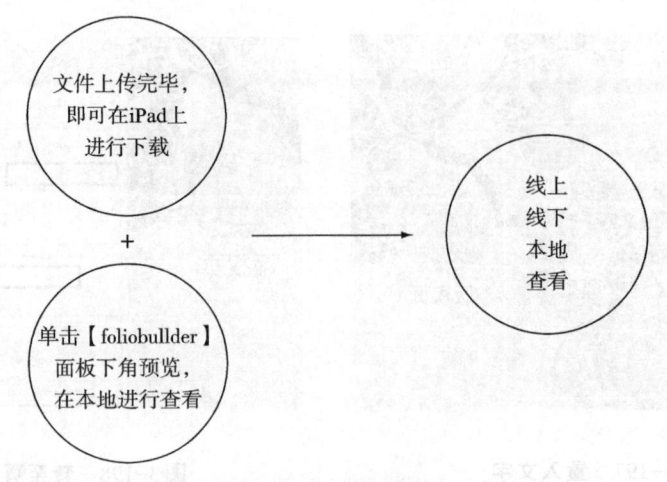

图 3-200　查看方式

（1）设置为水平滚动的电子杂志制作完毕，可进行本地测试（以 CS6 为例）。单击"overlay creator"右下角"预览"，弹出"adobe content viewer"演示电子杂志效果。

（2）设置为水平滚动的文件可上传至服务器并预览。

①单击窗口扩展功能——folio builder，单击"登录"，用 Adobe ID 进行登录。

登录后得到空白界面。单击面板下方"新建"，创建一个作品集（见图 3-201 ~ 图 3-204）。

②iPad 测试。

在 iPad 上打开 adobe content viewer，单击右上角"登录"，输入自己的 Adobe ID。

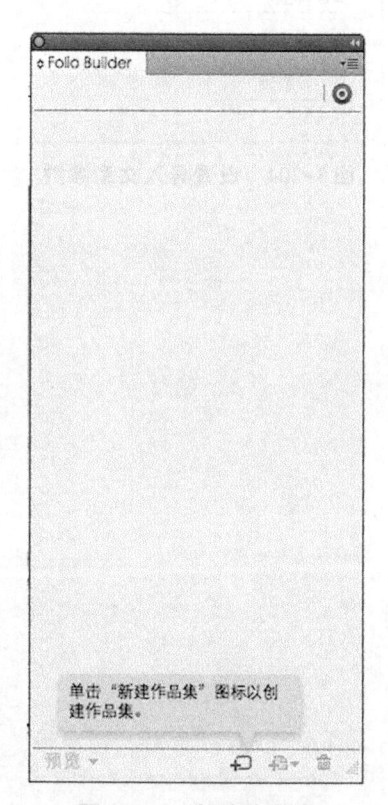

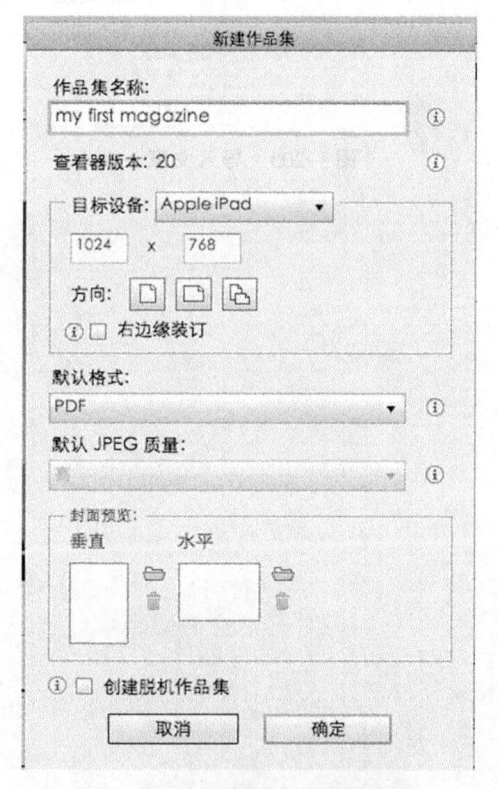

图 3-201　新建作品集　　　　图 3-202　设置新建作品集参数

图3-203　导入文章

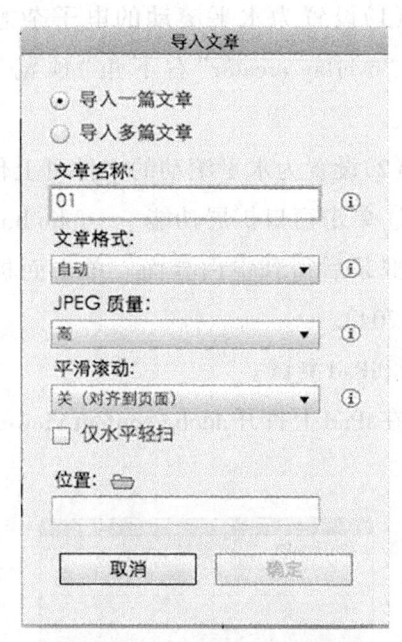

图3-204　设置导入文章参数

第四章　交互电子书案例

案例一　《故宫名画那些事》

一、前期策划方案

(一)选题背景

在5G网络时代全面来临之际，人们对数字出版产品内容和形式的期待更大了。如今线上生活丰富，可以线上上课、线上参展、线上旅游等。近几年故宫元素大火，国画作为传统文化的一部分，承载了历史与中国美学，随着线下展览的开设，故宫里的国画在一段时间成为热点。在新时代的浪潮下，如何结合技术和传统文化，成为热议的话题。

与传统纸书相比，电子书携带更加便捷，可以随时进入使用场景。同时电子书因其融合多媒体的特点，可以使读者同时享受文字、音乐、视频，交互电子书的互动功能，让阅读体验更沉浸，更具趣味性。总体上说，电子书更符合现代人的阅读需求，利用交互式电子书进行阅读，使人可以在放松身心的同时增长知识提高文化涵养。

(二)主要内容

该书由魏晋南北朝与隋、唐、五国十代、北宋、南宋、元、明、清八个章节构成，每章两个小节，每个时期选取两幅收录在故宫的代表画作，再现名画背后的故事。

(三)受众群体

该书的受众为对传统文化感兴趣的读者，以兴趣为导向，年龄不限，更偏向于青少年。如今的青少年对电子产品有着相当的敏感度，对互联网也有着一定的了解，这就使其拥有了更加敏锐的观察能力和更加挑剔的审美能力，对于自己想要、想看或是想玩的事物有着更高的追求。根据受众特点，特设计各类功能，以及更具趣味性的互动。

（四）内容定位

该电子书并非线上博物馆型App，而是以故宫名画为线索，介绍各个时期共16幅画作的趣味科普性电子书。美育课程一直贯穿我们的义务教育阶段，但因为没有系统地学习，许多国人对中国传统艺术文化并不了解。对各时期美术风格、著名画家代表、经典名画赏析等，也缺乏基础的认知。该电子书作为人文知识"科普"的一面，体现在对以上内容的全覆盖，是适合所有年龄段读者阅读的大众读物，没有生涩难懂的语言和内容。同时，该电子书通过交互、动画的设计，增加阅读的趣味性，在阅读的过程中，读者可以点按屏幕触发动画，调动多重感官，加深阅读印象。

（五）选题意义

线上艺术鉴赏类数字产品的现状。目前我国即将全面进入5G时代，互联网和移动端的发展，基于移动智能终端的App层出不穷。同时，人们对艺术欣赏也有了较大的需求，其中以博物馆数字化为一个发展的方向。博物馆数字化即将博物馆艺术藏品转换为数字化信息，以图像、文字、声音以及影像等方式融合进行展示和传播。国内最知名、最具代表性的博物馆——故宫博物院作为主要的艺术文化载体，近几年在新媒体下的文化传播方式备受关注，现已有出版的近10款App，主要转型方向为游戏类、导览类、文化类。

故宫名画具有引首、题跋、历代名家题记、收藏玺印等浓厚文化痕迹，对世人了解中国艺术瑰宝的真正魅力有深远意义。名画背后的故事也是人文艺术宝库中的瑰丽画卷，该书将带读者走入艺术背后的深邃历史，一起品画作、读历史。

二、主要内容说明

（一）风格选择

在这一步骤中，尝试了多种风格，从一开始选择面对较低年龄层的童趣型，用拟人化的方式由故宫圣兽做索引，但因为需要大量手绘素材，囿于制作者原画创作能力，后选择靠现有素材再加工，形成自己的风格。在尝试色彩浓郁、较为戏剧化的用色后，决定还是选择清新淡雅的画风，与故宫主题搭配。

（二）界面设计

界面设计主要为了提升读者的阅读体验，并将电子书作品本身要传达的信息准确地传递给读者。因此在做电子书界面设计以及交互设计时,应将用户体验放在首要考虑的位置。该电子书一改传统电子书大段文字的堆砌,利用时间轴图像为线索,串联各时期。同时,二级、三级界面跳转也使用统一的图标。

(三)框架搭建

该书主要为读者提供iPad阅读体验。使用iPad的一大好处在于该终端对比同类产品使用人群众多,且iPad电子书参数设置已具有规范。该书作为艺术鉴赏类电子书,选材先框定在"故宫名画"范围内,然后利用历史书天然的时间顺序为框架,从魏晋南北朝与隋、唐、五代十国、南宋、北宋、元、明、清八个时期中,选取具有代表性的16幅画作,分别从作者介绍、名画简介、艺术鉴赏、场景分析等角度,逐一介绍(见图4-1)。

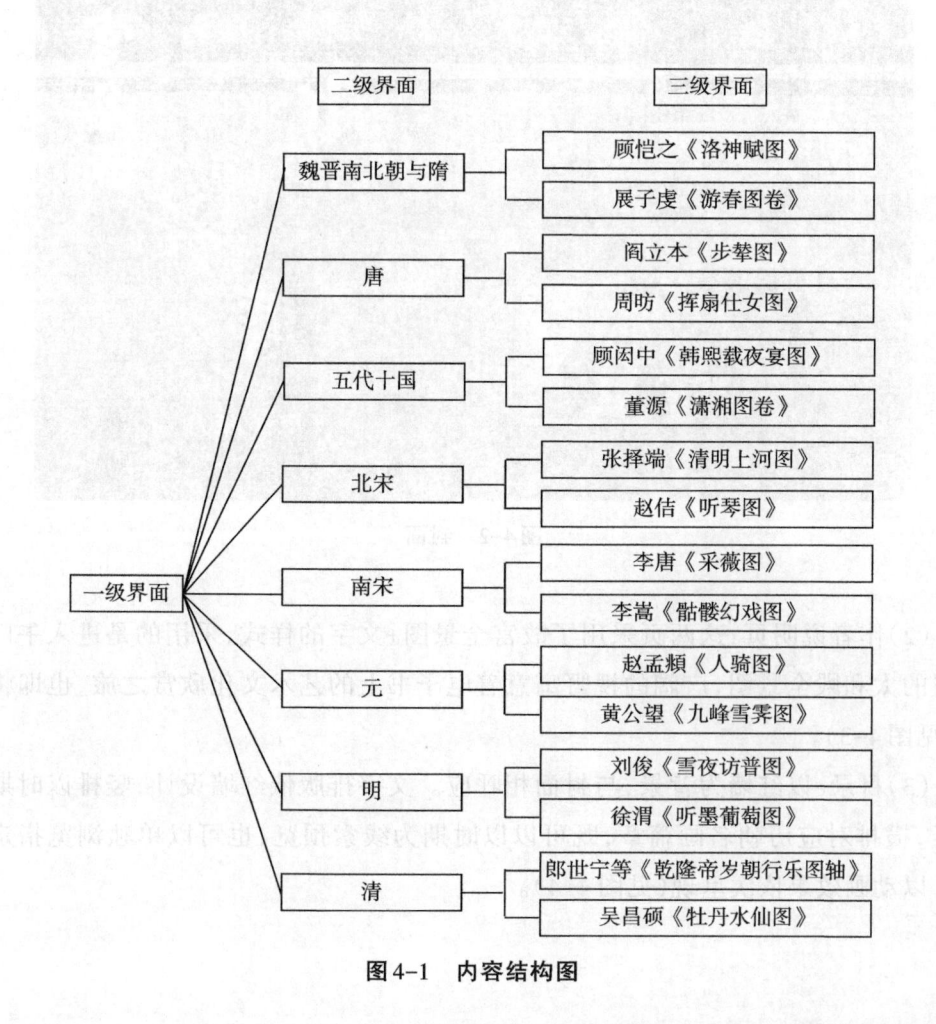

图4-1 内容结构图

(四)排版设计

1. 界面的设计

(1)封面:选材故宫红墙元素,叠加书法、宣纸质感图层,代表故宫深厚的文化底蕴。由于本书主题为"故宫名画那些事",为使画中内容突破纸质边界,采用两个画框的样式,画中人"出框"与主题呼应。画框样式与窗户也有几分类似,暗示读者本书将像一扇窗,带读者领略传统艺术文化的瑰丽(见图4-2)。

图4-2 封面

(2)作者说明页:这两页采用了故宫全景图+文字的样式,采用的是进入午门后远望的太和殿全景图,广阔的视野寓意着电子书上的艺术文化欣赏之旅,也即将开始(见图4-3)。

(3)目录:以红墙为背景,与封面相呼应。文字排版依红墙设计,竖排以时期为线索,横排对应历朝名画篇章,既可以以时期为线索预览,也可以单独浏览指定画作。以动画效果依次呈现(见图4-4)。

图4-3 作者说明页

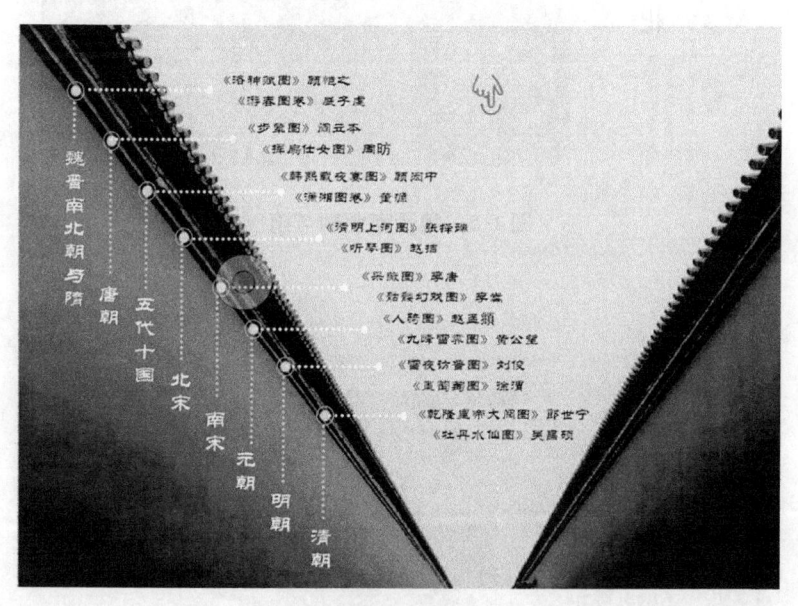

图4-4 目录

2. 电子书的章节设计

该书共分为八章,每章由目录进入,分别为各时期不同的主题,但基本保持整体风格的统一。

第一章:本章内容主要为魏晋南北朝与隋,选取《洛神赋图》(顾恺之)、《游春图卷》(展子虔)两幅代表性画作(见图4-5)。

第二章：本章内容主要为唐朝，选取《步辇图》(阎立本)、《挥扇仕女图》(周昉)两幅代表性画作(见图4-6)。

图4-5 魏晋南北朝与隋

图4-6 唐朝

第三章：本章内容主要为五代十国，选取《韩熙载夜宴图》(顾闳中)、《潇湘图卷》(董源)两幅代表性画作(见图4-7)。

第四章：本章内容主要为北宋，选取《清明上河图》(张择端)、《听琴图》(赵佶)两幅代表性画作(见图4-8)。

图4-7 五代十国

图4-8 北宋

第五章：本章内容主要为南宋，选取《采薇图》（李唐）、《骷髅幻戏图》（李嵩）两幅代表性画作（见图4-9）。

第六章：本章内容主要为元朝，选取《人骑图》（赵孟頫）、《九峰雪霁图》（黄公望）两幅代表性画作（见图4-10）。

图4-9　南宋

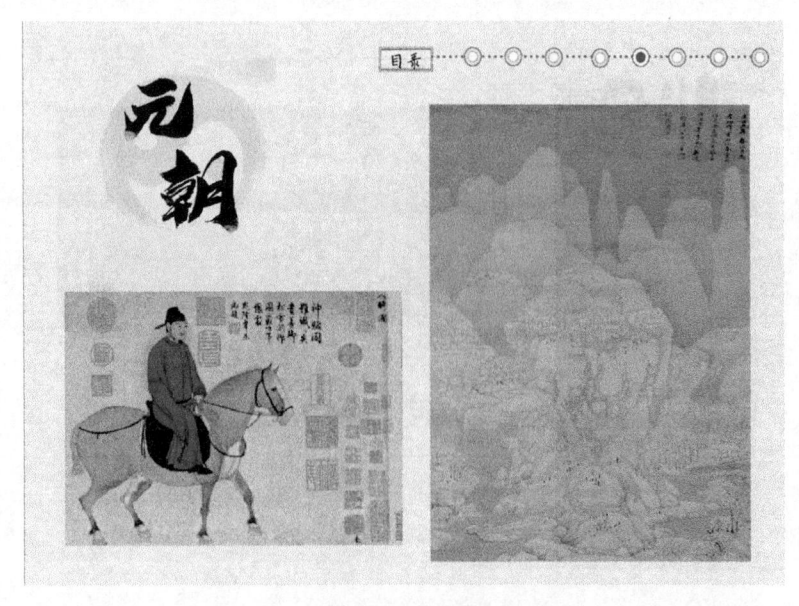

图4-10　元朝

第七章:本章内容主要为明朝,选取《雪夜访普图》(刘俊)、《墨葡萄图》(徐渭)两幅代表性画作(见图4-11)。

第八章:本章内容主要为清朝,选取《乾隆皇帝大阅图》(郎世宁)、《牡丹水仙图》(吴昌硕)两幅代表性画作(见图4-12)。

图4-11 明朝

图4-12 清朝

(六)交互设计

1. 使用功能

该书的情景展示主要使用 InDesign 中对象状态加按钮组合实现,配合 PS 对图片素材加以处理,最后实现(见图4-13)。

图4-13 对象状态按钮组合

2. 长图展示方式

在介绍同一页内容的时候,通过按钮及对象状态的组合,搭配计时动画,在增加电子书内容量的同时保持了页面的美观性。

《洛神赋图全景展示》,分8页,用计时动画作为按钮,实现"平移"功能(见图4-14、图4-15)。

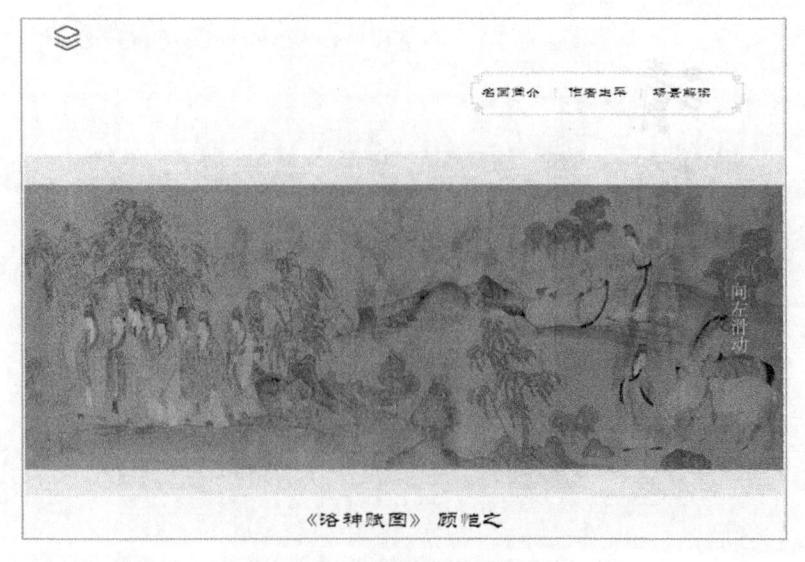

图4-14 洛神赋图全景展示1

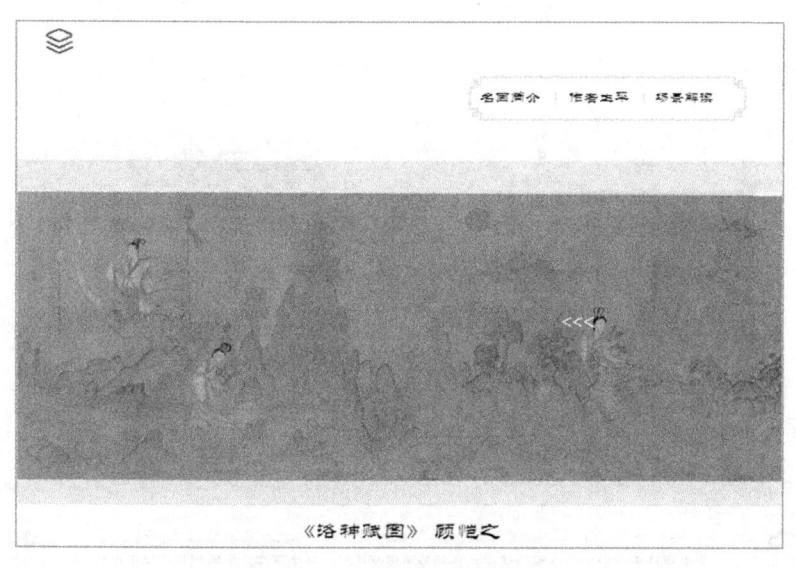

图4-15　洛神赋图全景展示2

3. 同一页面多元素介绍展现方式

该书各个章节中的内容较多,每幅图都从作者简介、名画简介、场景介绍、名画赏析等多个角度展示,因此使用"多功能状态"。特设计不同排版,在统一风格下有变化、有新鲜感,避免一成不变的界面(见图4-16~图4-20)。

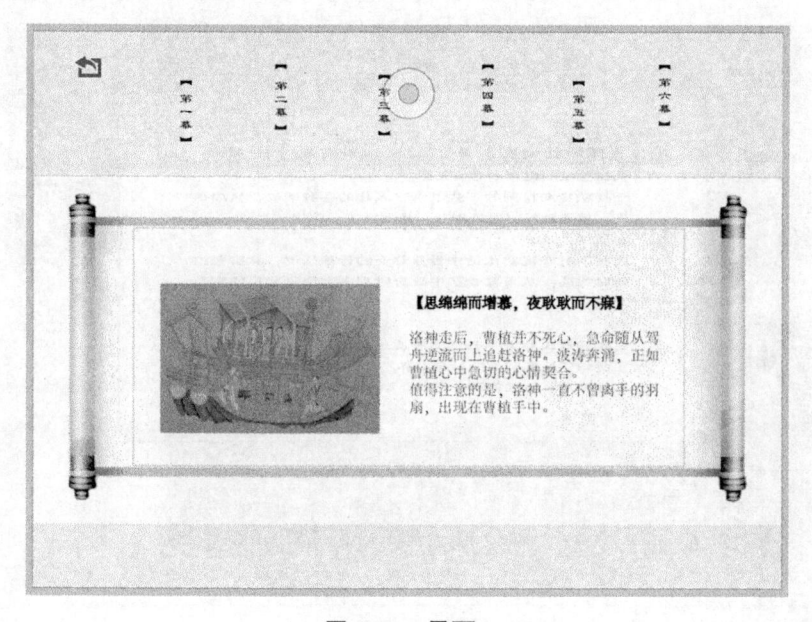

图4-16　界面1

数字出版产品设计与开发

图4-17　界面2

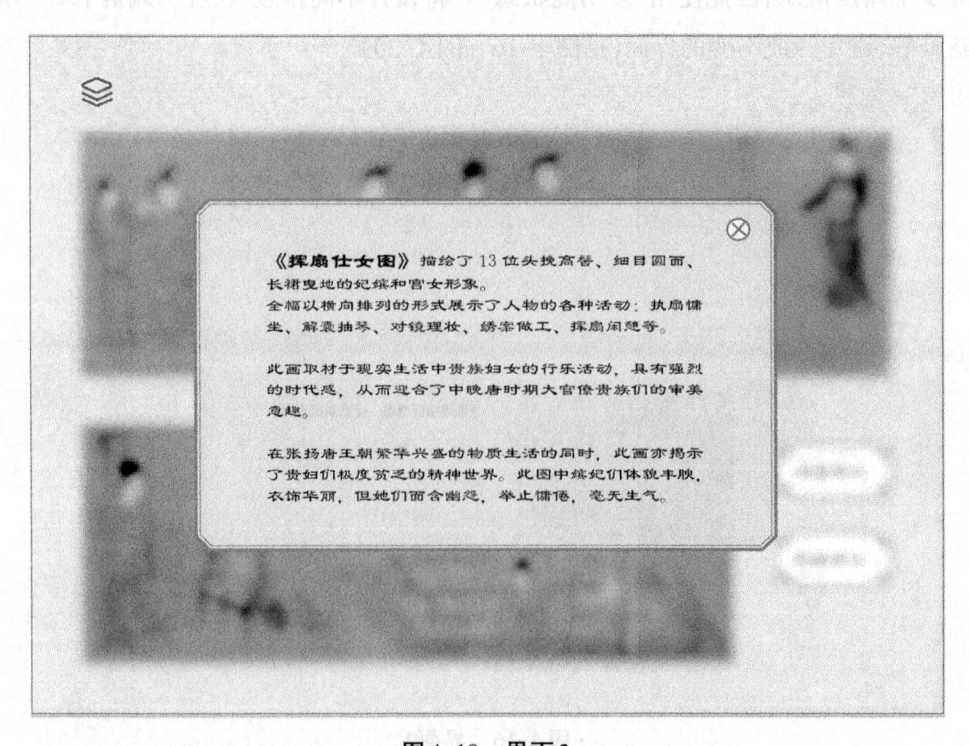

图4-18　界面3

第四章 交互电子书案例

图 4-19 界面 4

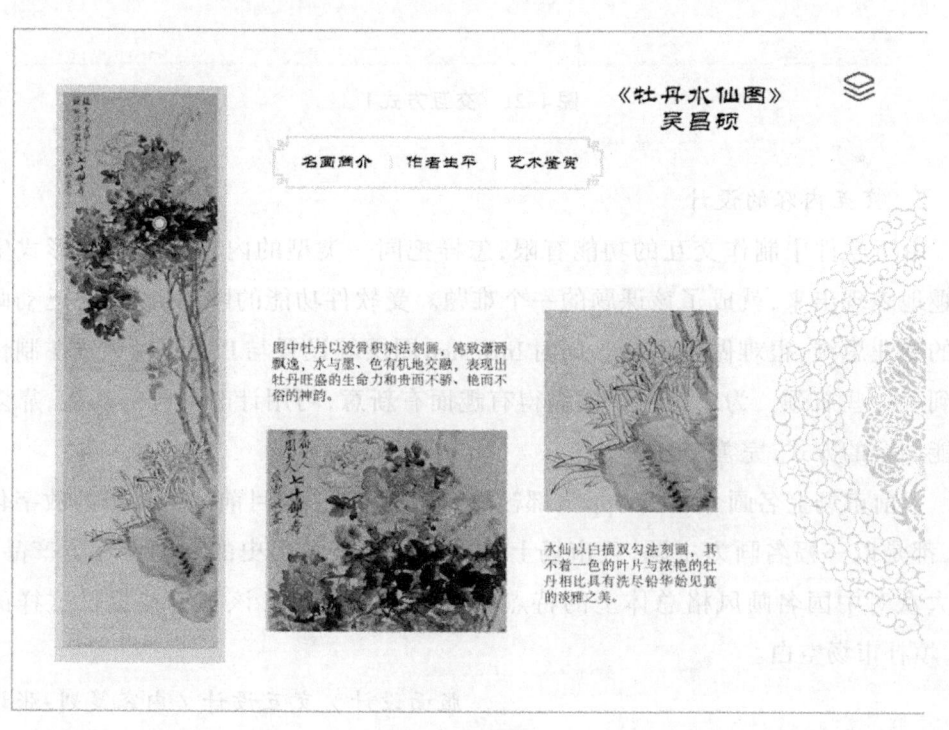

图 4-20 界面 5

4. 不同的交互方式

游戏互动（见图4-21）。

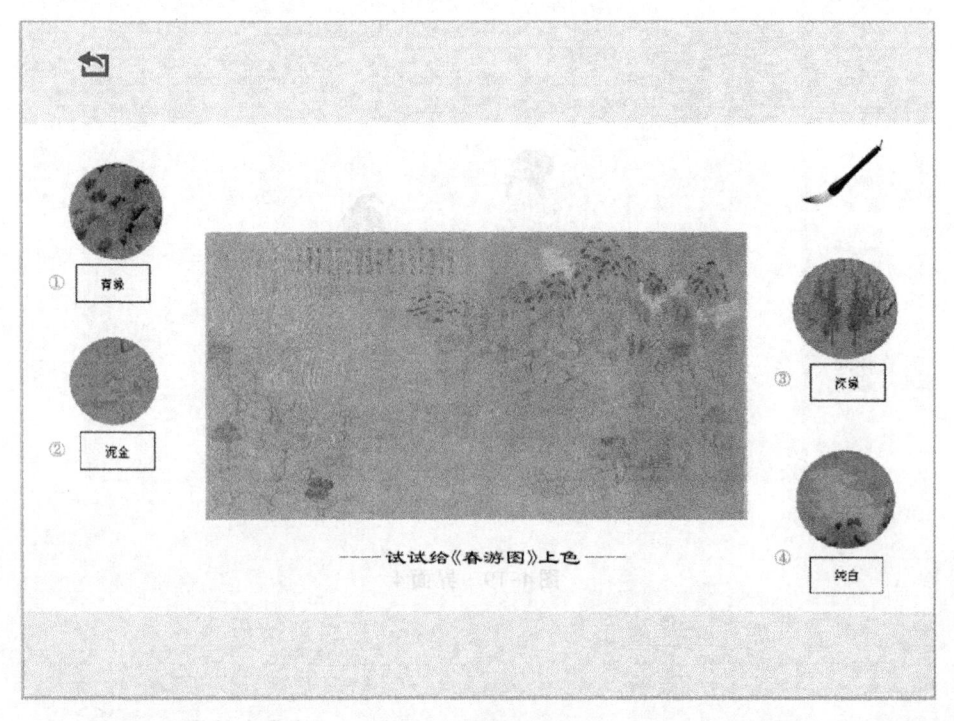

图4-21　交互方式1

5. 交互内容的设计

由于软件中制作交互的功能有限，怎样把同一类型的内容用不同的形式生动有趣地表现出来，就成了该课题的一个难题。受软件功能的限制，以及缺乏动画设计的专业思维，很难做出创新。同时InDesign图层等设置与PS不同，导致在制作上遇到了一些瓶颈。为了将电子书做得有趣而有新意，巧用计时动画等功能，靠多种功能结合的方式，完善交互。

目前市场上名画介绍类App头部被故宫出品垄断，但目前故宫出版的数字化产品，都是以一幅名画为主题，且市场上也少有纵观整个历史的名画鉴赏类产品，因为大众对中国名画风格总体上的特点与变迁缺乏了解。该书旨在提供这样的视角，填补市场空白。

版面设计／交互设计／内容策划：张译丹

案例二 《画棠记》之《岁时俗韵》

一、前期策划方案

(一)选题背景

该系列电子书《画棠记》是以青少年为主要受众群体的中国传统文化普及类读物,而《岁时俗韵》则将重点介绍关于我国传统的物质民俗、岁时民俗和礼仪民俗几方面的相关知识,力求让青少年读者能够从各方面了解中国传统民俗文化的魅力。

中国的传统文化源远流长、博大精深,在几千年的发展过程中更是孕育出了非常丰富的风俗生活文化。该书所选的北宋咸平之治时期,由于政治清明且不抑商贾,农、工商业都蓬勃发展,贸易盛况空前,传统的民俗文化达到了一个新的高度,而文化娱乐、节日礼仪等也在物质财富和前代习俗的基础上形成了具有时代特色和民族特色的民俗文化。

当今时代,人民的生活水平日益提高,人们对文化的需求也越来越旺盛,并开始追寻中华民族博大精深的传统文化。从近年来国家频繁调整节假日也能看出对传统节日文化的重视。但在快节奏的生活中,这些节日更多的是和假期、饮食等挂钩,而节日的含义、延续几千年的节日活动都逐渐淡出人们的视线,不能为年轻一代人所接受和喜爱。因此,对青少年展示传统民俗文化的内涵与活动的魅力,提高人们对民俗活动的了解程度和兴趣,对于传统文化的传承与发展是非常重要的。

同时,民俗文化教育对当代青少年的教育具有重要的作用。民俗文化孕育了民族精神,民族精神渗透在民间节日、礼仪等民俗文化之中。通过学习民俗文化知识,青少年可以增强民族自豪感,有利于青少年树立爱国精神和民俗精神。而民俗文化中积淀着几千年来人们的思想、观念、道德、规范等文化因素,了解民俗文化,能够让青少年领悟这些精神文明成果,有助于其基本文明习惯和道德观念的养成。

(二)选题意义

该课题力求通过研究北宋时期一些民俗文化,选出具有深厚历史价值的部分作为电子书的主要内容,在普及各种传统知识的同时,让读者感受到传统文化的魅力,进而引起人们对传统民俗文化的重视。该书也会将一些诗词穿插其中,以扩大青少年读者的诗词阅读量。

面对青少年,我们将把女主角设计成更加受现代人喜爱的性格(而非古代的三从四德、没有主见的女子),把角色、故事和传统民俗文化三方面作为该书的卖点进行宣传,引起读者的兴趣,培养一定的读者群体。

(三)制作软件介绍

1. Easy Paint Tool SAI

SAI是由日本SYSTEMAX公司销售的一款专门绘图的软件,许多功能较Photoshop更人性化。在该书的制作过程中,制作组人员主要使用这款软件进行各种素材(如背景、人物等)的绘制。

2. Photoshop

Adobe Photoshop,简称"PS",是由Adobe Systems开发和发行的专业图像处理软件。Photoshop的专长在于图像处理,而不是图形创作。图像处理是对已有的位图图像进行编辑加工处理以及运用一些特殊效果,其重点在于对图像的处理加工;图形创作软件是按照自己的构思创意,使用矢量图形等来设计图形。

平面设计是Photoshop应用最为广泛的领域,无论是图书封面,还是招贴、海报,这些平面印刷品通常都需要Photoshop软件对图像进行处理。

3. InDesign CC 2014

InDesign软件是一个定位于专业排版领域的设计软件,它整合了多种关键技术,包括所有Adobe专业软件拥有的图像、字形、印刷、色彩管理技术。通过这些程序,Adobe提供了工业上首个实现屏幕和打印一致的能力。而最新版的InDesign CC2014中,更是改进了数字出版工具和PDF表单,同时优化了很多工作流程,帮助用户轻松调整布局设计和完善页面布局。不仅如此,InDesign还增加了专为数字出版设计的插件Adobe Digital Publishing Suite,让用户能够更简单地学习和制作基于iPad阅读的数字出版物。

在制作本书的过程中,运用InDesign CC 2014进行电子书的排版和交互的设计与制作,并进行最终的素材整合、编辑与成品上传,使电子书的各个章节相联结,成为完整的一本书。

4. Edge Animate

Adobe Edge 是 adobe 公司的一款新型网页互动工具。允许设计师通过 HTML5、CSS 和 JavaScript 制作网页动画。无须 Flash。Adobe Edge 的目的是帮助专业设计师制作网页动画乃至简单游戏。该工具的重点放在动画引擎上,但 Adobe 承诺将增加更多 HTML5 功能,比如 Canvas、HTML5 音频/视频标签等。Adobe 于 2014 年正式推出 Adobe Edge Animate CC 集成了 HTML5、js、css 的开发工具。

在电子书的制作过程中,我们利用 Edge Animate 制作了一些动画和一些交互类小游戏,使电子书的内容更加生动有趣,提高了读者在阅读过程中的参与度。

二、电子书制作过程

（一）整体设计理念

该书的主要阅读载体是 iPad,而在智能产品普及的如今,平板电脑的普及率非常高,可以说是拥有了一定的物质基础。该书作为多媒体民俗文化读物,其传播有助于民俗文化在社会大众群体中更好地普及,能够让青少年了解和学习有关民俗文化的知识,为群众提供精神食粮,促进民俗文化的继承和发展。

该书主要内容为中国传统的民俗文化相关知识,精选了几个比较具有代表性的节日,按季节分列,使用一条故事线将这些知识联系起来,运用互动、图片、音乐、动画等手段进行讲解,并插入根据内容引用相关诗词。该书将以北宋咸平之治为时代背景（暂定）,以一位权贵人家的小姐为主角,以小姐的生活为时间线索,通过不连续发生的故事把以上几个方面的内容融合进来。故事推动的主要形式为文字对话,在增加趣味性的同时也能够给读者以更强的代入感。

在设计策划该书的过程中,我们进行了很多思考:该书作为一本面向青少年的读物,画面将以图画为主,颜色比较鲜艳饱满;作为一本剧情为主线的电子书,内容将以对话为主。该书的文字内容相对较少,对话也简单易懂,都为日常生活中的对话,力求在简单的日常对话中传递中国优秀的民俗文化知识。在电子书中,还添加了很多典故、诗词及其翻译,让读者能和书中人物一起学习古典文化知识（见图 4-22）。

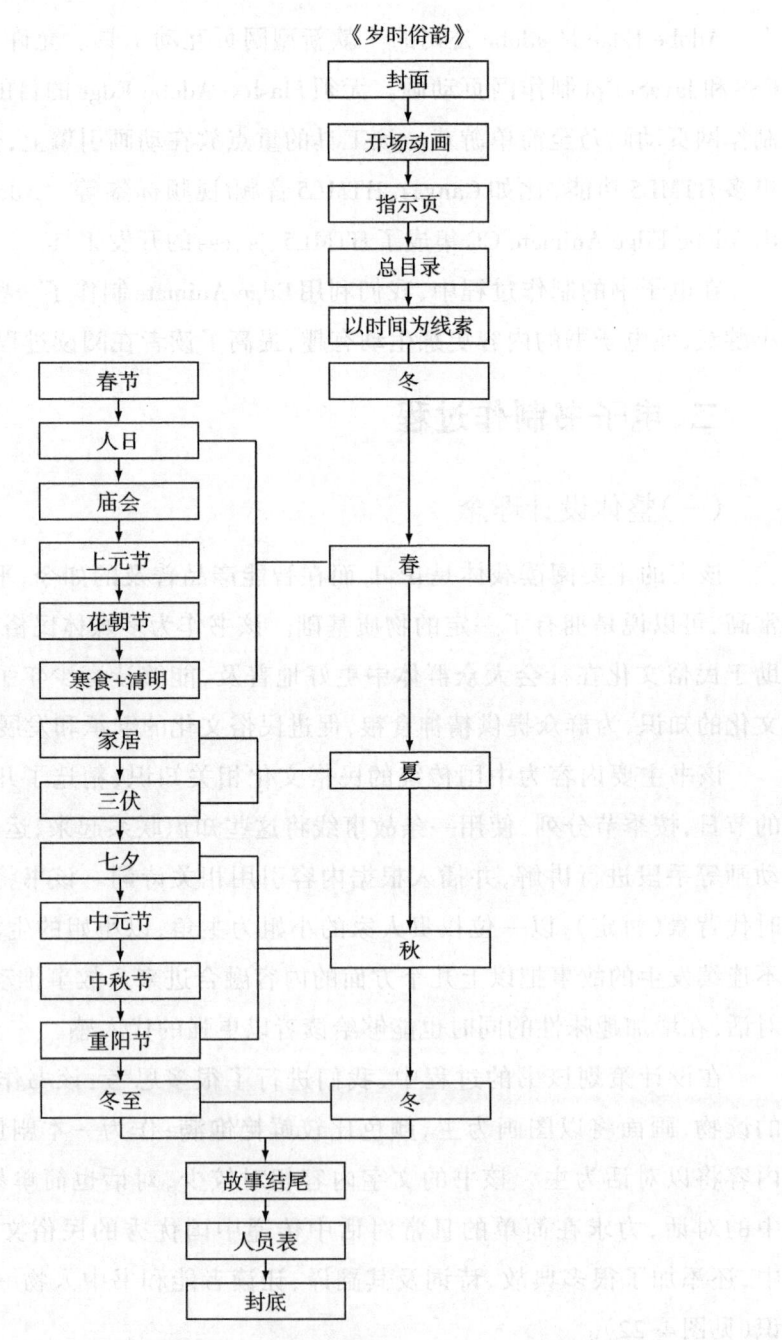

```
                    《岁时俗韵》
                      ┌──────┐
                      │ 封面 │
                      └──┬───┘
                         ↓
                      ┌──────┐
                      │开场动画│
                      └──┬───┘
                         ↓
                      ┌──────┐
                      │ 指示页│
                      └──┬───┘
                         ↓
                      ┌──────┐
                      │ 总目录│
                      └──┬───┘
                         ↓
                   ┌──────────┐
                   │以时间为线索│
                   └────┬─────┘
                        ↓
     ┌──────┐        ┌──────┐
     │ 春节 │        │  冬  │
     └──┬───┘        └──────┘
     ┌──┴───┐
     │ 人日 │────┐
     └──┬───┘    │
     ┌──┴───┐    │
     │ 庙会 │    │
     └──┬───┘    │
     ┌──┴───┐    │   ┌──────┐
     │上元节│    ├──→│  春  │
     └──┬───┘    │   └──────┘
     ┌──┴───┐    │
     │花朝节│    │
     └──┬───┘    │
     ┌──┴────┐   │
     │寒食+清明│──┘
     └──┬────┘
     ┌──┴───┐
     │ 家居 │────┐
     └──┬───┘    │   ┌──────┐
     ┌──┴───┐    ├──→│  夏  │
     │ 三伏 │────┘   └──────┘
     └──┬───┘
     ┌──┴───┐
     │ 七夕 │────┐
     └──┬───┘    │
     ┌──┴───┐    │   ┌──────┐
     │中元节│    ├──→│  秋  │
     └──┬───┘    │   └──────┘
     ┌──┴───┐    │
     │中秋节│    │
     └──┬───┘    │
     ┌──┴───┐    │
     │重阳节│────┘
     └──┬───┘
     ┌──┴───┐        ┌──────┐
     │ 冬至 │───────→│  冬  │
     └──┬───┘        └──────┘
        ↓
     ┌──────┐
     │故事结尾│
     └──┬───┘
        ↓
     ┌──────┐
     │ 人员表│
     └──┬───┘
        ↓
     ┌──────┐
     │ 封底 │
     └──────┘
```

图 4-22 内容结构图

(二)排版设计

1. 界面的设计

(1)封面：封面我们选择了与内容相关的场景绘制，由于这本电子书是以传统习俗为主要内容，因此选择了放水灯的节日景象绘制。由于该书描写的时代为北宋，因此封面考察了《清明上河图》并在其中选景，使电子书给人以更强的时代感（见图4-23）。

图4-23 封面

(2)Logo：使用系列logo加电子书标题的形式，并用印章的形式标出了制作组的名称，增加了logo整体的古风氛围。

(3)基本页面版式：内容页主要以背景+对话的形式展现，以对话推动剧情，与时下流行的文字类冒险游戏相似，符合当下青少年的审美和兴趣。随着对话的推进，上方空间会出现对话中提到的具有传统文化特色的物品和介绍等（见图4-24）。

图 4-24　基本页面版式

（4）背景：本书在绘制背景时，考虑了时代背景和主角身份，参考了许多资料，力求还原出宋朝的时代特色。

（5）对话框：对话框参考了文字类冒险游戏的常用形式，由人物立绘+人名+对话框+对话组成（见图 4-25）。

图 4-25　对话框

在设计对话框时,颜色选择了比较能体现古旧感的暖色黄色,以配合本书整体节日习俗的内容;对话框上方的花纹由"棠"字的上半部分为原型设计,右边的装饰花以海棠花为原型,以此突出系列《画棠记》的主题和女主角谢小棠的地位。

(6)序言:序言采用了普通的底图+滚动文字的样式(见图4-26)。

图4-26　序言

文字部分使用了文言文的风格,描绘了北宋时期物质和文化的繁盛,为本书做了一个非常具有文学色彩的开篇。

在底图的设计上,《画棠记》系列四本电子书的序章使用了"梅、兰、竹、菊"四种元素,本书为"菊",意在表现书中人物的斯文与情谊。

(7)目录:设计吸收了中国传统日历中"年神方位图"的元素,由于内容的限制,将其分为春、夏、秋、冬四部分,用来展示不同季节的活动。跳转按钮使用了贴画的样式,按季节排在目录页(见图4-27)。

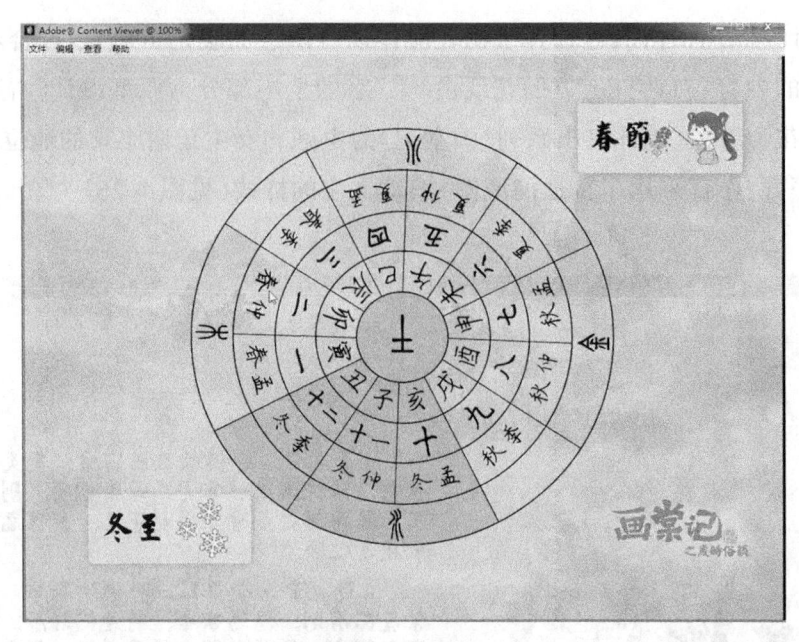

图4-27　目录

(8)诗词典故：诗词典故多单独成一页或作为某一页的主体，兼有原文和翻译，让读者能够和主角一起学习诗词和典故(见图4-28)。

图4-28　诗词典故

(9)电子书的角色设计:本书出现的主要角色共5人,分别是女主角谢小棠、主角丫鬟小鹃、主角哥哥、主角父亲、主角的闺中密友阿珩(见图4-29~图4-33)。

图4-29　谢小棠　　图4-30　丫鬟小鹃　　图4-31　阿珩　　图4-32　哥哥　　图4-33　父亲

为更好地表现北宋时期的文化与生活特色,女主角设定为皇帝近臣的独女,友人也为当朝武官之女。

(三)交互设计

(1)对话部分。该书的对话部分主要使用按钮功能和对象状态功能,实现点击进行对话的互动(见图4-34)。

图4-34　对象状态面板

(2)食物、物品介绍。食物和物品的介绍多为点击出现介绍文字(见图4-35)。
(3)长文本滚动。在文字内容较长时,本书使用滚动框来拖动文字,在增加了电子书的内容量的同时保持了页面的美观性(见图4-36)。

图4-35 对象状态功能

图4-36 长文字滚动

(4)诗词的原文和翻译:本书中穿插了许多诗词,大多利用幻灯片的功能采用了原文划动变为翻译的方式呈现(见图4-37、图4-38)。

图4-37　交互方式1

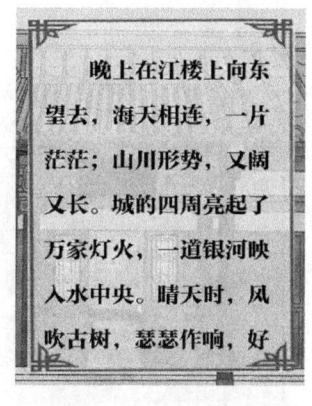

图4-38　交互方式2

(5)不同物品根据其特色设计不同的交互方式。

磕头:拜年时要磕六个头,祝贺新年如意,点击出现磕头动画(见图4-39)。

图4-39　点击磕头

买糖画:打开糖画转盘,点击转动转盘出现相应的糖画(见图4-40)。

图4-40　点击转动转盘

九九消寒图:点击可将消寒图上的花瓣上色,体验九九消寒图的特点(见图4-41)。

图4-41　九九消寒图

做花糕：花糕由米和花瓣制成，这里以打糕的方式表现（见图4-42）。

图4-42 做花糕

扑蝶会：花朝节又称扑蝶会，扑蝶活动在民间很受欢迎，因此这部分通过edge animate制作了扑蝶的小游戏呈现内容，并在游戏中增加了双倍积分的游戏元素，增加了互动性和趣味性（见图4-43、图4-44）。

图4-43 扑蝶会

图 4-44　edge animate 制作

（6）序列图的使用。每章的章节标题由序列图展示，选择了扇子展开的动画效果，既富有古风古韵，又醒目可爱，非常适合作为一个章节的开端（见图 4-45）。

图 4-45　扇子展开动画效果

（7）结尾。结尾部分使用动画来让文字渐渐出现,配上飘落的花瓣和节日欢乐的背景,在表示本书故事告一段落的同时,营造一种时光匆匆、快乐的时间终将结束的寂寞感(见图4-46)。

图4-46　文字渐渐出现

（8）封底。使用统一风格的设计,角色剪影加一句与电子书内容相关的诗词,点击后出现"结束"、二维码和"再看一遍"的选项(见图4-47、图4-48)。

图4-47　封底

图 4-48　二维码

目前市场上存在的面向青少年的传统文化科普类电子书非常少,有的大多也是有声读物类,其内容和表现形式使它所面向的受众群体年龄段较低;而传统文化的普及类图书又多比较枯燥。该书将传统的文化知识与故事和时下流行的游戏形式结合起来,能够比较生动有趣地在故事中介绍民俗文化和诗词等文学作品,引起读者对中华民族传统文化的兴趣。

版面设计／交互设计／内容策划：李雅琪

案例三　《画棠记》之《世说新语》

一、前期策划

（一）选题依据

中国传统文化是中华文明演变汇集而成的反映民族特质和风貌的文化,是民族历史上各种思想文化、观念形态的总体表征。崭新的媒介形式使传统文化以崭新的形象出现在人们的视线之中,从而引发人们的兴趣,而这定然会成为推动中国传统文化发展的一大助力。

因此,我们选择了电子书为主体,以系列的方式展开,并将此系列女主命名为"谢小棠",《画棠记》的名字也由此产生,我们将女主变成贯穿各个故事的线索人物,由她带领读者走进我们的故事,一起感受中华传统文化的魅力。

(二)主要内容

该书以《世说新语》中脍炙人口的成语故事为主体,对这些成语及其背后的故事进行画面演绎,主要运用原创手绘及互动、视频等手段,力求表现得生动有趣味,画风轻松活泼,并配合原文、译文、字词解析等元素,拓展学习深度,使读者在满足视听享受的兴趣之余,学习古文及历史知识。

《世说新语》是南朝宋刘义庆组织一批文人编写的故事集,主要记载魏晋名士的逸闻轶事和玄言清谈,是最能体现"魏晋风流"的笔记小说代表作,今流传本分上、中、下三卷,计有德行、言语、政事、文学、方正、雅量等三十六门,包括了如今我们所熟知的一百多个成语故事。作为一本笔记体小说,其语言相对通俗易懂,故事生动有趣且流传颇广,是了解魏晋时期历史、文学的绝佳入口。

该书以双线并行的阅读方式展开,在目录中提供两个故事入口,一方面可以按照原著本身的章节顺序,节选一些接受度高且易于学习和表现的故事,通过将这些故事演绎出来,同时也通过点击方式调出原文和译文,对照学习。另一方面则分为流觞曲水、竹林七贤和名士风流三块,对应的是王谢两家氏族、竹林七贤和其他一些风流人物,各个人物亦可链接到正文中的相应故事,以此顺序学习《世说新语》,让读者对魏晋中的人物有更直观的印象,完善自身的知识体系。在正文后,还会加入知识考查等内容,以连线题、选择题等形式检验学习效果,以达到寓教于乐的效果。

(三)出版物市场现状

随着早幼教市场的火热发展,电子绘本也开启了其发展的高潮,进入就可以看到各种优秀的电子绘本扑面而来,然而这些电子绘本主要针对人群是学龄前儿童,还有部分是成人绘本,专门为青少年设计的电子绘本少之又少。一方面,青少年群体主要集中在中小学人群,多以学习为主,接触手机、平板的时间相对较少;另一方面,电子绘本所展现出的鲜活的画面与各色的声音、视频确实更适合作为早幼教启蒙的产品,而且愿意为其消费的家长也不在少数。

1. 选题意义

目前存在于市面上的相关内容产品,可以分为以下两种:早幼教类、文化知识普及类,针对青少年开发的中国传统文化相关的产品却少之又少,而已有的相关产品虽有很多优秀之作,但并不适合用来培养青少年群体热爱传统文化的兴趣。因此我们希望能够做出专门为青少年准备的普及传统文化知识的作品,既不像早幼教产品那般太过幼稚,也不像单纯的古诗文 App 那样太过单调、乏味。一个人的青少年时期正是兴趣诞生和养成的重要时期,在这期间如果培养出其对古典文学和传统文化的喜爱,一方面能够增强理解能力、陶冶情操,减少其日后学习上的压力,另一方面能够增强其对古典文学乃至传统文化的热爱,对中国传统文化的推广也起到了一定的推动作用。

二、制作软件介绍

1. 主要制作工具

Adobe InDesign:Adobe InDesign 是 Adobe 公司的一个桌面出版(DTP)的应用程序,主要用于各种印刷品的排版编辑。在 Adobe InDesign cs5.5 以后出现了数字出版功能,可以通过其制作在移动终端上阅读的电子书,这一功能需要相关插件的辅助。我们选择使用 InDesign CC 2014 以及其自带的 DPS 插件来进行电子书的制作,主要通过它图像序列、音频、视频、web 内容、可滚动框架功能,以及 InDesign 中的按钮和状态功能来完成我们所希望的交互效果。其中按钮功能主要负责完成对话、点击出现、跳转页面等主要功能,其余的交互内容通过余下功能完成,我们还在 web 内容中添入 edge 文件或部分代码,以完成一些特殊效果。如此为电子书带来更多样式的互动,带来更多的趣味性。

2. 辅助制作工具

①图片制作:Adobe Photoshop、Adobe Illustrator、Sai;
②视频制作:Adobe Premiere、会声会影、Final Cut;
③音频制作:Adobe Audition、Goldwave;
④动画制作:Adobe Flash、Adobe edge animate;
⑤HTML5 制作:Adobe edge animate。

三、电子书制作过程

（一）品牌整体定位

对本书受众的定位是以中小学生为主的青少年群体，这一群体普遍具有好奇心旺盛，喜欢冒险、挑战，自我意识高涨等特点，这也是青少年逐渐形成独立思考能力，进行推理和判断的重要阶段。随着科技的不断发展，互联网产品飞速地更新换代，如今的青少年对电子产品有着相当的敏感度，对互联网也有着一定的了解，这就使其拥有了更加敏锐的观察能力和更加挑剔的审美能力，对于自己想要的、想看或是想玩的事物有着更高的追求。这种追求，不仅仅体现在物质上，既拥有先进的设备，更体现在内在。

针对青少年群体的特点，我们对电子书的整体定位就是：首先要吸引眼球，用具有足够冲击力的内容、图片、音视频引起他们的注意，勾起青少年读者的好奇心；其次是要有新奇的互动和关卡设计，激起他们的好胜心，让他们自主参与我们设计的互动；最后我们要有一个好的故事，青少年有着自己的判断力，能够分辨好坏，所以一个好的故事才能够真正打动他们，留住他们。

（二）结构框架设计

内容结构图（见图4-49）。

（三）交互效果与界面设计

主题内容确定之后，最重要的就是界面与交互效果的设计。《画棠记》之《世说新语》的界面设计基调主要定在古风与萌系上，这是根据该系列电子书的内容和受众人群而定的。一方面，该系列电子书多以中国古代典籍、故事、风俗等为主题，故应选用古代为背景，使用一些相对符合时代的古代风物；另一方面，该系列电子书主要受众为青少年，所以选择Q版的形象设计，采取相对可爱、萌系的画风，更接近青少年的审美，也使一些相对枯燥的古文内容变得更加容易接受。

1. 界面设计

画面视觉是读者感知绘本世界最主要最直接的部分，视觉设计以支持用户为目标，强化结构，明确各模块之间的关系为基本原则，它并不等同于简单的美术设计。而界面设计就是将画面视觉展现在用户眼前的重要途径。界面设计是人与机器之间传递和交换信息的媒介，一般来说可以分为以下三类，以功能实现为基础的界面设计、以情感表达为重点的界面设计和以环境因素为前提的界面设计。由于我们作品的主题在于对中国传统文化的普及,其中会包含大量的互动以支撑起教学环节,使其不会太过枯燥,让读者更容易从中有所收获。所以我们希望做出以功能实现为基础的界面设计。用户,是功能界面存在的基础与价值,交互设计界面最基本的性能是具有功能性与使用性,通过界面设计,让用户明白功能操作,并将作品本身的信息更加顺畅地传递给使用者。(见图 4-50 ~ 图 4-55)。

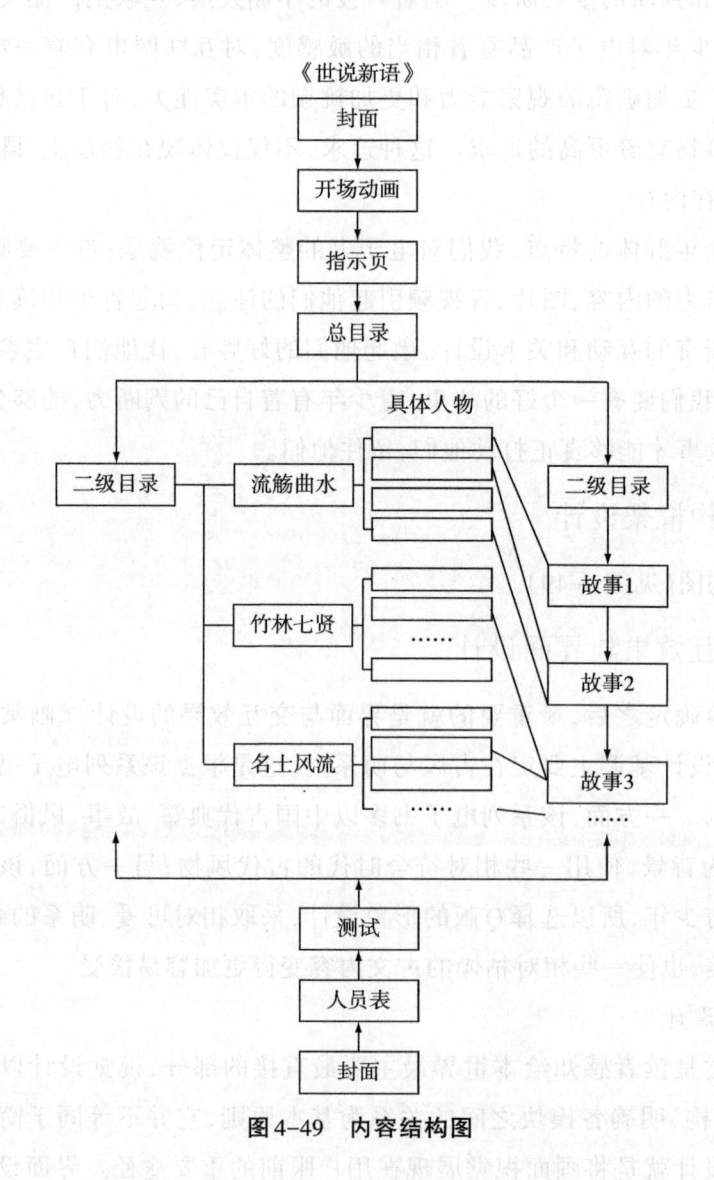

图 4-49　内容结构图

第四章　交互电子书案例

图 4-50　界面设计 1

图 4-51　界面设计 2

图 4-52　界面设计 3

图 4-53　界面设计 4

第四章　交互电子书案例

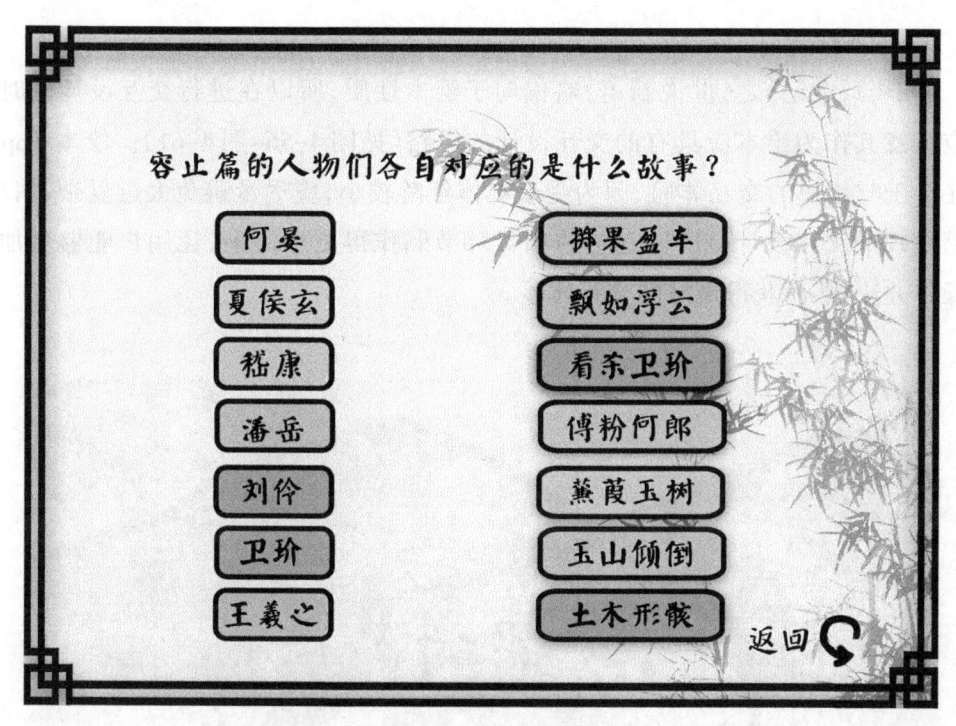

容止篇的人物们各自对应的是什么故事？

何晏　　　　　掷果盈车
夏侯玄　　　　飘如浮云
嵇康　　　　　看杀卫玠
潘岳　　　　　傅粉何郎
刘伶　　　　　薰莸玉树
卫玠　　　　　玉山倾倒
王羲之　　　　土木形骸

返回

图 4-54　界面设计 5

画棠记之世说新语篇　完

扫描二维码　了解更多内容

再看一遍

山阴路上桂花初
王谢风流满晋书

图 4-55　界面设计 6

293

2. 交互设计

由于《画棠记》之《世说新语》略偏向于绘本性质,所以在进行交互设计的时候更应注意其作为绘本应具有的交互设计的思路(见图4-56~图4-61)。绘本App应更注重于与用户的交互体验,因为受众群体年龄较小,应尽量避免太过复杂、精巧、不易发现的交互设计,此外,还应将引导环节制作得更加清晰,让用户能够更加清楚操作方法,从而获得最好的交互体验。

图4-56 交互设计1

图 4-57　交互设计 2

图 4-58　交互设计 3

295

图 4-59　交互设计 4

图 4-60　交互设计 5

图4-61　交互设计6

3. 多媒体元素设计

在《画棠记》之《世说新语》中，预计使用到的多媒体元素主要有视频、音频、图片、flash动画四种，这是基于作品的设计和我们自身的基础而决定的。目前已经确定的多媒体元素有包括封面封底在内每页的图片背景、开头会出现的开场小动画（用edge制作完成）、正文中一些重要桥段的配音朗读，等等。

4. 原画、排版设计

原画方面，《画棠记》之《世说新语》中所用的素材大多为原创，人物全部手绘，背景通过所选择的部分素材进行叠加获得，以期达到更为接近水墨中国风的效果。此外，我们在保证美观之余，更是力求历史的真实性，在人物的形象和场景的设计上都力争还原历史，包括发型、服装、场景以及一些小物件，都是在查阅大量资料后做出的设计。排版方面，主要分为封面、指示页、序言、目录、章节页、互动页、成语页、原文页、测试页、版权页和封底十种排版方式，互动页中因互动设计不同，会有一些排版上不同（见图4-62~图4-70）。

图 4-62　指示页

图 4-63　序言

第四章　交互电子书案例

图 4-64　章节页

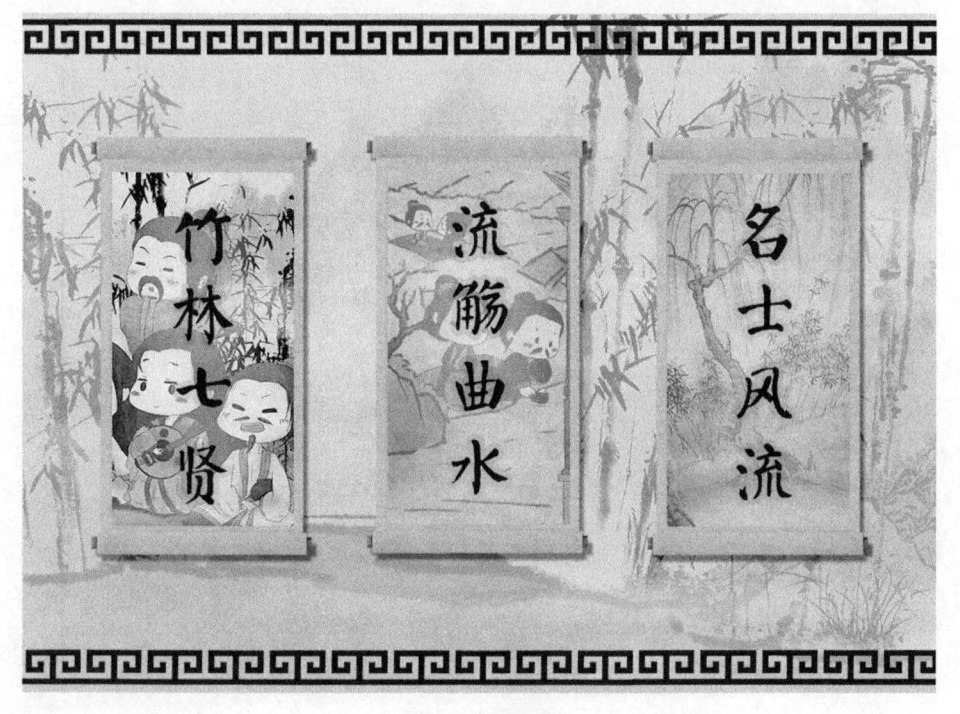

图 4-65　目录

图 4-66　章节页

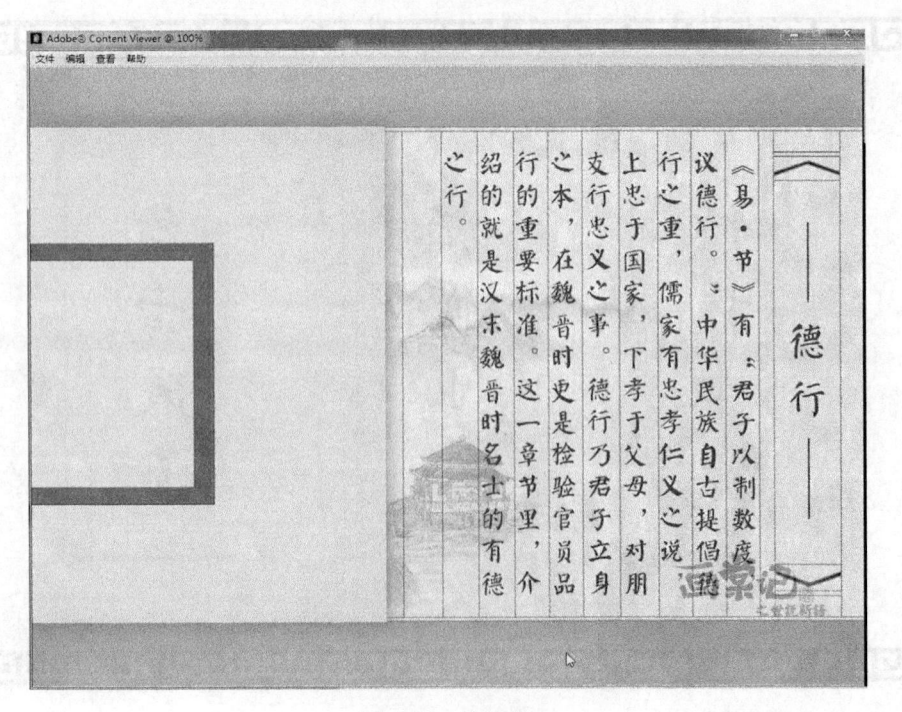

图 4-67　原文页

图4-68 互动页

图4-69 成语页

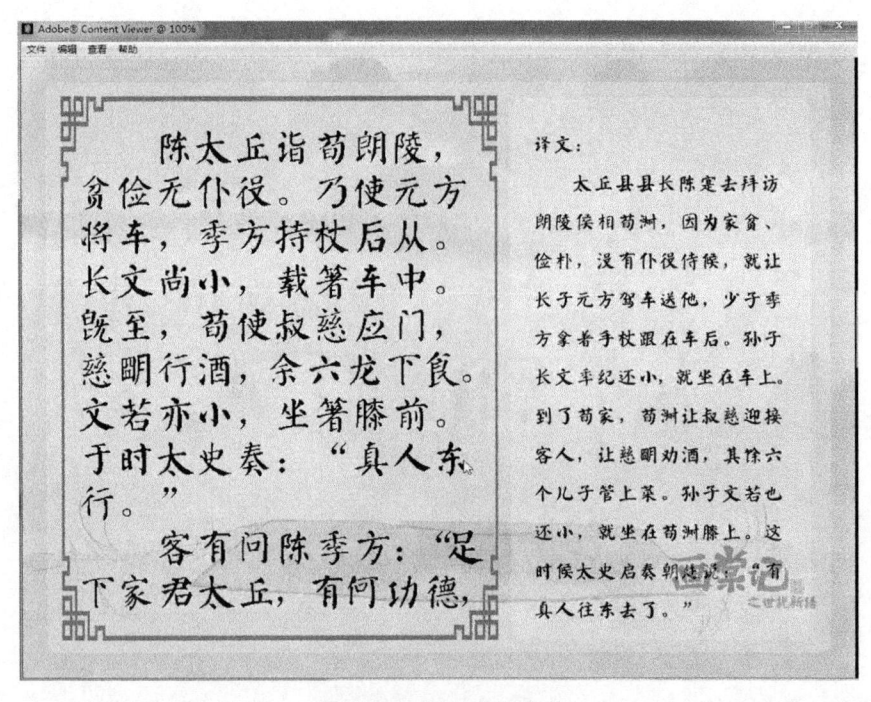

图4-70　原文+注释页

　　随着平板电脑与互联网络的发展，越来越多的人开始接触电子书，书中有趣的互动，更是在教育、宣传、推广等方面发挥着极佳的作用。国内的电子书发展也是一片欣欣向荣的趋势，然而，面对国内诸多良莠不齐的作品，我们不难发现，在不否认诸多良心国产电子书的优秀同时，国内的电子书抄袭现象十分严重，是不可忽视的现状，产品同质化严重，看到成功产品就一味地模仿，这对原作团队和整个电子书产业都有着极大的伤害。因此我们希望通过我们自己的一些微薄之力，为国产电子书市场中再次注入一些新鲜的血液，希望能够成为优秀制作的电子书中的一员，这也是我们做《画棠记》系列的一个小小的私心。同时，随着快餐文学和外国文化的入侵，现今的青少年对一些国内的优秀文化愈发不了解，我们也希望通过《画棠记》能够帮助一些青少年逐渐了解并喜爱中国传统文化。

版面设计／交互设计／内容策划：彭雨晴

案例四 《神灵的殿堂——山西古寺观建筑》

一、选题背景

山西是五千年华夏文明发源地之一,历史非常悠久,建筑资源亦十分丰富,富有"中国古代建筑之宝库"之盛名。"地下文物看陕西,地上文物看山西。"山西省古建筑数量和质量都在全国属于上乘,现存登记在册的各类古建筑达18000多处,单体建筑可达30多万处,在18000多处古建筑中,木结构建筑有9053处。近年来的调查数据显示,山西现存宋辽金以前木结构古建筑120座,占全国总量的75%;元代及其之前的木结构古建筑山西有350座,占全国的近80%。晋东南古上党地区,已知宋辽金以前的古建筑80座,占到全国半数。虽然,中国85%以上的古代建筑在山西,而这些建筑中的相当一部分处在随时被破坏的境地。至少有200座元代和元代以前古建筑(这些古建筑绝大部分在山西),正处在自生自灭的状态,随时可能被烧毁、坍塌。这些隐没在现代屋舍中古建筑需要被重视和认识,这些在几千年历史淘洗后留下来的文化需要被发掘和传承。山西寺观传统建筑,无论是从它们的建筑缘由、文化传说,还是从它们的建筑结构、内藏文物等诸多方面均有较高的研究价值。

近年来山西经济增长迟缓,面临发展转型的重要节点,GDP连续多年排名全国末位,为促进发展模式转型,节约资源,打造生态文明的新山西,山西提出文化强省战略,着重发展文化旅游产业,通过文化产业辐照,带动山西整体经济实现跨越式发展。山西古建作为三晋大地得天独厚的文化遗产,具有极大的文旅开发潜力。

新媒体的应用是伴随计算机产业和互联网兴起发展起来的新兴产业,新媒体作为一种新的技术形式已经渗透到各行各业,其中也包括文物方面。如何借助新媒体资源让文物活起来,使它们不再被埋没于风沙下,不再隐藏于街巷间,不仅仅是一栋死的建筑,是我们在宣传中要重点考虑的问题。而依托网络技术新媒体的出现,给文物的展示提供了一个新的平台。

二、选题意义

对文化的保护与宣传是我们坚定民族自信过程中的重要一步,一件文物不仅仅是我们肉眼所看到的器物,更是一种载体,承载了中华民族的血脉与记忆。从文物的保护与宣传这个领域来讲,在宣传过程中需要注意把传统意义上的媒体与新兴媒体的发展趋势相结合,从"传统"与"新"这两个角度来确保将文物能高质量、高效率地推广出去,满足人们对于文物的多方面、多层次的认识。该选题的目的也是希望通过《神灵的殿堂——山西古寺观建筑》以电子书的形式探索以山西古建为代表的优秀传统文化的宣传方式,使埋没在风沙中的古建筑绽放其特有光芒。

《神灵的殿堂——山西古寺观建筑》从寺观建筑入手,挖掘儒释道影响下的神灵殿堂建筑,不仅有助于介绍山西古建筑,挖掘古建筑承载的传统文化,使掩埋在历史风沙中的建筑瑰宝重现大众视野,而且有助于发掘山西本地文旅资源,激发大众对于古建筑文化的关注度和兴趣度,用数字媒体的展示和传播形式对埋没在风沙下的文化选题进行诠释和重塑,也不失为将新兴媒体和传统媒体相融合的一次尝试。

三、整体设计理念

该书为iPad阅读的交互电子书,采用InDesign CC2014和Aquafadas来完成制作。之所以选取这种形式的电子书是因为其自身交互性强,体验感好的特性,力图将内容以一种更生动形象的方式传达。

主题方面,电子书《神灵的殿堂——山西古寺观建筑》选题为山西古建筑,其本身就有很大的研究价值。

内容组织是电子书的基本,怎样呈现山西古建筑是课题一开始困扰我的地方。最终决定用总分的架构方法(见图4-71)。从数不尽的山西古寺观建筑中挑出了几个典型代表,分别讲述它们的建筑结构、文化传说、寺观文物等,通过对个体的描摹,渗透古建筑文化,也窥一斑而知全貌,展现整体山西建筑的风采。采用封面、卷首语、导航键展开,用几个单元并行排列佛光寺东大殿、佛宫寺释迦塔、晋祠、华严寺。在每个单独的部分,又有建筑简介、文化介绍、发现故事、建筑结构、建筑文物等展开部分。最后以卷尾语言收尾。有起有合,总体架构比较完整。在风格方面,因为选题内容是古建筑,所以整体风格比较庄重整齐。

《神灵的殿堂——山西古寺观建筑》电子书

```
封面
  │
导航键
  │
卷首语
  │
目录
  ├──────┬──────┬──────┬──────┐
南禅寺大殿 佛光寺大殿 佛宫寺释加塔 晋祠圣母殿 ……
         │
       地图页
         │
       卷尾语
         │
       制作说明
```

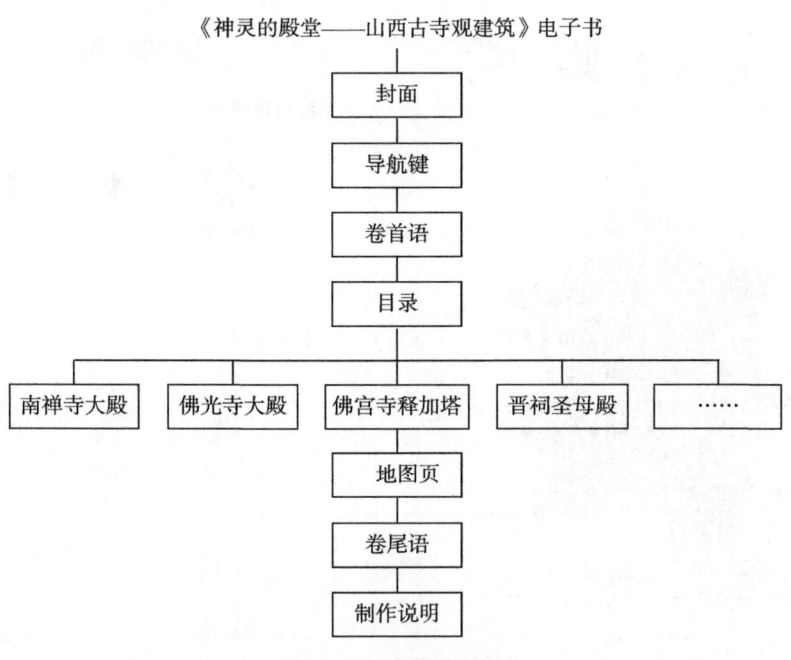

图4-71　内容结构图

四、排版设计

(一)一级架构设计

封面：采用古建筑和佛像元素，配以"神灵的殿堂"文字，色调采取黑白。黑色和白色是中国水墨画的基本色调，营造一种庄重的氛围（见图4-72）。

Logo：采用了艺术字，用一个比较严肃庄重的字体来适配电子书的整体风格。导航页：内容为背景加导航介绍。分为按钮说明和手势说明两个部分（见图4-73）。

目录页：坐标红点示意了建筑物所在地理方位。右边采用线框做成按钮，可供跳转，整体设计和电子书的风格相匹配，且设计比较简约（见图4-74）。

建筑主体页面：背景采用建筑物的某个细节景观来铺满。内容主体是建筑物的简单介绍和板块定位。在文字内容上遮罩了半透明图层，增加画面的丰富度和立体感（见图4-75）。

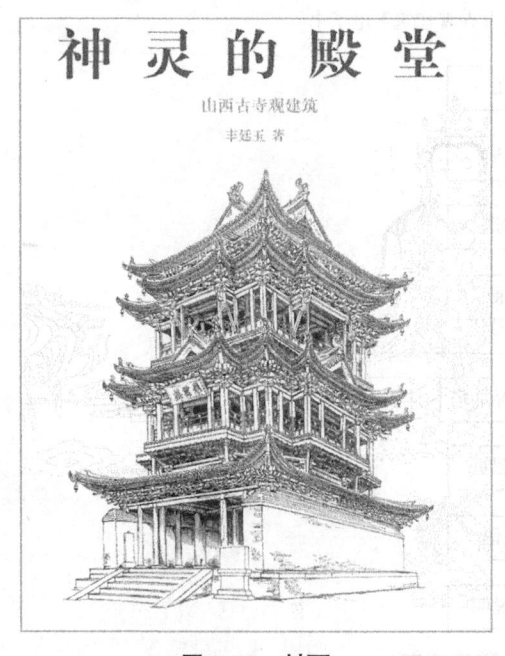

图4-72 封面

图4-73 导航键

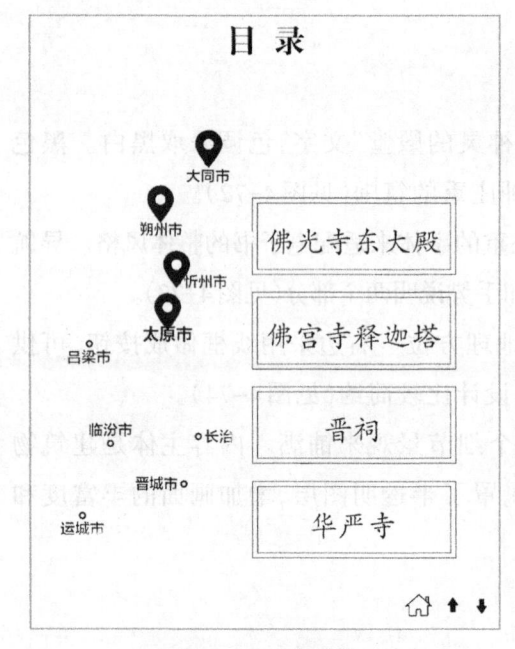

图4-74 目录页

图4-75 建筑主体页面

地图页:通过布局充满地点坐标的地图和排版右侧的建筑物信息,来展示山西丰富的古建筑资源,达到一个以小见大,由点到面的效果。

卷尾语和制作说明页面:都采取比较简单的排版方式。简单的背景和文字滑框(见图4-76和图4-77)。

图4-76 卷尾语

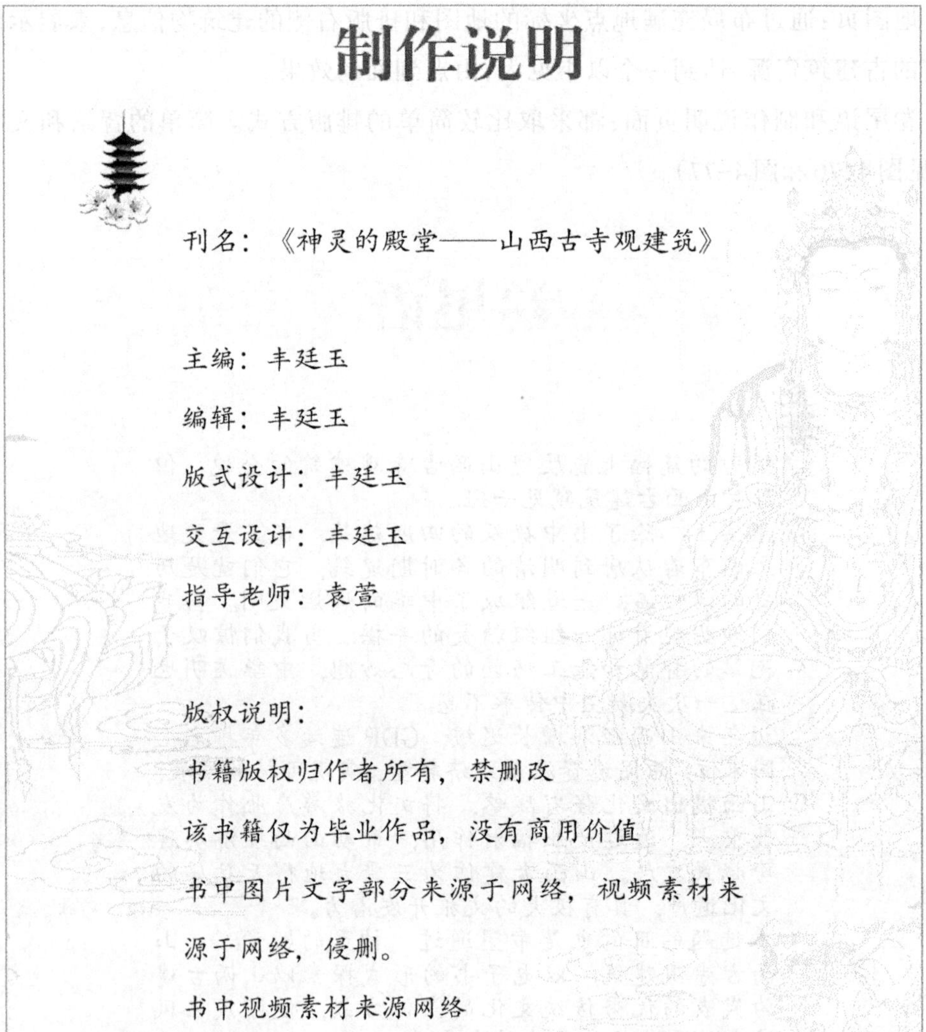

制作说明

刊名：《神灵的殿堂——山西古寺观建筑》

主编：丰廷玉

编辑：丰廷玉

版式设计：丰廷玉

交互设计：丰廷玉

指导老师：袁萱

版权说明：

书籍版权归作者所有，禁删改

该书籍仅为毕业作品，没有商用价值

书中图片文字部分来源于网络，视频素材来源于网络，侵删。

书中视频素材来源网络

图4-77 制作说明页面

（二）二级页面设计

本书选定了几个特色建筑作为代表。下面是对二级页面的一些设计（见图4-78~图4-81）。

建筑简介

28-1 晋祠公园

晋祠，位于山西省太原市晋源区晋祠镇，原名为晋王祠，初名唐叔虞祠，是为纪念晋国开国诸侯唐叔虞（后被追封为晋王）及母后邑姜后而建。

其中难老泉、侍女像、圣母像被誉为"晋祠三绝"。晋祠是中国现存最早的皇家祭祀园林，晋国宗祠；是中国古代建筑艺术的集约载体，国内宋元明清至民国本体建筑类型、时代序列完整的孤例，附属彩塑壁画碑碣均为国宝；是三晋历史文脉的综合载体，晋文化系统上溯西周封唐建晋至盛唐肇创文脉传承的实证；是世界王氏、张氏发祥地。

1961年3月，晋祠被国务院公布为第一批全国重点文物保护单位。2001年，被国家旅游局评为首批AAAA级旅游景区。2009年5月，被国家文物局批准为国家二级博物馆。

图 4-78　建筑简介

园林之盛

30-1 园内景观

晋祠是中国现存最早的皇家祭祀园林，是中国古代建筑艺术的集约载体。

晋祠位于山西太原城西南方，背倚悬瓮山，是一座历史悠久的祠庙，主祀周武王次子唐叔虞，又称"唐叔虞祠"。后来，当中祭祀水神"叔虞之母邑姜"的圣母殿反而逐渐发展扩大，殿、堂、楼、阁、亭、台、桥、坊错落配置，成为晋祠内最大的一组建筑群。园中水道纵横，古木参天，颇得深邃幽静之胜，正符合道教建筑讲求风水、以水聚气的环境观念。

早在北魏年间，晋祠就已经是当地的风景名胜。至宋代，

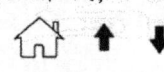

图 4-79 园林之盛

建筑珍宝

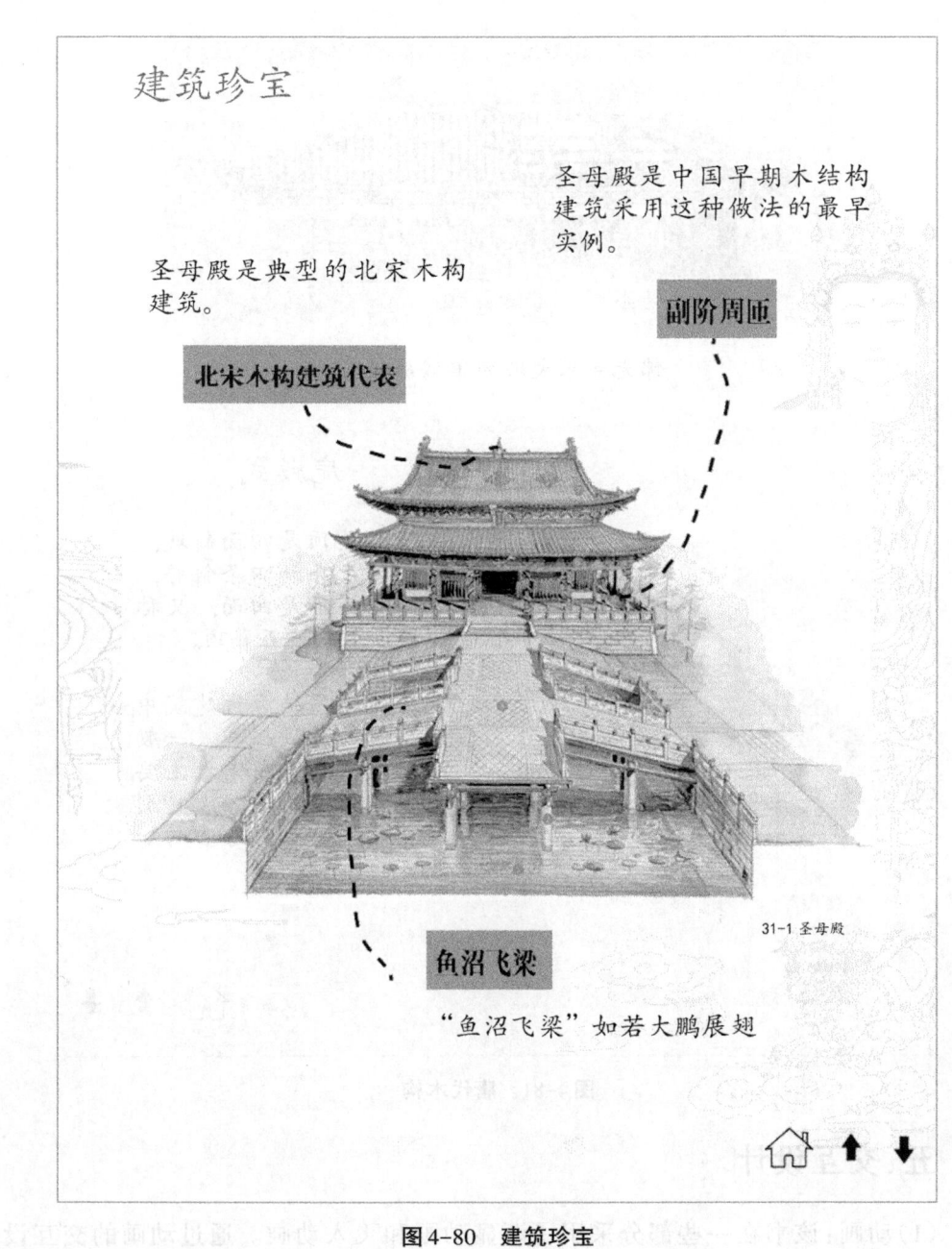

圣母殿是典型的北宋木构建筑。

圣母殿是中国早期木结构建筑采用这种做法的最早实例。

北宋木构建筑代表

副阶周匝

鱼沼飞梁

31-1 圣母殿

"鱼沼飞梁"如若大鹏展翅

图4-80 建筑珍宝

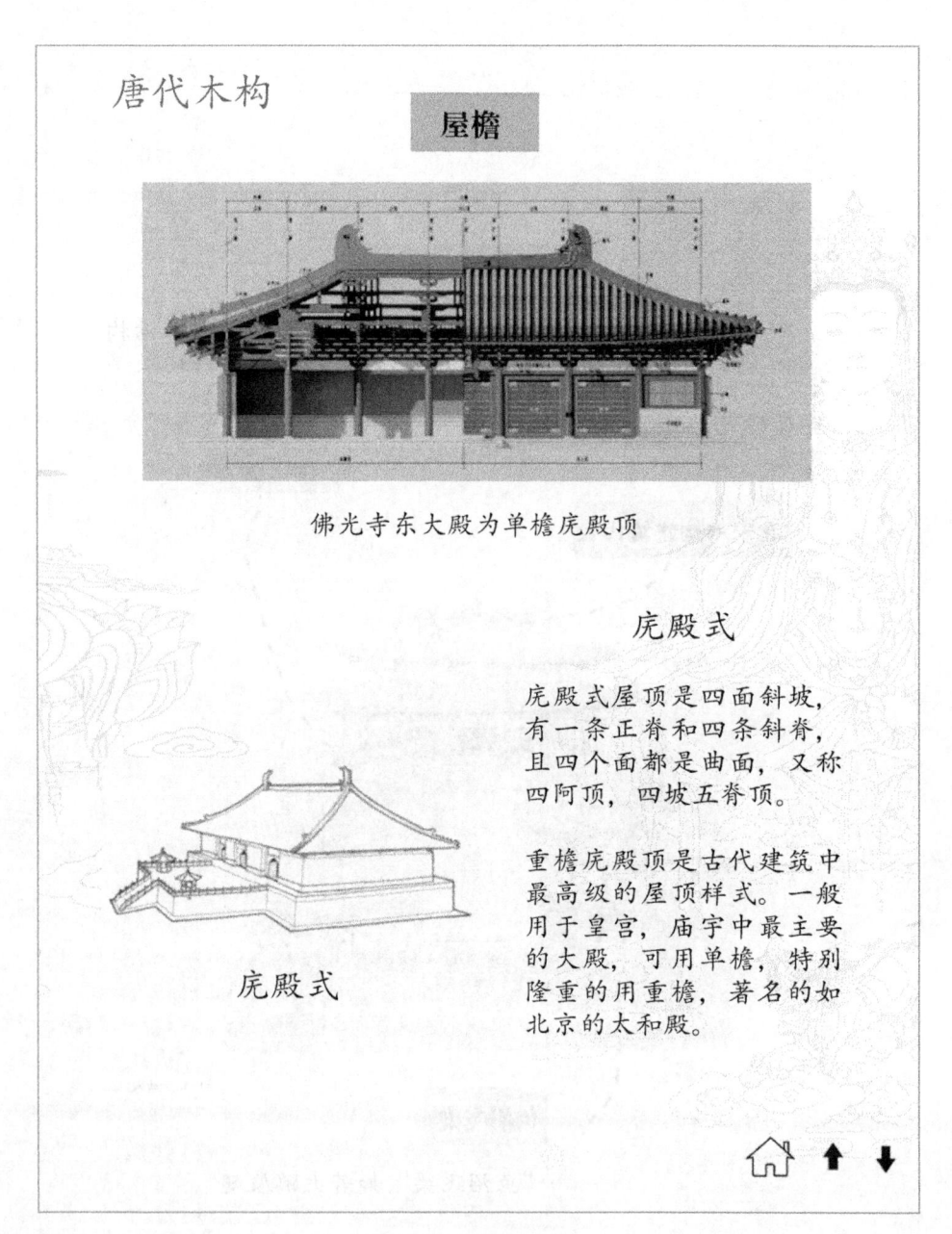

图 4-81　唐代木构

五、交互设计

（1）动画：该书在一些部分采用了渐显动画和飞入动画。通过动画的交互设计，打破画面的沉寂感，为画面带入动感。图4-72中，背景的佛像即为飞入动画。

(2)长文字滑轨：电子书中的长篇幅文字为文字滑轨，根据指示进行上下滑动，即可查看全部文字。在文字内容较长时，本书使用滚动框来拖动文字，在增加电子书内容量的同时保持了页面的美观性。

(3)按钮：通过对按钮进行制作和编辑，满足点击跳转、点击可见性变更等交互操作要求。如图4-75的文字板块，通过点击相应板块，会出现半透明的文字，再次点击，会跳转到板块相应的部分。页面间的切换也是采用这种设置按钮的方式。

(4)影片播放：通过拓鱼的影片播放，在电子书中导入了影片视频。可以点击播放(见图4-82)。

(5)高级锚点工具：在这部分采用了高级锚点工具，通过在长文字滑动页面设置锚点，配合按钮，达到滑动文字，出现相应图片的效果。例如这个页面，当读者滑动右边的古建筑屋顶介绍时，左边会根据文字出现相应的屋顶图片，既有交互感，又增加了可读性，极大扩大了页面内容(图4-81)。

(6)对比器：对比器可以将两组图片呈现在一个位置上，擅长从不同的角度呈现一个景观，也极大拓展了电子书的空间维度。下图是运用对比器的一个案例，从整体景观和晋祠中的细微景色，从大全景到细小的景致，描摹了晋祠园林之盛的特点(图4-79)。

(7)序列帧：序列帧即通过导入一系列对同一物体不同角度或时间的图片，来达到动态的观察效果。读者可通过滑动，查看每一帧，仿佛有种动画慢放的效果，常用于表现变化和动态。

图4-83斗拱构造就采用了序列帧，读者可以通过左右滑动，感受斗拱结构的搭建过程，还可以手动控制搭建速度，可以慢慢移动方便查看。

(8)子页面：子页面即为将排版好的长页面插入页面的指定区域，通过滑动来显示页面的全部，常用于插入一些长图的页面设计。

图4-84示例中，华严寺的长图全貌就是一个子页面。将此子页面插入页面的图片区域，使得图片只在选定区域显示，通过左右滑动，才能看到其余部分的画面。

建筑简介

6-1 佛光寺内殿

五台山佛光寺属世界文化遗产，位于山西省五台县的佛光新村，寺内正殿即东大殿，建于唐朝大中十一年，即公元857年。是一座完整的唐代木结构殿堂。

佛光寺大殿现为中国现存规模最大的唐代木构建筑，暨第二早的木结构建筑（仅次于五台县的南禅寺大殿）。它虽然比南禅寺大殿晚七十五年，但规模远胜于彼，且在后世修葺中改动极少，所以国内一般都将东大殿作为仿唐建筑的范例。采用规格最高的四坡五脊庑殿顶。

它打破了日本学者的断言：在中国大地上没有唐朝及其以前的木结构建筑，因此被建筑学家梁思成誉为"中国第一国宝"。

图4-82　建筑简介

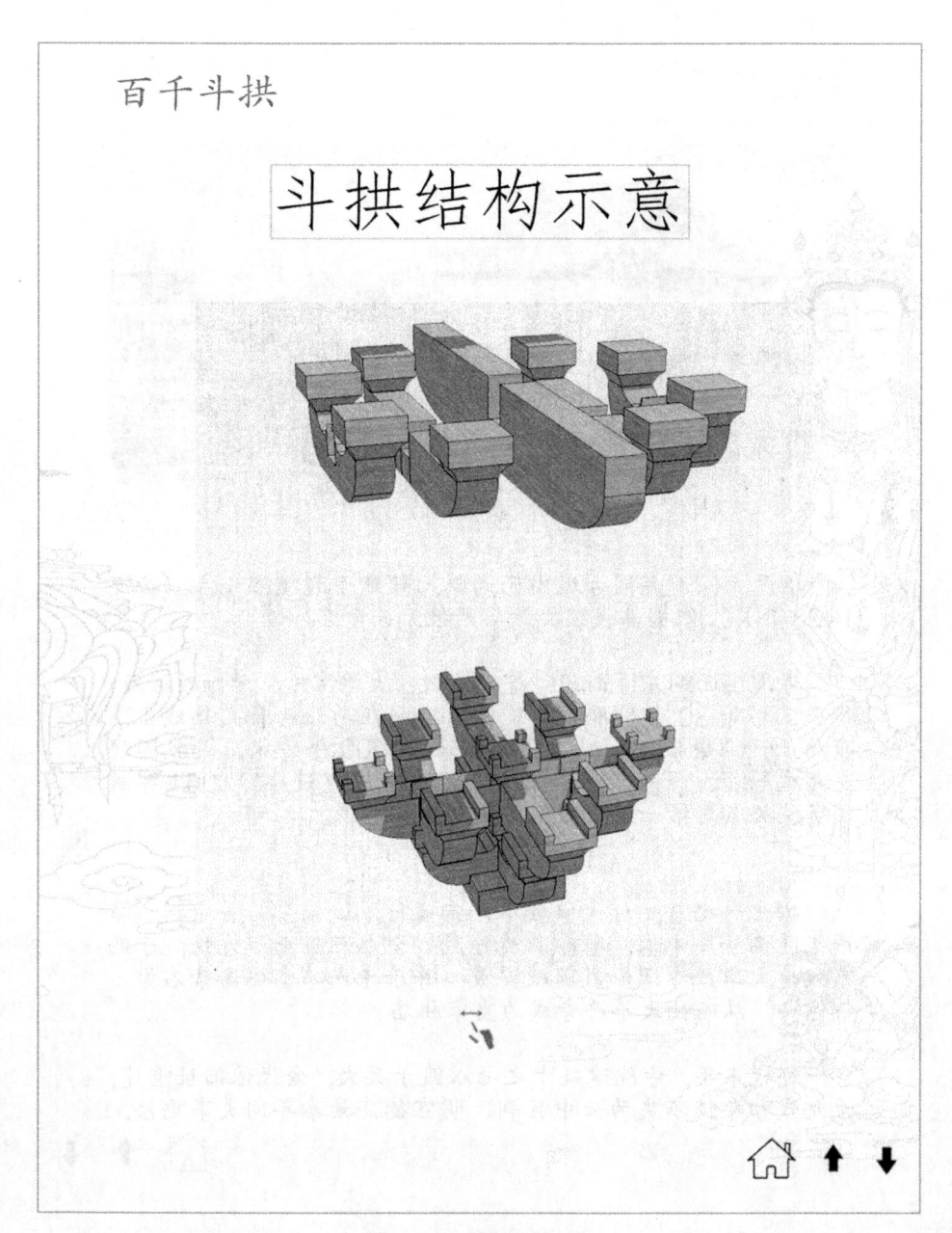

图 4-83　斗拱结构图

略说华严

华严寺位于大同古城内西南隅，始建于辽重熙七年（公元1038年），依据佛教经典《华严经》而命名。

寺院坐西向东，山门、普光明殿、大雄宝殿、薄伽教藏殿、华严宝塔等30余座单体建筑分别排列在南北两条主轴线上，布局严谨，规模宏大，占地面积达66000平方米，是我国现存年代较早、保存较完整的一座辽金寺庙建筑群，1961年被国务院公布为第一批全国重点文物保护单位。

据史料记载，辽代佛教华严宗盛行，道宗皇帝曾亲撰《华严经随品赞》十卷，雕印《契丹藏》全书五百七十九帙，于西京敕建大华严寺薄伽教藏殿安放，并于寺内"奉安诸帝石像、铜像"，从而使大华严寺成为皇家祖庙。

辽代末年，寺院建筑十之七八毁于兵火，金代依旧址重建，至元代初年仍不失为云中巨刹。明宣德、景泰年间大事重修，

图4-84 略说华严

版面设计/交互设计/内容策划：丰廷玉